THE SIGNS

The Signs

신경과학자가 밝혀낸 운명의 신호

THE SIGNS

사인

타라 스와트 지음 | 이영래 옮김

TARA SWART

RHK
알에이치코리아

내 평생의 사랑,
로빈 비버에게 바칩니다.

"나 잘 살고 있는 걸까?" 하는 의문이 떠오르고 앞날이 막막할 때, 이를 해소할 명쾌한 해답이 이 책에 있다. 우리는 그동안 모든 문제를 이성과 논리로 풀어야 한다는 통념에 갇혀, 우리를 보호하고 이끌어온 소중한 '사인'들을 무시하며 살아왔다. 신경과학자이자 정신과 의사인 저자는 우리 몸과 뇌가 어떻게 기적과 소통하는지, 과학적 근거를 제시하며 새로운 길을 열어준다. 이 책은 당신의 직관을 깨우고, 풍요로 향하는 나침반이 되어줄 것이다. 우연히 이 책이 당신의 눈에 들어왔다는 것 자체가 운명이 보내는 가장 강력한 사인이다. 이제 두려움을 내려놓고 당신을 위해 설계된 기적의 미래로 나아가길 축복한다. 이 책을 통해 당신은 온 우주의 사랑을 받는 귀한 존재라는 증거를 두 눈으로 확인하길 바란다.

_김새해 (리치써클아카데미 대표, 『돈의 그릇』 저자)

차 례

* 2부 *
사인에 마음을 열다

나는 어떻게 풍성한 색채로
삶을 바라보게 되었을까?

사랑하는 남편 로빈Robin이 백혈병으로 세상을 떠나고 처음 몇 주 동안 정말 이상한 일이 일어났다. 정원에서 울새Robin가 유난히 자주 보였던 것이다. 사랑하는 사람이 세상을 떠나면 그 영혼이 새의 형태로 나타난다는 이야기를 종종 들어보았고, 심지어 '사랑하는 이가 곁에 있으면 울새가 나타난다Robins appear when loved ones are near'는 속담까지 있는데도 나는 잦은 울새의 출현을 그런 말들과 연결 짓지 못했다. 그저 이상하다고만 생각했다. 울새를 정원에서 그렇게 자주 본 적이 없었는데, 몇 주 동안은 정원으로 이어지는 유리문으로 갈 때마다 울새가 나타났다. 그러다 시간이 좀 지난 어느 날부터인가 울새는 잘 나타나지 않았고, 그 후로는 그렇게 자주 볼 수 없었다.

　우리 집안은 종교적인 분위기였지만(저자는 인도에서 영국으로 이민 온 인도계 영국인이다—편집자), 부모님은 항상 교육, 특히 과학의 중요성을 강조하셨다. 나는 주위의 격려에 힘입어 2년 동안 기초 의학을, 1년 동안 이학사 과정을, 3년 동안 신경과학 박사 과정을 수료하고 3년간 임상 의학을 공부해 의사가 되었다. 1년 동안 내과, 외과 실습을 마치고서, 정신의학 전문의로 6년간 일했다. 그 후에는 MIT 슬론 경영대학원의 경영진 자문 겸 교수로 전향했다. 내가 몸담아 온 세상은 과학과 논리로 이루어진 세상이었고, 내가 배워온 지식은 정원의 울새들을 우연으로 치부했다. 마음 한구석에서는 울새들을 본 것에 어떤 의미가 있다고 믿고 싶어 했지만, 이성은 그렇게 생각하기를 거부했다. 하지만 시간이 흐르면서 나는 그 작은 마음을 더 존중하는 법을 배웠다. 설명할 수 없는 것은 배제했던 내가 그것을 받아들이고, 나아가 포용하는 사람으로 변해가는 여정을 걷게 되었기 때문이다. 내가 받은 사인Sign들을 통해 앞으로 나아갈 길을 인도받았으며, 이 책 역시 내가 걸어온 여정의 영향을 받았다.

　로빈이 세상을 떠났을 때, 나는 극심한 혼란 속에서 필사적으로 답을 찾고 있었다. 진단부터 죽음까지 참기 힘든 고통의 넉 달이 지났다. 내가 회복력, 신경과학과 심리학에 대한 지식을 가졌음에도 불구하고, 나는 그가 세상을 떠났을 때의 충격을 감당할 준비가 되어 있지 않았다. 사랑하는 아내이자 의사인 내가 곁에 있으니까 그가 이겨낼 수 있으리라고 믿었다. 이 믿음은 그가 내게 준 무조건적인 사랑과, 시각화와 실현의 힘을 이용할 수 있는 능력, 바로 내가 수년간 개발해 큰 성공을 거두었던 능력—『부의 원천』[+]에서 다룬 능력이다—에 기반을 둔 것이었다. 나는 이 확고한 믿음에 의심이 스며드는 것을 허용하지 않았다. 하지만 그는 이겨내지 못했다. 이겨낼 수가 없었다. 백혈병은 너무나 파괴적이었고, 치료는 혹독했다. 나는 바닥없는 슬픔과 절망의 구렁텅이에 빠졌다. 어떻게 빠져나와야 할지 알 수 없었다. 나는 40대에 남편을 잃고, 이전에 상상했던 것과는 전혀 다른 미래를 앞두게 되었다. 그 없이 어떻게 하루하루를 맞서나갈지 아무런 생각도 들지 않았다. 시간이 흐르면 치유되리라는 생각은 할 수도 없었다. 사랑과 풍요에 대한 내 세계관은 산산조각 난 상태였다.

회의감과 반감에도 불구하고 나는 계속해서 울새들을 떠올렸다. 이후, 로빈이 세상을 떠나고 6주쯤 지난 어느 날 새벽 4시경, 무언가가 어깨를 세게 치는 감각에 잠에서 깨어났다. 눈이 어둠에 익숙해지면서, 내 침대 곁에 서 있는 로빈이 보였다. 그의 모습이 점점 또렷해지고 있었다. 마치 흐릿한 자신을 드러내 보이기 위해 끈적한 당밀을 헤치고 나오는 것 같았다. 나는 충격을 받아 얼어붙은 채 꼼짝도 할 수 없었다. 그러면서도 그가 어느 정도로 노력하고 있는

[+] 『부의 원천』에서 나는 신경과학자로서의 지식을 토대로 내가 가진 실현에 대한 개념을 다루었다. 긍정적인 결과를 시각화해 뇌를 희망과 풍요의 상태로 유지함으로써, 현실에서도 바라는 대로 이루어질 가능성이 높은 행동들을 하게 되는 방법을 담았다.

지를 느낄 수 있었다. 내가 머리카락과 얼굴의 윤곽을 볼 수 있을 정도로 완전한 형태가 되자마자 그는 위에서부터 녹아내리기 시작했다. 그가 사라지기 전에 내가 마지막으로 본 것은 그의 정강이와 발이었다. 나는 숨을 크게 들이쉬었다.

나는 다음 날 아침에 일어나자마자 구글에 '사랑하는 사람이 세상을 떠난 뒤에도 그를 목격하는 일이 가능한 일일까요?'라는 질문을 올렸다. 내가 찾은 답은 나와 같은 경험을 겪은 노인들의 60퍼센트가 '환각'을 경험한다는 것이었다. 답변을 보고 이렇게 사무치는 경험을 그저 환각으로 일축해버리는 게 얼마나 슬픈 일인지 깨달았다. 당시 나는 분명히 깨어 있었고 꿈을 꾸는 것도 아니었다. 그리고 긴 세월 동안 받은 의학 교육과 과학적 사고가 알려주는 것과 달리 나는 내가 보았던 것에 대해 강한 확신을 가졌다.

이후 많은 사람에게 내가 겪은 일을 들려주었고, 나와 비슷한 이야기를 수없이 들었다. 그리고 3년 뒤, 이 책을 쓰는 도중에 같은 질문을 다시 검색했을 때 나는 다른 답을 얻었다. "가능하다. 세상을 떠난 사랑하는 사람을 보거나, 그의 목소리를 듣거나, 그를 느끼는 일은 정상적인 일이다. [이런 경험들은] 보통 위로가 되며 무해하다." 일부에서는 이런 경험을 두고 사랑하는 사람이 나타나기를 기대하는 뇌가 외부 단서에 반응해 공백을 채우기 때문에 생기는 것이라고 말한다.[1] 하지만 나는 당시에 로빈을 보게 되리라 기대하지 않았다. 잠들어 있다가 깜짝 놀라 깨어나곤 했고, 깨어 있는 동안에는 그가 세상을 떠났다는 사실을 뼈저리게 인식하고 있었다. 검색을 통해 읽은 것 중에는 유전자 변이나 뇌 화학 작용으로 죽은 사람을 인식하게 되는 것은 아닐까 하는 의견도 있었다.[2] 데이비드 해밀턴David Hamilton 박사는 고대인 중에 죽은 사람을 인식할 수 있는 사람들이 있었고, 이들은 사후 세계를 믿었기 때문에 죽음을 덜 두려워했을 것이라 추측했다. 결과적으로 그들은 더 많은 위험을 감수했을 것이고, 결국 영혼을 인식하는 유전자는 점차 사라지게 되었을 것이다. 그러나 고대 유전자의 일부는 여전히 현대 인류에게 남아서 지금도 죽은 이들의 영혼을 인식할 수 있는 사람들이 있을지도 모른다. 비록 과학적 증거는 없지만, 뇌 과학자인 나는 이런 생각을 통해 의식의 본질과 우리가 실제로 할 수 있는 일에 대한 강한 흥미를 가지게 되었다. 이 생각은 과학적으로 증명할 수 있는 경험만이 중요한가에 대한 의문으로 이어졌다.

침대에서 로빈을 보고 며칠 뒤, 나는 친구 앨리스에게 그날의 일을 털어놓았다. 몇 주 뒤, 앨리스로부터 받은 크리스마스카드에는 이렇게 적혀 있었다. "로빈을 봤다는 소식에 매우 기뻤어. 난 네가 그를 보게 될 줄 알고 있었어." 새해에 그녀와 저녁 식사를 하며 내가 그를 만나게 되리라는 걸 어떻게 알았는지 물었다. 앨리스는 담담하게 대답했다. "그가 내 꿈에 나와서 널 만나러 갈 거라고 말했거든."

세상이 무너진 것 같은 깊은 상실 속에서 길을 찾으려 애쓰는 동안, 나는 주류 과학이 모든 질문에 답을 주지는 못한다는 걸 깨달았다. 앨리스와의 대화로 나는 우리가 무엇을 인지할 수 있는지, 또 세상을 떠난 사람들과 연결을 지속할 수 있는지에 대해 관심을 가지게 되었다.

나는 해답이 모두 내 안에 있는 게 아니란 것을 깨닫기 시작했다. 과거의 나는 내가 원하는 삶을 스스로 만들어낼 수 있다고 믿었다. 하지만 내가 긴 시간을 들이고 힘을 쏟았던 액션 보드Action Board,[✦] 시각화, 확언, 실현 기법들로는 내 슬픔을 달랠 수 없다는 것이 분명해졌고, 그로 인해 극도로 의기소침해지는 시간을 맞이하게 되었다.

특히, 직관에 접근할 수 있는 권한을 잃어버린 듯한 느낌이 들었다. 이전의 나는 직관에 크게 의지한 나머지, 그것을 '나의 초능력'이라 이름 붙이기까지 했는데 말이다. 나에겐 항상 내가 나아가야 할 올바른 길을 파악하는 강한 감각이 있었고, 수년간 일기를 쓰고 그 내용을 다시 돌아봄으로써 나의 본능적인 의사결정이 옳았음을 확인한 적도 있었다. 그래서 직관을 신뢰하고 내게 유리하게 활용했다. 하지만 로빈을 잃은 직후의 나는 더이상 나 자신을 신뢰할 수 없다고 느꼈고, 어떻게 앞으로 나아가야 할지도 알 수 없었다. 하지만 그런 비탄 속에서도 새로운 방향을 찾아 나의 직관과 다시 연결될 것이라는 어렴풋한 희망이 있었다. 사실, 내게 다른 선택지가 없다는 것을 알고 있었다. 나를 새로운 길로 인도할 무언가가 필요했다.

로빈이 죽고 몇 달이 지나, 나는 절박한 심정에 영매를 찾아가 보

✦ 비전 보드Vision Board와 비슷하지만, 나는 일이 일어나려면 행동이 필요하다고 믿기 때문에 이런 이름을 만들어냈다. 이 역시 『부의 원천』에서 더 자세히 다뤘다.

왔다. 6개월쯤 후에는 또 다른 영매를 만났다. 그들의 말 중에 공감이 가는 것도 더러 있었지만, 나는 여전히 회의적이었다. 영매들의 말이 대부분 인터넷이나 소셜 미디어에서 찾아볼 수 있는 말이라는 생각이 들었고, 그 당시는 물론 시간이 흐른 뒤에도 이해되지 않는 것들이 많았다. 그래서 나는 나의 자립심(스스로 해결할 수 있다는 믿음)과, 내 뇌를 최대한 활용할 수 있다는 신념에 힘입어 이렇게 생각했다. "죽은 이들과 소통하는 통로를 열 수 있다면, 로빈과의 소통 통로를 여는 사람은 가장 친한 친구이자 영혼의 반쪽인 나여야 하지 않을까?"

　로빈의 생이 끝나갈 때, 나는 이런 설명할 수 없는 소통에 대해 어렴풋이 깨달았던 적이 있다. 그가 세상을 떠나던 날, 그는 잠들어 있는 나를 불러 물을 마실 수 있게 도와달라고 부탁했다. 그는 입술까지 잔을 들어 올릴 힘조차 없는 상태였다. 그는 걱정스러운 눈빛으로 지친 나를 보며 사랑한다고 말했다. 그가 필요할 때 가까이 있을 수 있도록 구석의 소파로 돌아가 다시 잠에 빠지려는 때, 마음속에 건강해 보이는 그의 얼굴이 정지 화면처럼 떠올랐다. 몇 년 전 휴가 때 내가 찍어 준 사진 속 모습처럼 보였다. 그때 그는 한 마디를 던졌다. "Celebrate." 축하하고 기뻐하라는 뜻의 그 말이 당시에는 이해가 되지 않았다. 하지만 시간이 지나고 알 수 있었다. 그 말은 내가 살아있다는 사실을 기쁘게 여기고, 그가 없더라도 목적의식을 가지고 삶을 이어가라는 의미였다. 로빈은 그날 점심, 내가 부엌에서 수프를 가져와 그의 병상 옆에 앉으려던 순간 세상을 떠났다.

나는 이런 경험들을 염두에 둔 채 신경과학자로서 뇌가 슬픔에 어떤 영향을 받는지 연구하고, 기존 과학의 경계 너머에서 죽음을 다루는 영적 활동들을 탐구하기 시작했다. 예를 들어, 나는 의식이 육체와 별개로 존재할 수 있는지 이해하기 위해 임사 체험과 임종 명료 현상Terminal Lucidity을 연구했다(이들에 대해서는 1장에서 자세히 살펴볼 것이다). 로빈이 세상을 떠났을 때, 침대에 누워 있는 육체를 보며 그의 본질은 육신이라는 그릇 너머에 있다는 강한 확신이 들었다. 이 느낌으로 인해 나는 '의식'에 우리가 설명할 수 있는 것 이상의 무언가가 있다는 확신을 가지게 되었고, 이 책을 통해 사람들에게 그 근거를 이야기하고자 한다.

가능한 것들에 마음을 열자, 더 많은 사인(신호)들이 서서히 그러나 분명하게 나타나기 시작했다. 주변에 있는 하트 모양을 알아차리기 시작했고, 곧 로빈이 보내는 신호일지도 모른다고 생각하게 되었다. 우리 부부에게 의미 있는 노래들, 다른 사람들과 함께 보거나 다른 사람이 보았다는 울새 이야기들 그리고 사람들이 꿈속에서 로빈으로부터 받았다며 내게 전해주는 메시지들. 처음에는 이런 것들이 무작위로 나타나고 많지 않았지만, 시간이 지날수록 더 분명히 더 자주 반복되었다. 그러나 내가 받은 사인 모두가 로빈으로부터 받은 것은 아니었다.

나의 아버지는 로빈이 세상을 떠난 지 석 달 후에 돌아가셨다. 아버지는 내가 어렸을 때, 학교 영어 선생님이 내게 미래 직업으로 배우를 추천했다는 말을 전해 듣고는 "내 눈에 흙이 들어가기 전에는 절대 안 된다"며 딱 잘랐던 적이 있다. 2023년 12월, 나는 일기에 이렇게 썼다. "아버지 지금이라도 허락하신다면, 제가 유명한 여배우와 우연히 마주치게 해주세요." 몇 주 뒤, 나는 레이디 가든 재단Lady Garden Foundation이라는 자선 단체가 주최한 크리스마스 예배에 참석했다. 친구와 함께 입구 근처에 서 있을 때 한 여성이 우리에게 다가왔다. 나는 길을 비켜주려 했지만 둘 다 같은 방향으로 움직이는 바람에 부딪히고 말았다. 그녀는 미안하다며 지나갔다. 나는 친구에게 말했다. "세상에, 저 사람 안나 프리얼Anna Friel이야. 나 정말 팬인데." 나는 그 일 이후에 일기를 다시 훑어보다가 아버지에 관한 글을 발견했다. 크게 놀란 나는 용기를 내서 안나에게 우리 자선 단체 행사에서 낭독을 해준 것에 감사하는 메시지를 보냈고, 그녀는 며칠 후 답장을 보냈다. 의사인 그녀의 오빠가 유튜브에서 볼 만한 팟캐스트 하나를 보내줬고, 그 다음 영상이 내가 출연한 〈CEO의 일기The Diary of a CEO〉 에피소드였다는 것이다. 덕분에 그녀는 내 메시지를 받기 전부터 친구와 가족들에게 나에 대한 이야기를 하고 있었다는 내용이었다.

시간이 흐르면서, 로빈이 숫자를 통해 나와 소통하고 있는 것일지 모르겠다는 어렴풋한 느낌을 받았다. 그는 금융계에서 일을 했고 피보나치 수열⁺에 집착했기 때문에 그럴듯한 가설로 보였다. 그래서 나는 내 가설을 시험해보려고, 마음속으로 로빈에게 기념일

✦ 1, 1, 2, 3, 5, 8, 13 같이 각 수가 앞의 두 수의 합으로 이루어진 수열.

같이 특별한 의미가 있는 날에는 나에게 특정 숫자를 보내달라고 빌었다. 로빈이 확실히 숫자 사인을 보냈다고 처음으로 느낀 것은 그의 1주기 무렵이었다. 일주일 전부터 휴대폰, 자동차 번호판, 시계, 소셜 미디어 등 눈을 돌리는 곳마다 1, 11, 100이라는 숫자들을 보기 시작했다. 그리고 기일 당일에는 108이라는 숫자를 발견했다. 힌두교에서 108은 존재의 완전성과 신성한 연결을 상징하며, 만트라를 암송하거나(구절을 108번 반복한다) 염주(108개의 구슬로 만든다)를 돌리는 등 경전이나 수행과도 연관된다. 이렇듯 108이라는 숫자는 영적으로 의미가 큰 숫자이기 때문에 나에게 굉장히 중요한 메시지로 다가왔다. 이런 일들이 놀라운 방식으로 계속해서 일어났고, 시기와 내용이 점점 정확해졌다. 두 번째 기일에는 자정이 막 지났을 때 인스타그램에 200이라는 사인을 보내달라고 부탁했고, 그 사인은 기일 내내 이어지다가 다음 날 201로 바뀌었다.

그의 2주기 때에는 나바호 자치국(미국의 나바호족 인디언 보호구역—편집자)에 있다가 2주기 당일에 LA로 갈 예정이었다. 나는 로빈에게 여행 중 내게 불사조Phoenix의 사인을 보내달라고 부탁했다. 당시 나는 완전히 소진되었다가 새사람으로 다시 태어나고 있다는 느낌을 받았고, 불사조는 우연으로 여기기 힘들 정도로 색다른 것이었기 때문이다. 나바호 자치국에 가기 전, 나는 스튜디오가 있는 오클라호마시티에서 일주일을 보냈다. 그곳에 있는 동안 나는 호텔에서 나오는 길에 피닉스 가든Phoenix Garden이라는 중국 식당을 몇 번이나 지나쳤고, 애리조나주 플래그스태프에서 출발하는 비행기

19

를 예약했을 때 경유지는 피닉스였다. 런던으로 돌아온 어느 날에는 집에 걸어가던 중 도로가 막혀 있어서 작고 예쁜 골목길로 돌아가게 되었다. 이때 분명히 사인을 받게 될 것이라는 확신이 들었던 기억이 난다. 그저 강한 직관이었다(사람들은 이것을 영적 직관Claircognisance이라고 부르기도 한다). 모퉁이를 돌자마자 피닉스The Phoenix라고 적힌 커다란 간판이 있는 펍과 마주쳤다.

이런 식의 의미 있는 사인들이 계속 모습을 드러냈다. 휴대폰 화면, 영수증, 집 주소, 자동차 번호판 등에서 로빈의 생일, 우리에게 의미 있는 숫자들이 계속 눈에 들어왔다. 숫자 외에도 현관 앞에 놓인 하얀 깃털, 하트 모양의 물건들, 무한대 기호 등등 그 출처가 무엇이든, 이 사인들은 단순한 위로를 뛰어넘어 내가 두려움을 떨쳐낼 수 있게 해주었다. 내 인생의 가장 힘든 시기를 헤쳐 나갈 길을 보여주었다. 그 사인들은 내가 왜 여기에 있는지, 내가 이 세상에 무엇을 가져다줄 수 있는지 상기시켜 주었다. 나를 다시 살게 해주었고, 깊이 사랑했던 사람을 위한 유산을 창조하는 방식으로 앞으로 나아갈 수 있게 해주었다. 그것이 내가 계속 살아가기 위해 반드시 해야 할 일로 느껴졌다. 그 사인들은 과학이 이미 설명한 것 너머에 있는, 온갖 화려한 색채를 지닌 삶의 경이를 보게 해주었다. 그들은 또한 내 호기심을 자극했다. 내가 발견한 이 새로운 깨달음은 무엇일까? 그리고 다른 사람들도 이것을 찾을 수 있도록 도울 수는 없을까? 이것이 이 책의 목적이다. 사인에 마음의 문을 열면, 많은 것을 얻을 수 있다는 확신을 나누고 싶다. 이는 당신이 올바른 길을 가고 있다는 확인일 수도, 무언가 혹은 누군가가 당신을 인도하고 있다는 위안의 감각일 수도 있다. 이 새로운 지지와 외적 확신을 통해, 우리는 삶의 모든 도전을 극복하고 이전에 경험하지 못한 번영하는 삶을 향해 나아갈 수 있다.

이성적 사고 너머 존재하는 힘

인간은 수천 년간 감각과 직관에 의존해 생존해왔다. 휴대폰으로 날씨를 확인할 수는 없었지만 그들은 하늘을 보고, 나무 사이로 바람 소리를 듣고, 피부에 닿는 비를 느끼고, 본능에 의지해 폭풍우로부터 몸을 피해야 한다는 것을 알아냈다. 그들은 관찰한 것들에서 의미를 끌어낼 수 있었다. 이는 주변 세계뿐만 아니라 자신의 목적, 미래 그리고 정말 중요한 것들을 동굴 벽화와 토템으로 만들고자 했던 욕구에서 드러난다. 나는 정신을 산만하게 하는 것들이 현대 사회 속에서 우리가 행복을 누리고 번영하는 데 필수적인 어떤 것을 자주 잃어버리게 한다고 생각한다.

많은 이들이 방향을 잃은 듯한, 무언가 부족한 듯한 느낌을 받는다. 삶이 시속 100마일(약 160킬로미터)로 당신을 스쳐 가는듯한 느낌이 들지 않는가? 불안감이나 삶에 더 많은 것이 있어야 한다는 느낌에 사로잡혀 있지는 않은가? 이성적으로 설명할 수 없는 것들을 모두 묵살하면서 한편으로는 진실을 무시하는 듯한 본능적인 느낌을 받지 않는가? 이런 느낌들이 익숙하다면, 안심하라. 당신만 그런 것이 아니다. 현대에는 스트레스가 가득하다. 그 원인 가운데 상당 부분은 더 빨리, 더 열심히 일하기 위해 우리를 이끌고 풍요롭게 해줄 주변의 것들을 보는 대신 하루 종일 화면만 쳐다보게끔 하는 기술의 발전 탓이다. 그 결과, 많은 사람이 그 어느 때보다 심한 혼란과 단절감을 느끼고 있다. 이것은 다시 광범위한 방향성 상실, 자신감 저하, 목적의식의 약화로 이어진다. 나는 정신과 의사, 신경과학자, 경영 고문으로서 이런 일들을 직접 목격했다. 임상 현장에 있는 동료들도 환자들 사이에서 불안, 공격적 행동, 참을성 부족, 감정 조절 능력 저하가 늘어나고 있다고 우려한다.

영국의 정신 건강 자선단체 마인드Mind는 영국인 네 명 중 한 명이 정신 건강 문제를 겪고 있다고 보고했다.[3] 특히 정신 건강 문제에 직면한 젊은이들의 수는 점점 늘어나, 2020년에는 젊은이 여섯 명 중 한 명이 정신 건강 문제를 경험했다. 이는 2017년 아홉 명 중 한 명에서 상당히 늘어난 수치다.[4] 일부에서는 이것을 스마트폰 사용 증가와 아이들 사이에서의 광범위한 소셜 미디어 사용과 연관 짓는다.[5] 사회심리학자 조너선 하이트Jonathan Haidt는 저서 『불안 세대』에서 청소년에게 이런 문제가 나타나는 원인을 설득력 있게 제시한다. 그뿐만 아니라 소셜 미디어 사용이 성인에게도 부정적 영향을 미친다는 증거가 점점 늘어나고 있다.[6] 오늘날 스마트폰은 어디에나 있다. 고개를 들어 세상을 보고, 의식하고, 세상과 관계를 맺는 시간보다 화면을 응시하는 시간이 길어질수록 우리는 방향을 잃고 더 깊은 혼란으로 빠져든다.

끊임없이 위기 상황에 부딪히며 힘겹게 세상을 헤쳐 나가면서, 이 땅에서 주어진 소중한 시간을 최대한 활용하지 못한다는 느낌을 받게 되는 것은 여러 가지 상황 탓이다. 우리는 그 어느 때보다 물질주의적인 세상에 살고 있다. 삶이 소비주의자에 의해서 규정되고, 우리는 소셜 미디어에 전시된 '완벽한' 삶을 강요당한다. 한편 기술의 발전과 도시화로 인해 많은 사람이 자연과의 연결을 잃었고, 개인주의 덕분에 우리는 자신보다 더 큰 무언가가 존재한다는 생각으로부터 단절되었다. 세속주의의 힘이 세지고 영성이 폄하되면서 우리는 수천 년간 의지했던 의미와 방향성의 원천을 잃어버렸다. 이런 요소들은 우리의 시계視界를 좁히고 세상이 제공하는 모든 것에 대한 인식을 제한한다. 결과적으로 마치 차안대遮眼帶(경주마의 좌우 시야를 차단해 앞만 보고 달리도록 하는 경마 장구-옮긴이)를 하고 살아가는 꼴이 되었다. 자신에 대한 감각과 자기 신뢰의 능력, 공동체와 관계는 유지하기가 어려워지고 스트레스, 불안, 기타 신체적·정신적 질환이 증가하는 것은 당연한 일이다. 현대 생활의 고난과 시련이 인식에 씌운 차안대를 벗어낸다면, 당신 역시 자신 그리고 삶과 더 깊은 연결로 이끄는 사인을 발견할 수 있을 것이다.

우리는 직면한 문제를 머리로만 해결하려고 할 때가 너무나 많다. 이성理性을 지나치게 강조하고 거기에 너무 많은 가치를 부여하는 것이다. 그러나 이성적인 접근이 언제나 정답인 것은 아니다. 내가 『부의 원천』에서 설명했듯이, 우리에게는 사용할 수 있는 다른 결정의 방식이 있다. 특히 직관은 이성적 사고 너머 우리 몸 안에 있는 지식과 지혜에 접근할 수 있게 해준다. 그래서 우리는 직관을 이용해서 누구와 장기적인 관계를 맺을지, 인생에서 무엇을 해야 할지 등 극복할 수 없는 것처럼 보이는 문제들에 대한 창의적인 해법을 찾을 수 있다. 안타깝게도 많은 사람이 이런 귀중한 자원의 중요성을 너무 쉽게 무시한다. 과학은 우리에게 이정표를 제시하지만 그뿐이다. 직관을 더 많이 활용하고 적어도 이성과 동등한 가치를 부여한다면 우리는 이성과 직관 사이의 미묘한 변화를 포착해 삶에 대한 더 섬세하고 통합적인 결정을 내릴 수 있다. 그렇다고 직관에 과학적 근거가 전혀 없다는 뜻은 아니다. 최근 몇 년간, 특히 뇌 스캔 기술의 발전으로, 직관의 타당성을 뒷받침하는 신경과학적 증거가 눈에 띄게 늘어났다(이에 대해서는 2장에서 더 자세히 이야기할 것이다).

직관은 우리에게 많은 것을 가르쳐줄 수 있다. 귀를 기울일수록 직관은 당신의 몸과 무의식 속에 있는 중요한 지식을 이해하게 하고, 다른 출처에서 얻는 메시지를 해석할 힘과 도전을 헤쳐 나갈 길을 제시하며, 앞을 명확하게 내다보며, 목표에 이르는 데 필요한 통찰과 힘을 제공한다. 특히 직관에 주의를 기울이고 직관이 들려주는 이야기를 신뢰할 수 있다면, 자신에게 온 사인을 더 잘 알아차리고 활용할 수 있다.

우리에게 찾아오는 사인들은 내가 서문에서 언급했던 집 정원의 울새가 그랬듯이, 설명할 수 없는 출처에서 비롯되는 경우가 많다. 어떤 이들은 이런 것을 초자연적Paranormal 현상이라고 부르거나 오컬트Occult로 취급할지도 모르겠다. 그런 단어들은 부정적인 의미를 담고 있다. 하지만 나는 사인을 그저 기존에 우리가 이해할 수 있는 범위를 넘어선 신비롭고 쉽게 이해하기 힘든 현상으로 받아들이고자 한다. 사인은 각자 개인이 가진 준거의 틀에 따라 신 혹은 천사나 우주라고도 부르는 자비로운 원천으로부터 오는 것일 수도 있고, 사랑하는 이들의 영혼이 우리를 인도하고 위로하기 위해 보내는 것일 수도 있다. 사인이 어디에서 비롯되는 것이든, 우리는 우리 몸과 환경이 전하는 말을 더 잘 이해하고, 자발적인 열린 마음으로 이해 범위 밖에 있는 힘이 보낸 사인을 봄으로써 많은 해답을 발견할 수 있다. 나는 내가 이렇게 믿게 된 이유와 당신의 삶에 사인의 혜택을 끌어들이는 방법을 공유할 것이다.

20세기 초, 심리학자 칼 융Carl Jung은 '의미 있는 우연Meaningful Coincidence', 즉 어떤 인과관계도 없지만 서로 연결된 듯 보이는 두 개 이상의 사건을 설명하기 위해 동시성Synchronicity이라는 말을 만들었다.[7] 융은 과학을 공부했지만, 이런 동시성이 어떤 영적 근원을 가리킬 수도 있다는 가능성에 마음을 열어두고 있었다. 그는 집단 무의식Collective Unconscious 이론에서 이 점을 더 깊이 생각했다(이에 대해서는 8장에서 논의할 것이다). 하지만 그것이 단순한 우연인지 더 깊은 근원과 의미를 지닌 동시성인지와 관계없이, 사인에 있어 정말 중요한 것은 그것이 당신에게 어떤 의미인지를 해석하는 방식과 거기에서 얻는 기쁨이다. 로빈이 죽은 후 내가 본 사인들은 나를 위로했고 내가 앞으로 나아가게 도와주었다. 처음에는 슬픔을 헤쳐 나가는 데 도움을 받고자 사인을 이용했지만, 이제 사인은 내 삶의 방식이 되어 내 직관에 자신감을 불어넣었다. 여기서 더 나아가 내가 우주의 인도를 받고 있다고, 자연이나 다른 사람과 더 강하게 연결되어 있다고 느끼게 해준다. 사인은 개인적이기 때문에 당신의 느낌은 다를 수 있다. 나는 이 책에서 사인이 실재할 가능성과 사인에 마음을 열어야 하는 여러 이유를 당신에게 보여주고 싶다.

사인이라고 생각하는 일을 경험한 적이 있는가? 내가 내 경험을 공유하기 시작하자, 나와 이야기를 나눈 거의 모든 사람이 자신의 경험도 털어놓았다. 누군가를 생각하고 있는데 그 사람이 갑자기 문자를 보내거나 그 사람을 예기치 않게 마주친 경우가 많았고, 내가 예상했던 것보다 훨씬 더 많은 사람이 (고인이 된) 사랑하는 사람의 존재를 느꼈던 경험을 했다. 자칫 정신이 이상하다는 이야기를 들을까, 겁이 나서 자주 하지 못하는 이야기의 문이 그렇게 열렸다. 이 경험으로 나는 혼자서만 이 문제를 탐구하는 데 그치지 않고, 이 이야기를 '정당한 대화 주제'로 다루어 다른 사람들도 신뢰하며 유용하게 사용할 수 있도록 만들고 싶다는 생각을 하게 되었다.

사인에 마음을 열다

이 책에서는 나의 경험, 진화 과학Evolutionary Science이 제시하는 단서들, 신경과학자이자 정신과 의사로서의 전문성에 의지해 당신이 놓치고 있는 사인을 더 잘 인식하고 활용할 수 있도록 도울 것이다. 그럼으로써 자신과 타인 그리고 삶과의 연결을 회복할 방법까지도 설명할 것이다. 회의적인 입장이든 영적인 입장이든, 의심은 잠시 접어두자. 이 책을 읽고 나의 여정에서 의미 있는 교훈을 뽑아낼 수 있다면, 스스로 변화되었다는 느낌을 받고 삶의 도전에 맞설 준비를 더 단단히 갖추게 될 것이라 확신한다. 특히 사인은 이성에 대한 지나친 의존에서 벗어나, 더 넓은 현실을 볼 수 있게 해준다. 이는 무엇인가를 무리하게 밀어붙이거나 걱정할 필요가 없으며, 모든 일이 잘 풀릴 거라는 믿음을 가져도 좋다는 감각을 준다. 사인이 어디에서 비롯되었다고 생각하는가는 문제가 되지 않는다.

이 책에는 사인으로부터 혜택을 얻을 수 있는 실용적인 지침이 가득하다. 1부에서는 정신과 몸이 별개일 가능성을 탐구하며 사인의 증거를 검토한다. 이후 직관을 이해하고, 더 나은 의사결정을 위해 활용하는 법과 이와 더불어 사인을 알아차리고 해석하는 도구로서 직관이 가진 중요성을 논의한다. 직관에 귀 기울여야 할 이유가 있다는 것을 납득해야 비로소 사인에도 주의를 기울여야 하는 이유를 깨달을 수 있다. 직관과 사인 모두 현명한 의사결정을 내릴 수 있도록 돕는 일종의 수단이기 때문이다. 나는 사인이 나에게 그토록 이로웠던 이유 그리고 당신에게도 그럴 수 있는 이유를 설명할 것이다. 마지막으로 2부에서는 감각에 대한 더 나은 이해, 창의성의 중요성에 대한 인식, 자연과 다른 사람들과의 강한 유대를 통해 삶에 사인을 받아들일 환경을 조성하는 구체적인 방법을 설명한다.

주제를 소개할 순서를 신중히 생각하고 배치했기 때문에 이 책은 내가 제시한 순서대로 읽는 것이 좋다. 그러나 처음부터 끝까지 읽은 후라면 확인이나 설명이 필요할 경우 언제든 부분적으로 다시 읽을 수 있다.

노트나 일기장을 하나 마련해서, 이 책을 읽는 동안 관찰한 것을 적고 자신에 대해 알게 된 것과 보게 된 사인을 기록하길 권한다. 이 책 곳곳에 일기장을 통해 사인을 사용하는 방법이 있다.

슬픔은 나로 하여금 결정을 내리게 한 촉매였다. 이를 통해 나는 내가 겪은 비극을 곱씹으며 두려움과 고통을 가지고 살 것인지, 아니면 비극을 뒤집어 삶이 아름답고 광대하며 더 많은 것을 준다는 것을 깨우칠 것인지 선택할 수 있었다. 하지만 위로와 의미, 지침을 제공하는 사인을 보기 위해 꼭 인생에서 극적인 사건을 겪어야 한다고는 생각지 않는다. 당신은 어느 때이든 이 책에서 배운 것을 삶에 적용할 수 있다. 예를 들어, 당신이 올바른 길에 있는지 확인하거나 결정을 검증하는 데 사인을 활용함으로써 세상에 대한 경험을 한층 더 풍부하게 만들고 더 큰 성장을 이루는 것도 가능하다.

당신이 이 책을 읽고 세상을 더 풍요롭게 경험하길 바란다. 주변 모든 것의 아름다움을 알아차리고 감사하며, 삶이 지루한 일상의 노동에 그치지 않는다는 것을 깨닫게 되길 바란다. 그렇게 함으로써 우리는 인생의 가장 힘든 순간들을 통해 의식을 확장시키고, 삶을 바꿀 수 있다. 그 변화는 경이로운 연금술 같을 것이다. 사인에 마음을 여는 것은 당신의 삶에 영성의 감각을 불러들이고 오늘날

의 사회에서 많은 사람이 느끼는 결핍을 해결하는 하나의 수단이
다. 이것이야말로 이 책의 교훈이 누군가를 잃은 사람들만이 아니
라 모든 사람에게 의미 있는 이유다.

나는 사인에 마음을 열 수 있다면, 당신 역시 한계 없는 삶을 살
수 있다고 진심으로 믿는다.

1부

우리가
놓치고
있는 것

얼마 전 돌아가신 아버지의 생신이어서 가족과 함께 묘소를 찾고, 아버지를 추억하며 저녁 식사를 했다. 그 자리에서 모두 삶을 성찰하는 의미 있는 시간을 가졌다. 나는 삶과 연결 그리고 우주가 이런 것들을 엮어가는 신비한 방식에 대해 많은 생각을 하게 되었다.

우주는 정말로 이상하고 신비로운 곳이다. 아버지를 기리기 위해 묘소로 가는 기차 안에서, 옆에 앉은 여성도 『부의 원천』을 읽고 있다는 것을 알게 되었다. 나는 잠깐 멈칫했다. 단순한 우연으로만 느껴지지 않았기 때문이다. 사진을 찍어도 되겠냐고 묻자, 그녀는 흔쾌히 허락해줬다. 뜻밖의 기쁨을 가져다주는 만남이었다. 우주가 우리 삶 속에 이어진 연결 고리들을 전혀 예상치 못한 순간에 은근히 상기시켜주는 듯했다. 얼마 지나지 않아, 당신이 DM을 보냈다는 걸 알게 된 나는 정말 놀랐다.

- 이드리스 블락Idris Blac

위 메시지는 이드리스가 나와의 첫 연락을 회고하며 보내준 글(이드리스 블락은 영국에서 활동하는 음악 프로듀서로, 그는 저자에게 이 책과 어울리는 음악을 작곡해 선물했다−편집자)이다. 안타깝게도 오늘날, 우리를 더 나은 삶으로 이끌어주는 사인을 놓치는 사람이 너무나 많다. 그 사인을 무시하는 것은 우리에게 길을 보여주고, 삶을 더 생생하게 느끼게 해주며, 세상과 더 조화롭게 살도록 해주는 지혜와 지식의 원천을 외면하는 것이다. 나는 내가 사인에 대해 배운 것을 공유해 당신도 그 변혁적인 힘을 활용할 수 있도록 돕고 싶다.

1장에서는 사인이 어디에서 비롯되는지 살피면서, 그것이 세상을 떠난 사랑하는 사람, 우주, 다른 형태의 신성이나 힘처럼 우리자신을 '넘어서는' 근원으로부터 온다는 가능성을 헤아려 본다. 나는 삶 속에 사인을 받아들이는 첫 단계가 직관을 더 잘 이해하는 것이라고 믿는다. 직관 없이는 애초에 사인을 받아들이고 그것이 의미하는 바를 이해하는 데 마음을 열 가능성이 훨씬 낮기 때문이다. 따라서 2장에서는 직관이 그토록 유용한 해석 도구인 이유와 직관에 더 가까이 다가가고 직관을 더 신뢰해야 하는 이유를 설명한다. 3장에서는 이런 사인들이 어떤 형태를 띨 수 있는지 살펴 당신이 삶 속에서 사인을 알아보는 데 도움을 주고, 그들이 어떻게 의미 있는 방식으로 당신에게 혜택을 주는지 보여줄 것이다.

1장

아직 밝혀지지 않은
의식의 비밀

로빈이 세상을 떠난 그해에 영화 제작자 사라 커푸어Sarah Kapoor
가 내게 '디어 미 프로젝트Dear Me Project'에 참여해달라는 부탁을 해
왔다. 사라는 모자에 0에서 130까지의 숫자가 적힌 종이를 넣고 각
계각층의 사람들에게 뽑게 한 뒤 종이에 적힌 숫자에 해당되는 그
나이대의 자신에게 짧은 편지를 쓰도록 했다. 이 활동은 '글쓰기 치
료'에서 비롯된 것으로 감정을 자극하는 경우가 많고 때로는 인생
을 바꾸는 경험이 되기도 한다.[1] 사라는 내가 이 활동에서 일어나는
경험에 대한 신경과학적 배경을 설명해주길 원했지만, 이론적 관점
에서만 이야기하고 싶지 않았던 나는 직접 이 활동에 참여하기로
했다.

촬영할 때가 되자, 캐나다에 사는 사라와 그녀의 남편 존 크리스텐
센John Cristensen이 런던에 있는 내 집까지 찾아왔다. 로빈을 위해
그가 가장 좋아했던 메이플시럽을 비롯한 여러 가지 좋은 선물을
가져온 그들은, 그가 세상을 떠났다는 사실을 알고 충격을 받았다.

1장   아직 밝혀지지 않은 의식의 비밀

로빈의 성姓이 캐나다식인 비버Bieber인 것을 알고, 절반은 캐나다 인인 그를 만나길 고대하고 있었기 때문이다. 대신 나는 집안 곳곳에 있는 그의 사진들을 보여주었다.

인터뷰 당일에 사라와 나는 소파에 함께 앉았고, 카메라맨은 한쪽 옆에 있었으며, 존은 건너편에서 우리를 지켜보고 있었다. 사라는 내게 모자에서 숫자를 뽑으라고 했고, 존이 종이 낭비를 싫어해 이전에 사용했던 이면지에 숫자들을 인쇄했다고 농담을 건넸다. 그래서 숫자가 적힌 종이 뒷면에는 인터뷰한 사람들의 이니셜이 무작위로 적혀 있었다. 나는 그 이니셜들의 원래 용도가 무엇이었는지는 알지 못했다. 내가 뽑은 번호는 70번이었다. 로빈이 살아 있었다면 그해 70세가 되었을 것이다. 사무치는 느낌에 나는 잠시 멈칫했다.

인터뷰를 끝내고 나서 나는 존이 감정에 복받쳐 벌떡 일어나 있다는 것을 알아차렸다. 나는 당황했다. 잘 알지도 못하는 이 남자가 왜 내 집에서 울고 있는 걸까? 그는 눈물을 흘리며 내게 말했다. "그 종이를 뒤집어 보세요." 이미 종이를 모자 안에 다시 넣었지만, 그의 말에 나는 바로 긴박감을 느꼈다. 신호였다. 나는 종잇조각들을 뒤적이기 시작했다. 결국 그 종이를 찾아 뒤를 보니 뒷면에 'RB'라는 이니셜이 인쇄되어 있었다. 나도 눈물을 흘리기 시작했다. 하지만 사라는 아직 상황을 파악하지 못하고 "왜들 그러시는 거예요?"라고 물었다. 존과 나는 동시에 "로빈 비버Robin Bieber"라고 외쳤다. 믿을 수가 없었다.

나는 그 종이를 간직했고, 심지어는 뒷면에 무엇이 적혀 있는지 모른 채 그 종이를 들고 있는 내 모습을 찍은 사진도 가지고 있다. 이런 일이 일어날 확률이 얼마나 될까? 이후 사라는 모자 안에 열두 장의 종이가 있었고 그중 12장은 0부터 100까지 10단위의 번호가, 하나에는 예외적으로 130이 적혀 있었다고 말해주었다. 그녀는 또한 70과 RB가 같은 종이에 인쇄된 것은 완전한 우연이며, 존이 종이를 재활용하지 않았더라면 글자가 들어가 있을 이유조차 없었다고 이야기했다. 그 활동에는 사인을 받거나 로빈과 소통하려는 목적이 없었지만, 결국 그렇게 되었다. 나는 그런 일이 일어날 가능성이 높은 특정한 조건, 사람, 장소 있다고 생각한다.

만약 이런 일을 나 혼자만 경험했다면, 이 경험을 단순한 우연이라거나 위안 삼아 혼자 지어낸 이야기로 치부했을 수도 있다. 단 한 번의 사례는 더 깊이 연구해 볼 근거가 되지 못한다. 하지만 내가 사인에 관한 경험을 털어놓기 시작하자, 다른 사람들도 내게 마음을 열었고, 지금의 나는 잘 아는 사람부터 전혀 만난 적이 없는 사람에 이르기까지 여러 사람들이 경험한 여러 가지 신호에 대해 알고 있다.

로지 와이엇Rosie Wyatt과의 인연은 그녀가 2019년 이혼한 직후 내게 인스타그램 메시지를 보내면서 시작되었다. 나는 그녀를 위로하려 노력했다. 그해 12월 우리는 몇 차례 메시지를 주고받았지만 그 후 몇 년간 연락하지 못했다. 2023년 그녀는 친한 친구 리처드가 암으로 세상을 떠났다며 다시 내게 메시지를 보냈다. 내가

〈CEO의 일기〉 팟캐스트에서 슬픔에 대해 잠깐 이야기하는 것을 듣고 흐느껴 울었다는 내용이었다. 나는 위로의 말을 건네려 했지만, 남편이 세상을 떠난 상황을 공개적으로 밝히지 않은 상황이었기 때문에 구체적인 언급은 하지 않았다. 하지만 어느 날, 그녀에게 "방법만 찾는다면 세상을 떠난 친구와 소통할 수 있다"는 말을 전해야겠다는 강렬한 충동이 들었다. 그녀가 내 친구 중 한 명과 가까운 곳에 살고 있었던 덕분에 우리는 만나서 차를 마시게 되었고 나는 그 자리에서 로빈의 이야기를 전했다. 그리고 그녀는 실제로 신호를 찾았다는 편지를 보내주었다. 그녀는 지금도 울새에 대한 아름다운 시와 여러 신호들에 대한 이야기를 보내준다. 그녀는 자신의 경험을 다음과 같이 짧게 적어 주었다.

리처드가 암 진단을 받고 사랑하는 사람들과 가까이 있기 위해 영국으로 돌아오면서, 우리는 다시 연락을 주고받게 되었다. 우리는 예전만큼, 아니 그보다 더 가까워졌다. 그의 마지막 몇 달은 솔직함, 웃음, 눈물 그리고 가장 순수한 형태의 사랑으로 가득했다. 우리가 함께한 마지막 순간들은 깊은 감정으로 물들어 있었다.

그가 세상을 떠난 것은 바람 한 점 없는 5월의 어느 날이었다. 나는 침실 문 근처에서 밝게 빛나는 강한 하얀 빛에 잠에서 깨어났는데, 움직이지 않고 누운 상태에서도 그 빛이 번개나 폭풍은 아니라는 것을 자각할 수 있었다. 새벽 5시 30분, 리처드의 사촌에게서 그가 세상을 떠났다는 전화를 받았다.

일주일 후, 나는 새벽에 겪은 특별한 사건을 리처드의 다른 친구에게 이야기했다. 그러자 그녀는 리처드가 '자신이 죽고 난 후 소통할 수 있다면 빛을 통해 할 것'이라고 말했다고 전해주었다. 내게는 그런 말을 한 적이 없었다. 그 이후에 나는 그의 사진 한 장을 반짝이는 조명으로 장식해 두었다. 생각에 잠기거나, 결정에 어려움이 있거나, 그의 생각을 할 때면 이 불빛들이 깜빡이거나 완전히 꺼진다. 어떤 이들은 우연이라고 하겠지만, 나는 그렇게 생각지 않는다.

이렇게 좀 더 열린 마음을 가지게 되자, 리처드가 보내는 신호와 연결되는 일이 더 쉬워졌다. 사람을 만나는 것이든 빛과 같은 물리적 사인이든, 나는 이것이 계속되는 사랑이라고 받아들였다. 리처드가 내게 남긴 선물은 자신을 믿는 법을 가르쳐준 것이었고, 나는 그의 가르침을 실천하고 있다.

또 다른 좋은 예로 더티DIRTEA의 공동 창립자인 내 친구 사이먼이 겪은 일이 있다. 이 회사는 기능성 버섯을 판매하며, 나는 그곳의 최고 과학 책임자다. 어느 날 밤, 사이먼은 일찍 세상을 떠난 자신의 옛 스승에 관한 이상한 꿈을 꾸었다. 꿈속에서 그의 스승은 그를 어딘가로 이끌며 단호하게 "계속 앞으로 나아가야 해"라고 말했다. 사이먼은 다음 날 스승의 아내에게 전화를 걸었다. "스승님에 대한 생생한 꿈을 꿨어요. 정말 현실 같았어요." 그러자 그녀는 이렇게 답했다. "오늘이 남편의 1주기예요. 그가 당신에 대한 굳은 믿음을 가지고 있었기에 당신을 확인하러 온 게 분명해요." 사이먼은 그 날짜를 기억하지 못했지만, 그의 잠재의식은 그것을 분명히 기억하고 있었다. 그는 이 경험을 통해 삶에 우리가 아는 것 그 이상이 있다는 희망을 갖게 되었다.

사실 사이먼은 수면 중에 가슴이 빨리 뛰는 증상을 겪고 있었고, 거기에 상당한 스트레스를 받고 있었다. 그는 잠들 때마다 가슴 두근거림을 걱정했었다. 그러나 그 꿈을 꾸고 나서부터 그는 스승을 다시 만났다는 생각과 스승의 아내가 자신의 경험에 보여준 반응에 일종의 위안을 느끼게 되었다. 그는 그 느낌이 흡사 진정제 같았다고 표현했다. 그는 이전에는 내게 이런 이야기를 한 적이 없었다. 하지만 내가 내 경험의 일부를 공유하자 용기를 얻어 자신에게 일어났던 일을 털어놓았다.

이런 순간들은 종잇조각의 경험이 내게 그러했듯이 의문을 가지게 만든다. 의식이 죽음 이후에도 다른 형태로 존재하는 것이 아닐까? 그것이 정말 가능할까? 그리고 이런 큰 수수께끼를 이해하는데 도움을 줄 만한 증거는 없을까? 이 장은 이런 질문들을 탐구하고, 죽음에 가장 가까이 다가갔던 순간을 연구한 사람들이 도출한 놀라운 결론을 제시할 것이다.

정신과 육체 사이의 관계

―

내 경험은 물론, 로지와 사이먼의 사례 그리고 내가 수집한 수많은 사례는 의식이 몸을 초월한다는 가능성에 기반을 두고 있다. 정신, 마음, 자아, 영혼 등 우리 각자가 가진 주관적이고 개인적인 경험을 지칭하기 위한 여러 가지 이름들이 있다. 이렇게 부르는 것들이 우리의 물리적 존재(육체)와 분리할 수 없는 측면인지, 아니면 별개의 실체인지에 대한 문제는 철학자와 과학자들이 수천 년간 논쟁해온 주제다. 이것은 사인이 실재할 가능성과 관련된 가장 중요한 문제이기도 하다. 의식이 육체의 죽음 이후에도 계속 존재한다면, 세상을 떠난 사랑하는 사람들과 지속적으로 소통할 수 있다는 주장도 가능할 것이다.

겉으로 보기에 정신과 육체가 하나인지, 별개인지의 문제는 그리 중요해 보이지 않을 수도 있다. 실제로 일상에서는, 우리의 뇌와 정신이 밀접하게 연결되어 있다는 점이 상당히 명백해 보인다. 그러나 조금 더 깊이 파고들면, 상황은 그리 명확하지 않다. 이 관계의 본질은 정확히 무엇일까? 우리의 의식이 뇌에서 개별적으로 나오지 않고 전체적으로 나타나는 속성이라면, 이것은 어떻게 작동하는 것일까? 그리고 의식이 실제로 뇌와 별개라면, 둘은 어떤 상호작용을 하기에 스트레스가 피부 문제로 이어지거나 슬픈 영화를 보면 눈물이 나는 것일까?

고대의 플라톤Platon과 아리스토텔레스Aristotle부터 17세기의 르네 데카르트René Descartes 그리고 현대에 이르는 세계 최고의 지성인들은 이 문제들을 깊이 고민해왔다. 신경생물학자들은 뇌의 메커니즘과 주관적 경험을 연결하는 시도를 하고 있다. 이 논쟁의 한 갈래는 '의식의 어려운 문제Hard Problem of Consciousness(철학자 데이비드 차머스David Chalmers가 제시한 개념. 뇌 활동과 주관적 경험(의식)을 연결하는 근본적 문제-옮긴이)'라는 이름으로도 불리고 있다. 이 용어 자체만 보더라도 정신과 육체 사이의 관계를 이해하는 것이 얼마나 어려운지 알 수 있다.

이토록 흥미롭지만 복잡한 주제를 여기서 자세히 다루기에는 지면이 부족하다. 여기에서는 이 문제에 접근하는 두 가지 방식이 근본적으로 대립한다는 점만 알아도 충분하다. 첫 번째는 이원론이다. 이원론에는 다양한 형태가 있지만 결국 정신과 육체는 궁극적으로 별개의 존재라고 주장한다. 예를 들어 데카르트는 정신과 생물학적 물질이 분리되어 있으나 정신이 육체에 영향을 미칠 수 있다고 믿었다(이것이 어떻게 작동하는지에 대해 그가 제안한 메커니즘은 이미 오래전에 부정확한 것으로 밝혀졌지만). 두 번째는 일원론으로, 겉보기에는 상반되는 듯 보이는 것들이 단일하고 통일된 근원에서 비롯된다고 보는 이론들을 포괄적으로 설명하는 방식이다. 정신-육체의 문제와 관련된 일원론의 한 형태는 유물론Materialism으로, 물리적 물질이 정신 상태나 의식과 같이 비물질적으로 보이는 것을 비롯한 모든 것의 근원이라고 주장한다.

그 외에 덜 알려진 이론들도 있다. 애니미즘Animism은 식물, 동물, 바위, 날씨를 포함한 모든 자연물에 영혼이 있고 인간사에 영향을 줄 수 있으며, 세상과 그 안의 모든 존재를 상호 연결된 그물망의 일부로 생각한다. 한편 범심론Panpsychism은 이원론이나 일원론에 대한 잠재적 제3의 선택지로 제시되었다. 이 용어는 그리스어 'pan(모든)'과 'psyche(영혼)'에서 유래했다. 즉 범심론은 인간만이 의식을 가진 것이 아니라 자연의 모든 존재에도 의식이 있다는 이론이다.

과학자들은 일반적으로 유물론을 지지할 것으로 예상되지만 신경과학은 아직 유물론적 입장이 옳다는 증거를 찾아내지 못했다. 이는 신경과학이 완전히 무형적인 주관적 경험을 설명할 물리적 메커니즘을 찾지 못한 탓이다. 즉, 배고픔을 인식하게 하는 뇌의 특정 부위를 찾는 것은 가능하지만, 그 생화학적 과정이 어떻게 배고픔이라는 경험으로 전환되는지, 우리가 개별적으로 느끼는 허기라는 감각이 어떤 것인지는 아직 파악하지 못하고 있다. 아이디어에는 물리적 속성이 없다고도 말할 수 있을 것이다. 아이디어는 만질 수도 없고 물리적 메커니즘으로 환원할 수도 없다. 그렇다면 육체는 어떻게 아이디어를 만들어내는 것일까? 그리고 아이디어가 어떻게 육체를 움직이게 하는 것일까?

그렇다면 결국 이원론적 설명이 옳고 의식은 실제로 몸과 별개인 것일까? 다음에 소개할 흥미로운 현상 세 가지가 올바른 방향을 제시해줄지도 모른다.

임사 체험

인간이 죽을 때 의식에 어떤 일이 일어나는지 알아내는 것은 대단히 어려운 일이다. 그러나 우리는 임사 체험(혹은 근사 체험)이라고 알려진 현상에서 사후 세계에 대한 흥미로운 단서를 얻을 수 있다. 임사 체험이란 육체적으로 죽었다가 성공적으로 소생한 환자가 임상적 사망 선고를 받은 후에 다시 살아나기까지 '의식이 경험한 것들'이다. 이 경우, 사망의 기준은 심장이 멈추고(심정지) 뇌 활동이 감지되지 않는 것(뇌파 측정 시의 평면선)이다. 임사 체험을 의심하는 사람은 뇌 활동이 감지되지 않는다고 해서 실제로 뇌 활동이 일어나지 않고 있다는 의미는 아니며, 그 활동을 감지하는 방법을 모르는 것뿐이라고 주장한다. 그러나 현재 우리의 지식을 기준으로 볼 때, 임사 체험은 신체가 죽고 의식이 없는 상태, 즉 물질주의적 입장을 따른다면 의식적 활동이 가능해서는 안 되는 상태에서 발생한다.

정신과 의사 브루스 그레이슨Bruce Greyson 박사는 임사 체험 분야에서 세계 최고의 권위자로 손꼽힌다. 그는 무신론자로 자랐고 1976년 임사 체험 연구를 시작한 이래 항상 엄정한 과학적 방법론을 따랐음에도 불구하고, 임사 체험에 대해 비과학적인 결론에 도달했다. 철저히 검증된 그의 데이터베이스에는 1,000건이 조금 넘는 사례가 포함되어 있으며, 전 세계 다른 연구자들도 각자의 임사 체험 사례들을 보유하고 있다.[*] 연구가 이루어진 임사 체험 사례가 몇 건인지 정확히 알기는 어렵지만, 지난 50년 동안 발표된 수많은 연구를 고려하면, 그 수는 분명 수만 건에 달할 것이다. 그레이슨 박사는 임사 체험을 겪은 경험들 사이에 일관성이 너무 커 의심할 수가 없으며, 종합적으로 판단할 때 "뇌가 우리의 의식을 만들어낸 다고는 볼 수 없는 많은 현상이 존재한다"라고 말했다. 그는 임사 체험과 임종 명료 현상에 대해 뇌가 전혀 기능하지 않을 때 발생한 다는 사실을 뇌가 그런 현상을 유발할 수 없다는 근거로 본다. 그는 뇌가 아직 우리가 알지 못하는 방식으로 이런 현상을 일으킬 가능 성을 완전히 배제하지는 않는다. 하지만 그가 알고 있는 기존의 지 식은 정신과 육체가 별개임을 시사한다.

많은 임사 체험이 임상 환경 밖에서 발생하기 때문에 생체 신호 를 정확히 모니터링할 수는 없지만, 보고된 경험들은 임상적 사망 을 확인할 수 있는 의료 환경에서 관찰된 경험들과 정확히 일치한 다. 이는 임사 체험의 놀라운 특징 중 하나를 암시한다. 임사 체험 은 병원에서 일어났든, 수백 년 전에 일어났든, 세계 어디에서 일어 났든 놀랍도록 유사하다. 사람들은 모두 비슷한 종류의 경험을 하 는 것처럼 보인다.

임사 체험에는 다음과 같은 일반적인 특징이 있다.

- 사고 과정이 빠르고 명료해진다.

✦ 제프리 롱Jeffrey Long은 www.NDERF.org에 5,000건 이상의 사례를 기록해두었다.

- 강렬한 감정, 주로 평화와 행복감을 느낀다.
- 약 45퍼센트가 임사 체험에서 발생하는 신체 이탈을 경험한다.[2]
- 물리적 감각을 초월한 것들을 본다. 예를 들어 다른 방에서 일어나는 일을 본다.
- 자신의 생애를 되돌아본다. 이는 죽음에 가까워진 사람의 눈앞에 일생이 스쳐 지나가는 것(주마등)과 비슷하다.
- 다른 존재, 세상을 떠난 사랑하는 사람, 신과 만난다.
- 초자연적, 비물질적 영역으로 들어간다.
- 되돌아갈 수 없는 경계에 도달해 다시 살기로 선택하거나 강제로 돌아온다.
- 임사 체험 후 육체가 회복된 뒤에 긍정적으로 변화한다.

척추 전문 외과의인 메리 닐 Mary Neal 박사는 칠레에서 카약 여행 중에 임사 체험을 했고, 이는 그녀의 인생관을 완전히 뒤바꾸었다. 넷플릭스 다큐멘터리 〈서바이빙 데스〉(2021)에서 그녀는 이렇게 말했다. "아픔도, 두려움도, 공포도 느껴지지 않았다. 그 어느 때보다 생생하게 살아있음을 느꼈다. 내 영혼이 몸에서 떨어져 나가 하늘로 올라가는 것을 느낄 수 있었다. 매 순간 영원을 경험했고, 모든 순간이 영원으로 확장되는 듯했다."

그녀는 임상적으로 사망했을 동안 누군지 정확히 알 수는 없지만 자신의 인생에 어떤 식으로든 중요한 의미를 지닌 존재들을 만났다. 그녀가 태어나기 전에 이미 죽은 조상들 같았다. 또한 그녀는 어느새 천국(그녀의 표현대로)이라는 구조물을 향한 길을 따라가고 있었다. 그녀는 말을 이었다. "동시에 나는 강을 돌아볼 수 있었다. 내 몸은 여전히 그 강물 속에 잠겨 있었고 카약을 탄 사람들이 계속해서 나를 구하려 했지만 실패했다. 15분 정도가 지나자 그들은 구조를 포기했다."

물에 빠진 그녀의 시신을 수습해 심폐소생술을 시작하기까지 약 30분이 걸렸다. 의사인 그녀는 긴 시간 동안 산소를 제공받지 못하면 살아 돌아올 방법이 없다는 걸 잘 알고 있었고, 자신이 육체적으로 죽었다고 확신했다. 임사 체험 동안 그녀는 자신의 몸에 어떤 일이 일어나고 있는지 볼 수 있었지만, 눈앞에 있는 천상의 구조물을 향해 계속 나아가야 한다는 강한 충동을 느꼈다. "내 몸으로 돌아가고 싶지가 않았다. 나는 누군가가 나를 안고 위로하며 모든 것이 괜찮다고 안심시키고 있는듯한 감각을 생생하게 느꼈다. 하지만 그 존재들은 내게 아직 때가 되지 않았다고, 지상에서 해야 할 것이 더 있다고 말했다."

그레이슨 박사는 임사 체험을 경험한 많은 사람이 먼저 세상을 떠난 사랑하는 사람들, 어떤 형태로든 의사소통을 할 수 있는 이들을 만났다는 점을 지적한다. 이런 상호작용은 대부분 희망과 위안을 주고, 죽은 이들은 자신에 대해 걱정할 필요가 없다고 산 자들을 안심시킨다. 사랑했으나 소원해진 이들과 화해하거나 오래된 불만을 해소하려 했다고 보고하는 사람들도 있다.

그레이슨 박사와 이야기하던 중에 나는 세상을 떠난 사랑하는 사

　　　　　　　　　　1장　아직 밝혀지지 않은 의식의 비밀

람들과 소통하는 것이 가능하다고 믿는지 물었다. 그 물음에 그가 들려준 이야기는 내 마음 깊은 곳까지 와 닿았다. 많은 임사 체험자들이 오래전 죽은 지인들과 교류했다고 보고하는데도, 회의론자들은 이를 부정한다. 사람들은 사랑했던 이와 다시 만나기를 바라기 마련이고, 때문에 그런 경험은 현실이 아니라 간절한 바람이 만들어낸 상상이라는 것이다. 따라서 임사 체험을 한 사람이 자신은 죽은 줄 몰랐던 사람과 만난 사례는 죽은 사람과 소통할 수 있는 능력에 대한 가장 설득력 있는 근거가 된다. 그레이슨 박사는 나에게 이런 이야기를 들려주었다.

남아프리카의 어떤 환자는 심각한 폐렴으로 계속 호흡 정지가 와서 반복적으로 소생술을 받았다. 그러던 중 그가 입원해 있던 중환자실에서 그를 담당하던 간호사가 주말 동안 자리를 비우게 되었다. 그 사이 환자의 호흡이 또 한 번 멈추었고 그는 임사 체험 중에 그의 담당 간호사를 만났다. 그는 그녀가 왜 거기에 있는지 이해할 수 없었다. 그녀는 그에게 몸으로 돌아가야 한다고 말했고, 빨간 MG 자동차를 망가뜨린 것에 대해 그녀 대신 자기 부모님께 사과해달라고 부탁했다. 임사 체험 후 살아난 환자는 매우 흥분한 상태로 다른 간호사에게 자신이 경험한 일을 설명했다. 그러자 그 간호사는 울면서 병실을 뛰쳐나갔다. 환자는 나중에야 그 이유를 알게 되었다. 원래의 담당 간호사는 스물한 번째 생일을 축하하기 위해 주말에 휴가를 냈고, 부모에게 생일선물로 빨간 MG 자동차를 받았다. 그녀는 이 차를 시험 삼아 운전해보다가 사고를 내 즉사했다.

환자가 임사 체험을 하기 몇 시간 전의 일이었다. 환자는 그녀가 어떻게 죽었는지는 물론이고 그녀가 죽었다는 사실조차 알 방법이 없었다. 이런 식의 놀라운 이야기들은 나와 로빈의 소통이 희망에서 비롯된 상상이 아니라는 것을 확신하는 데 큰 역할을 했다.

임종 명료 현상

임종 명료 현상 역시 정신과 육체가 별개라는 잠재적 증거가 된다. 그러나 임종 명료 현상은 임사 체험과 달리 죽기 전에 일어나며, 치매와 같은 심각한 인지 장애나 뇌 손상으로 인해 의사소통이 어려운 환자들에게서 나타난다. 사망 몇 시간 또는 며칠 전에 기억과 의식이 명료해지는 것이 특징이다. 임종 명료 현상은 아직 광범위한 연구가 이루어지지 않아 얼마나 자주 발생하는지 파악하기는 어렵다. 그러나 한국의 대학 병원에서 진행된 후향 연구Retrospective Study(과거 사례를 되짚어 분석하는 연구 방식-옮긴이)에서 338명의 사망자 중 6건의 사례가 발견되었다. 임종 명료 현상은 몇 시간에서 최대 4일까지 지속되었으며, 환자의 절반은 일주일 이내, 나머지는 9일 이내에 사망했다.[3]

임종 명료 현상은 종종 당사자가 이런 현상을 경험하고 있다는 자각, 이 현상이 순간적이라는 이해를 동반한다. 따라서 사람들은 이 시간을 마지막 인사를 하거나, 오랜 앙금을 풀거나, 다시 관계를 이어 추억을 공유하는 데 이용해 그 경험을 존엄, 아름다움, 희망,

사랑으로 채우곤 한다.

내가 전해 들은 한 사례는 오랫동안 치매로 손주는 물론 자녀조차 알아보지 못하던 노인에 대한 것이었다. 그녀는 어느 날 갑자기 아들을 이름으로 부르며 병에 걸리기 전처럼 다정한 대화를 나누었다고 한다. 아들은 거기에 용기를 얻어, 어쩌면 어머니가 회복되어 예전의 모습으로 돌아오고 있는 게 아닐까 하는 희망까지 품었다. 하지만 그녀는 그날 밤 세상을 떠났다.

뇌가 돌이킬 수 없이 손상된 것으로 여겨지는 사람들(현재 의학계에서 치매는 되돌릴 수 없다고 본다)의 인지 기능이 회복되기 때문에, 이런 사례를 두고 빅터 프랭클 연구소Viktor Frankl Institute 소장이자 『경계Threshold』의 저자인 알렉산더 바트야니Alexander Batthyány 교수는 "정신이나 의식적 자아는 완전히 뇌의 통제하에 있는 것이 아니다"라는 것을 시사한다고 밝혔다.[4] 이는 결국 정상적으로 작동하는 정신이 반드시 정상적으로 작동하는 (건강한) 뇌의 산물이 아니라는 뜻이다.

전생의 기억

윤회를 믿는 문화에서 환생한 영혼들은 전생을 전혀 기억하지 못한다. 하지만 그럼에도 전생의 기억을 가진 사람들이 있다. 이는 의식이 육체의 죽음 너머까지 지속된다는 또 다른 증거가 될 수 있다. 학계에서 이런 주장을 연구하고 입증하려는 시도들이 있었다.

1950년대에 정신과 의사 이안 스티븐슨Ian Stevenson은 환경적 요인이나 유전적 요인으로 유발된 것으로 보이지 않는 특정 질환의 원인이 환생에 있다는 가능성을 검토하기 시작했다. 그는 이 입장을 확고하게 지지한 것은 아니었지만, 그럴듯하고 어쩌면 가능성이 높은 설명이라고 생각했다. 이후 버지니아 대학교 의과대학에서 소아 정신과 의사 짐 터커Jim Tucker가 그의 환생 연구를 보조했고 2002년 연구를 이어받아, 『비포: 아이들의 전생 기억Before: Children's Memories of Past Lives』을 썼다.[5] 그들이 연구한 사례들은 주로 어린이가 중심이었다. 어린이는 외부 요인에 큰 영향을 받거나 악의적인 의도를 가진 사람으로부터 전생 기억에 대해 거짓말을 하도록 강요당할 가능성이 적다고 여겨졌기 때문이다.

흥미롭게도 전생 기억 연구는 5세 이하의 어린이를 대상으로만 이루어지는 경향이 있다. 그 이후에는 대상자들의 기억에 영향을 미칠만한 정보에 접근할 수 있기 때문이다. 나는 학교와 사회가 영향을 미치기 전에는 의식이 더 개방적이고, 이후 교육과 사회적 규범을 통해 의식이 축소된다는 가정이 흥미롭다고 생각한다. 현재로서는 전생의 기억에 과학적 근거가 거의 없는 것처럼 보이지만, 언젠가는 우리가 죽은 후 우리의 정신에 어떤 일이 일어나는가에 대한 퍼즐의 한 조각이 될지도 모른다.

환생할 때마다 친구, 가족, 심지어 반려동물까지 서로를 찾아내는, 영혼의 가족이 있다는 흥미로운 사상이 있다. 이유는 설명할 수 없지만 이는 특정한 대상에게 끌리는 느낌으로 드러난다. 처음 만났는데도 평생 알고 지낸 듯한 느낌을 받거나, 사회적 관계를 맺고 있는 사람 중에 영혼의 가족일지도 모를 깊은 유대감을 느끼는 사람이 있다면 일기에 적어둬라.

임사 체험, 임종 명료 현상, 전생 기억 모두 육체와 분리된 의식이 존재할 가능성을 보여주는 사례다. 하지만 그중에서도 가장 많은 연구가 이루어졌고 가장 설득력 있는 증거를 제시하는 것은 임사 체험이다. 임사 체험을 한 사람들은 더 이상 죽음이 존재의 끝이라고 믿지 않는다. 대신 그들은 자아에 대한 감각 또는 정체성, 의식이 어떤 식으로든 지속될 것이라고 확신한다. 그리고 그들은 이원론에 모순이 있다고 느끼지 않는다. 그들은 개별적인 의식적 존재이면서 동시에 모든 것과 연결될 수 있는 것이 완벽히 타당하다고 느낀다. 다시 말해, 우리의 일부가 죽음 이후에도 지속될 수 있음을 아예 배제할 수 없다는 것이다.

세균성 뇌막염으로 혼수상태에 빠지고 뇌 손상을 입은 동안의 임사 체험을 다룬 베스트셀러 『나는 천국을 보았다』를 쓴 이븐 알렉산더Eben Alexander 박사는 임사 체험을 경험하기 전까지 무신론자였다. 그는 이렇게 말한다.

그 경험은 내게 육체와 뇌의 죽음이 의식의 종말이 아니며, 인간의 경험은 무덤 너머로 계속된다는 것을 보여주었다. 더 중요한 것은 인간의 경험이 우리 한 사람 한 사람을 사랑하고 돌보는, 우주 자체와 모든 존재가 궁극적으로 향하는 곳을 지켜보는 신의 시선 아래에서 계속된다는 점이다.[6]

이원론을 옹호하는 주장들

임사 체험이나 임종 명료 같은 현상을 연구할 때 관찰되는 의식을 물질주의로 설명하지 못한다면, 이 문제를 다른 입장에서 살펴봐야 하는 것이 아닐까? 나를 비롯한 많은 사람이 이원론적 입장이 가장 더 설득력 있는 답을 제시한다고 본다. 세상을 떠난 사랑하는 사람들이 보내는 신비한 사인의 존재는 근본적으로 이원론에 의존한다. 이런 형태의 소통은 의식이 육체와 별개로 존재해, 어떤 방식으로든 죽음 이후까지 지속될 수 있어야만 가능하니까 말이다. 이것이 옳은지는 아직 확실한 답이 없지만, 나는 이를 지지할 만한 많은 이유가 있다고 믿는다. 예를 들어, 뇌와 정신이 별개로 작동하는 방식에 대한 스탠퍼드 대학의 신경과학자 데이비드 이글먼David Eagleman의 주장이 있다. 유물론에서는 정신이 뇌 활동의 부산물이라고 주장하지만, 일부 이원론자들은 뇌가 하드웨어이고, 뇌가 수신

하는 신호(소프트웨어)가 존재한다고 본다. 이글먼은 그의 저서 『무의식은 어떻게 나를 설계하는가』에서 이렇게 말했다. "나는 뇌가 단순한 수신기라고 주장하는 것이 아니라, 그럴 수 있다고 지적하는 것이다. 현재의 과학에는 그 생각이 틀렸다고 단정할 근거가 없다."[7] 흥미롭게도 이글먼은 사후 세계의 다양한 가능성을 다룬 소설, 『합: 사후 세계에서 온 40가지 이야기Sum: Forty Tales from the Afterlives』를 쓰기도 했다.[8]

의식, 시각 지각, 진화 심리학, 심신의 문제를 연구하는 미국의 인지 심리학자 도널드 호프만Donald Hoffman도 있다. 그는 MIT에서 뇌·인지과학 박사 학위를 받았으며 UC 어바인의 명예교수이지만 기독교 근본주의(성경을 문자 그대로 받아들이고, 전통적인 기독교 교리를 따르는 보수적 신자 및 교회-편집자)에서 자란 성장 배경을 가지고 있다. 따라서 본질에 대한 시각이 상당히 다른 두 가지 입장에 평생 노출되었다. 그는 뇌 활동이 의식적 경험을 유발한다는 일반적인 통념이 과학적으로(불가능하지는 않더라도) 증명하기 어렵다고 주장하며, 시공간이 아닌 의식이 더 근본적인 존재의 기초라는 대안적 이론을 제시한다.[9] (이 이론은 이해하기가 대단히 어려운 개념이다. 다행히 여기서 그 내용을 더 자세히 논의할 필요는 없다. 이 정도의 소개만으로도 정신과 육체의 관계에 대해 믿을 만한 다른 설명들도 존재한다는 걸 알 수 있으니까 말이다.) 이런 열린 생각으로 기존의 패러다임에 도전할 수 있다는 가능성은 과학자로서 인간이란 존재의 신비에 대한 해답을 찾고 있는 나를 설레게 한다.

과학과 이성을 우선하면서 오늘날에는 물질주의가 지배적인 철학이 되었지만, 항상 그랬던 것은 아니다. 물질주의적 관점이 우위를 차지하게 된 것은 계몽주의와 현대 과학이 부상한 이후의 일이다. 인류 역사의 대부분 동안은 이원론이 기본적인 관점이었다. 이원론이 모든 주요 종교의 초석이자 대부분 고대 문명이 지닌 신념체계의 버팀목이었기 때문이다.

나는 환생을 당연하게 사실로 여기는 가정에서 성장했다. 일례로 아버지는 나를 할머니의 환생이라고 믿으셨다. 힌두교에서 믿는 윤회의 개념은 산스크리트어로 삼사라Saṃsāra라고 불린다. 이 개념에서는 육체와 구별되는 영혼, 즉 아트만Ātman이 천국과 지옥, 지상에서 동물이나 인간을 비롯한 생물체로 계속해서 다시 태어난다. 삶에서 쌓은 카르마Karma, 업業이 이 환생의 성격을 결정하며, 어떤 상태도 영원하지 않다. 천국에 있든 동물의 몸에 있든, 모든 영혼은 결국은 다시 지상에서 환생하게 된다. 보통 이 끝없는 순환은 영혼이 모크샤Mokṣa(해탈)를 달성함으로써 벗어나게 된다. 모크샤는 우주의 궁극적 실재인 브라만Brahman과 동등한 은총의 상태로, 때때로 사-치트-아난다Sat-cit-ānanda(진리-의식-행복)로 불리기도 한다. 『우파니샤드Upanisad』와 『바가바드기타Bhagavad Gita』 같은 힌두교경전은 모크샤를 달성하는 방법에 초점을 맞춘다. 시크교의 윤회이론은 힌두교의 윤회 이론과 공통점이 많다. 둘 다 끝없는 삼사라의 순환을 인정하지만, 시크교의 교리에서는 신의 은총이 영혼을 해방시킨다고 본다.

윤회는 불교에서도 중심이 되는 교리이지만, 그 전통에서는 영혼의 개념이 다르다. 불교 교리는 영원한 영혼이나 자아는 존재하지 않는다고 본다. 대신 하나의 보편적 의식이 존재하며, 개인의 정신은 자아와 에고를 내려놓고 모든 것의 무상함을 깨달을 때 열반Nirvana에 이른다. 힌두교와 마찬가지로 끝없는 윤회의 순환은 두카Duḥkha(고통)와 동일시되며, 궁극적 목표는 세속적 집착으로부터의 해방과 구원이다.

이원론적 입장은 동양에서 발전한 종교들만 뒷받침하는 것은 아니다. 3대 일신교인 기독교, 유대교, 이슬람교는 결국 갈라져 수많은 종파를 낳았지만, 모두가 같은 근원에서 비롯되었고 따라서 근본적 신념을 공유한다. 무엇보다 이들 모두가 육체와 별개인 영혼의 존재를 믿으며, 그 영혼은 죽은 후 생전의 행동을 심판받거나 되돌아보고 천국 같은 영역에 들어가도록 허락받으며, 만약 용서받을 수 없다면 지옥이나 그에 해당하는 곳에 가게 된다고 믿는다. 부활의 개념도 세 종교 모두에서 중요한 역할을 한다. 예수의 부활은 기독교의 핵심 교리이며, 아브라함 계통의 세 종교 모두 거의 모든 죽은 자들이 부활해 다시 살게 되는 재림이나 심판의 날을 믿는다. 이 모든 신앙은 영혼(정신)이 불멸하며 육체의 죽음 이후에도 살아남는다는 생각을 기반으로 한다.

영혼과 내세라는 개념은 대부분의 고대 문화에서도 찾아볼 수 있다. 오늘날 우리는 고대 이집트인들이 숭배했던 최소 1,500개 신들에 대해 알고 있으며, 이는 영적·종교적 신앙에 관한 가장 초기의 기록을 제공한다.

고대 이집트인들은 몸과 별개로 죽음 이후에도 지속되는 영혼 또는 생명력이 있고, 이것이 두 가지 주요 요소로 구성되어 있다고 믿었다. 카Ka는 살아있는 사람의 생명력으로, 죽는 순간에 육체를 떠난다고 생각했다. 카는 살아있는 동안 음식과 음료로 유지되기 때문에, 무덤에 식량을 남겨 카가 죽음 이후에도 생존하는 데 필요한 것을 얻게 했다. 반면 바Ba는 각 개인을 독특하게 만드는 모든 것을 대표하는 영혼의 일부로, 우리가 흔히 말하는 '개성Personality'과 비슷하다. 바는 사후에도 육체와의 연결을 유지한다고 여겨졌으며, 바가 육체에서 분리된 뒤 카와 결합해 아크Akh를 만들기 위해 행해지는 것이 장례 의식이었다. 아크는 살아있는 지성으로 묘사할 수 있다. 바는 매일 밤 육체로 돌아와 힘을 회복한 후 다음 날 카와 결합해 아크를 형성한다고 믿었다. 이 때문에 시신을 미라로 만들어 무덤에 안치했던 것이다.

오늘날의 우리에게는 이런 믿음이 공상처럼 보일 수도 있겠지만, 거의 모든 종교와 신념 체계가 이같은 이원론적 원리에 근거한다. 이는 육체와 정신의 분리가 여러 면에서 인간이 생사에 대해 이해하기 위해 만든 가장 직관적인 해답이었음을 보여준다. 고대 그리스인과 로마인에게도 마찬가지였다. 그리스 신화에서 하데스Hades는 육체가 죽었을 때 영혼이 가게 되는 저승의 왕이다. 이런 신념 체계는 로마 시대로 이어져 더 진화하고 발전했다. 하데스는 플루토Pluton로 알려지게 되었고, 로마 시인 베르길리우스Virgilius의『아이네이스』에서는 스틱스강과 행복의 땅 엘리시온을 비롯해 그리스 신화에서 중심이 되는 사후 세계의 특징들이 관찰된다.

기독교 이전 유럽의 토속 신앙들은 대체로 (하나 이상의 신을 숭배하는) 다신교였으며, 대부분의 종교에서 영혼과 사후 세계의 개념이 중심이 되었다. 예를 들어, 북유럽 토착 신앙에서는 전사들이 전투에서 죽었을 때 가는 오딘Odin(북유럽 신화의 최고신-옮긴이)의 발할라Valhalla와 자연사한 자들이 가는 헬Hel 같이 영혼이 죽은 후에 가는 다양한 목적지 등 죽음 이후에 일어나는 일에 대한 여러 가지 믿음이 존재했다.

다신교는 유럽에서만 발견된 것이 아니다. 중남미의 마야 문명(오늘날의 멕시코 중남부, 벨리즈 전역, 과테말라, 엘살바도르 그리고 온두라스, 니카라과, 코스타리카의 일부 지역)에서는 영혼이 태어날 때 육체에 연결되며 질병과 죽음만이 그들을 떼어놓을 수 있다고 믿었다. 죽은 조상과 소통할 수 있다는 믿음이 널리 퍼져 있었고, 마야의 많은 의식과 영적 관행은 죽은 사람들에게 조언과 지침을 구하는 것에 초점을 맞추고 있다.

호주 원주민 문화, 뉴질랜드의 마오리 문화, 남아메리카의 잉카 문명 등에서도 수많은 사례가 있다. 요컨대 인류 역사의 대부분, 어쩌면 선사시대부터 인간은 육체와 정신의 분리나 죽음 후 자아의 지속을 믿었다. 21세기의 기술과 과학을 근거로 과거를 돌아보면 당시의 사람들이 우리가 지금 알고 있는 지식들을 몰랐기 때문에 그런 믿음을 가지고 있었다고 주장할 수 있지만, 그것은 핵심을 놓치는 해석이다. 오늘날 유물론적 입장에 대한 증거는 정신과 육체의 문제에 대한 이원론적 답보다 구체적이지 못하다. 나는 의식이 물질의 부산물이 아니라는 점을 시사하는 더 설득력 있는 증거가 있다고 주장하고 싶다.

특히 생사의 경계에서와 같은 극도로 고통스러운 상황에서는 정신과 육체가 분리되어 작동할 수 있다는 점(항상 참인 사실)이 밖으로 드러나는 것 같다. 하지만 나는 자연, 창의성, 명상, 호흡 훈련, 환각제, 춤, 북 치기 등을 통해 일상에서도 이런 현실을 엿볼 수 있다고 믿는다. 그 핵심은 신경계를 열린 상태로 만드는 데 있다. 임사 체험의 경우 우리는 통제력을 완전히 잃는다. 하지만 통제력을 약간 내려놓는 환경만 조성해도 이와 비슷한 경험에 다가갈 수 있다. 그리고 이것은 우리가 이성적으로 참이라고 믿는 것을 내려놓는 데에서 시작한다. 이렇게 할 수 있다면, 사인에 대해 마음을 열 수 있다면, 우리는 삶에서 더 큰 목적을 발견할 수 있다. 그 목표를 향한 여정에 도움이 되는 한 가지 방법은 직관에 더 의존하는 것이다. 이에 대해서는 다음 장에서 더 자세히 논의하기로 하자.

2장

모든 지혜를
온전히 활용할 수
있다면

1998년 의대 마지막 학년을 앞두고, 나는 실습을 위해 케이프타운에 갔다. 그리고 거기에서 나의 첫 번째 남편이 될 프리츠를 만났다. 우리가 만난 지 1년이 되었을 때, 나는 그를 만나러 남아프리카 공화국으로 갔고, 그는 나를 부모님께 소개하기로 마음먹었다. 그의 부모님을 뵈러 가기 위한 20시간의 자동차 여행을 떠나기 전날 밤, 나는 꿈을 꾸었다. 꿈속에서 나는 프리츠의 부모님 집에 있었고, 그의 두 형제와 여동생, 어머니가 둘러앉아 울고 있었다. 프리츠의 아버지는 모두의 뒤를 걸어 다니며 "괜찮아. 모든 것이 잘될 거야. 울지 마. 슬퍼하지 마"라고 말하고 있었다. 꿈속에서, 그를 보고 그의 말을 들을 수 있는 사람은 나뿐이었다. 프리츠와 그의 가족은 아버지를 보지도 아버지의 말을 듣지도 못했다.

처음에는 프리츠의 부모님을 만나는 것에 대한 불안감 때문에 꾸는 꿈이라고 생각했다. 하지만 그날 우리는 그의 아버지가 갑자기 돌아가셨다는 소식을 받았다. 그 꿈은 예감이었을까? 아니면 아버

2장 모든 지혜를 온전히 활용할 수 있다면

지의 영혼이 남아서 가족을 위로하고 있다고 누군가가 내게 말해 주려던 것일까? 하지만 당시의 나는 그 문제를 깊이 생각하지 않았고 프리츠에게 전하지도 않았다. 그에게 너무 가슴 아픈 일이 될 것 같다고 생각했기 때문이다. 지금의 나는 예언처럼 보였던 이 꿈을 예지나 숨겨진 지혜의 일면으로 보게 되었다. 이들은 확장된 형태의 직관이며, 당시에는 내게 그런 것이 존재하는지도 알지 못했고 의식적으로 활용하지도 못했던 지식과 정보의 원천이다. 이 꿈을 꾸고 몇 년 동안, 나는 숨겨진 지혜, 특히 직관의 중요성을 서서히 그러나 확실하게 인식하기 시작했고, 점차 그것에 의지하게 되었다. 직관이 앞으로 나아갈 최선의 길을 보여주었고, 또한 내게 드러나는 사인들을 알아차리고 이해하는 데 도움을 주었기 때문이다.

뇌의 필터링 시스템을 활용한다

—

우리는 끊임없이 정보를 걸러낸다. 하지만 그래서 우리에게 유용할 수 있는 것들도 놓치고 있다. 뇌는 가능한 한 효율적으로 작동하도록 진화한 결과, 지름길을 만들었기 때문이다. '상행 망상 활성계 Ascending Reticular Activating System, ARAS'를 관찰하면 뇌가 불필요하다고 판단한 정보를 어떻게 걸러내는지 알 수 있다. 이는 뇌가 주의를 기울여야 할 것을 선택하는 무의식적인 과정이다. 젖먹이 아기를 둔 어머니는 잠들었을 때 거리의 자동차 경보음은 듣지 못해도 아기 울음소리에는 바로 깨어난다. 또 우리는 하루 종일 몸에 걸친 옷을 의식하지 못한다. 만약 옷을 의식하게 된다면 뇌는 가장 면적이 넓은 장기인 피부로부터 들어오는 엄청난 양의 데이터를 처리해야 하기 때문이다. 생존에 필수적인 정보가 아닌 것은 거른다. 하지만 마음챙김이나 뇌의 사전 준비를 통해 이런 필터링 과정을 극복하는 법을 배울 수 있다. 원래라면 놓쳤을 것들을 알아차리게 되는 것이다(마음챙김과 뇌의 사전 준비는 우리가 사인을 알아차리고 활용하는 능력에서 핵심이 되기 때문에 이후에 더 자세히 설명할 것이다).

꿈을 꿀 때에도 상행 망상 활성계가 이완되는 것을 살짝 경험할 수 있다. 잠들기 위해서는 보통 육체적, 심리적으로 안전한 상태에 있어야 하며, 그 결과 뇌의 입장에서는 생존에 결정적인 요소만 우선할 필요가 줄어든다. 이완된 상태에서는 알 수 없는 근원과 소통하거나 평소에는 감춰져 있던 정보에 접근하는 일이 일어나기도 한다. 이것은 예지몽을 설명하는 데 도움이 된다. 티베트 의사이자 철학자인 니다 체나그창Nida Chenagtsang 박사는 깊은 잠이 임사 체험과 비슷한 깊은 명상의 상태라고 말한다. 꿈에 빠져들 때 우리는 다른 세상에 있고 정신적으로는 이 세상에 존재하지 않는 것과 같다. 즉 우리는 매일 밤마다 작은 죽음을 체험하는 것이다. 따라서 사인은 꿈을 통해서도 우리에게 다가올 수 있다.

선택적 주의 집중과 필터링은 '현저성 네트워크Saliency network'(무엇이 중요한가를 판단해 주의를 끌게 하는 시스템-옮긴이)의 예다. 현저성 네트워크는 생존과 가장 관련성이 높은 감각 정보에 집중할 수 있게 해준다. 주변의 모든 것에 주의를 기울일 수는 없다. 그렇게 한다면 옷이 몸에 닿는 느낌을 의식하는 것처럼 제대로 기능할 수 없을 테니 말이다.

신경과학적 용어로 '현저성Salience'이란, 뇌가 제한된 지각적, 인지적 자원을 가장 중요하거나 관련 있다고 여겨지는 대상에 집중시키는 과정을 말한다. 무의식적으로 일어나는 이 과정은 '습관화 Habituation'의 반대 개념으로 이해할 수 있다. 습관화란 뇌가 반복적으로 노출되어 중요하지 않다고 판단하는 것들에 대해 더이상 지각하지 않게 되는 과정을 뜻한다. 정말 멋진 건물이나 나무가 있더라도, 매일 그 앞을 지나친다면 결국 그것들은 현저성을 만들어내지 못거나 주의를 끌지 못한다. 당신이 거기에 익숙해졌기 때문이다. 즉 습관화가 된 것이다. 현저성은 이처럼 다양한 방식으로 작동한다.

- 참신성Novelty: 새롭거나 이례적으로 인식되는 것은 뇌에 더 큰 영향을 끼친다.
- 필터링Filtering: 상행 망상 활성계의 경우처럼, 열정을 느끼는 것에 얼마나 주의를 집중하느냐에 따라 무엇이 걸러질지 결정된다.
- 선택적 주의 집중 Selective Attention: 뇌가 중요하다고 판단하는 것에는 집중하고, 방해가 된다고 생각하는 것은 무시하는 과정이다.
- 가치 표지화Value Tagging: 뇌는 주의를 기울여야 하는 것들을 중요도에

따라 순위를 매긴다. 순위에는 두 가지 요소가 반영된다. 하나는 생존과 매우 관련이 있는 논리적인 요소이고, 다른 하나는 단순히 살아남는 것이 아닌 풍요롭게 잘 사는 것에 더 가까운 감정적 요소다.

어떤 놀라운 것을 알아채거나 무언가에 주의를 기울이면, 뇌는 무의식적으로 그 정보를 우선한다. 예를 들어, 새 차를 산 사람들은 길에서 같은 모델의 차가 훨씬 더 많이 눈에 띈다고 말한다. 실제로 같은 차가 더 많아진 것은 아니다. 단지 뇌가 그것을 알아차리도록 준비된 것일 뿐이다. 이런 과정을 바더-마인호프 현상Baader-Meinhof Phenomenon이라고 부르기도 하며, 이후 언어학자 아널드 즈위키Arnold Zwicky가 이를 '빈도 착각Frequency Illusion'으로 명명했다.[1] 마케터들이 이를 종종 이용한다. 제품을 많이 노출해 실제보다 인기 있다고 생각하게 만들어서 제품을 사도록 유도하는 것이다.[2]

뇌가 현저성을 부여할 때 일어나는 필터링과 가치 표지화는 무의식적으로 계속 진행되는 과정으로 당신이 거기에 영향을 주거나 지시하려고 노력하지 않는 한 자동으로 작동한다. 액션 보드가 바로 이렇게 작동한다. 당신이 원하는 것들의 이미지를 모으고 자주 바라보면, 현실에서도 그것들을 자신의 삶에 가져올 수 있는 기회를 더 쉽게 알아차리게 된다.

뇌는 사용되지 않는 연결과 시냅스를 가지치기한다. 특히 뇌가 발달하고 성숙하는 10대 시절에 이 과정이 두드러진다. 하지만 지금은 이 과정이 20대까지,[3] 어쩌면 그 이후의 성인기까지도[4] 계속

되는 것으로 알려져 있다. 나는 연구를 통해 자신이 가치가 없는 사람이라거나 자신에게는 좋은 일이 일어나지 않는다고 말하는 대신, 감사, 아름다움, 행복과 같은 것들에 집중한다면, 그런 부정적인 경로들은 가지치기가 되고, 유익한 경로들을 강화할 수 있다는 것을 발견했다.

뇌 안에 이미 만들어진 것을 되돌릴 수는 없지만, 그 위에 새로운 내용을 덮어쓸 수는 있다. 따라서 뇌를 발전시키려면, 원치 않는 신경 경로를 새로운 대안적 경로로 덮어야 한다. 스스로 가치가 없다고 느낀다면, 그 감정을 없애려 할 것이 아니라 느끼고 싶은 다른 감정으로 대체하는 데 집중해야 한다. 주로 반복적이고 강렬한 감정이 더해져 새로운 경로가 결국 기존의 경로보다 우월해지게 만드는 것이다. 이런 일이 가능한 것은 피아노 연습과 같은 반복과 감정에 큰 영향을 미치는 경험들이 뇌 속에 더 깊이 새겨지기 때문이다. 리얼리티 TV 쇼에 출연해 과장되고 강렬한 상황을 경험하는 사람들 사이에서 유대감이 빠르게 형성되고 이들이 서로 평생의 친구가 될 것 같다고 이야기하게 되는 것도 이 때문이다.

이는 여기에 주체성Agency이 관여한다는 것을 의미한다. 당신은 뇌가 집중했으면 하는 대상을 선택할 수 있으며, 반복, 긍정적 강화, 확언을 통해, 마치 장미덤불을 가지치기해서 새로운 줄기와 꽃봉오리가 잘 자라게 돕듯이, 바람직하지 못하거나 유익하지 않은 것들을 자연스럽게 가지치기할 수 있다.

이런 식으로, 호기심을 가지고 재미를 추구하며 새로운 것을 배

1부 우리가 놓치고 있는 것

우고자 하는 의욕을 갖는다면 현저성의 이점을 누릴 수 있게 되고, 이로써 의도적으로 자신에게 의미 있는 것들에 주의를 집중하게 된다. 이것은 특히 스트레스를 받을 때 도움이 된다. 스트레스는 직관을 흐리게 하고 사인을 알아차리고 해석하는 능력을 떨어뜨릴 수 있기 때문이다.

자신의 인식을 통제할 수 있다면, 사인을 더 잘 알아차릴 수 있다. 알아차림의 기술은 우리가 반드시 길러야 할 매우 중요한 기술이다. 이 기술은 풍요로운 사고방식과 결합해 당신에게 사인을 끌어들이고 직관을 통해 해석할 수 있게 해줄 것이다. 뇌는 생존 메커니즘에 따라 위험과 회피 쪽으로 더 주의를 기울이는 부정 편향을 가지고 있으며, 따라서 우리는 보상을 얻는 선택지보다 손실을 피하는 선택지를 택할 가능성이 더 높다. 노벨상을 수상한 심리학자 대니얼 카너먼Daniel Kahneman의 표현대로 "기회보다 위협을 더 긴급하게 다루는 유기체일수록 살아남아 번식할 확률이 더 높다".[5] 그러나 일상적인 안전이 훨씬 많이 보장되는 현대 사회에서는, 시대에 뒤떨어진 부정 편향을 극복하고 의도적인 노력으로 풍요로운 사고방식을 키워야 한다. 그래야 생존에 그치지 않고 번영하는 삶을 살도록 도와준다.

나는 내가 바라는 삶을 표현하고 그때그때 나에게 가장 도움이 되는 사고방식을 강화하는 (아름다운 일러스트가 그려진) 확언 카드들을 집 곳곳에 전시해둔다. 뇌의 주의를 자신이 정말로 가치 있게 여기는 것들로 향하게 만들지 않는 것은 곧 자신이 가진 통제력을 충분히 발휘하지 않는 것이다. 이것은 세상과의 당신의 관계를 약화시킬 뿐 아니라 당신에게 도움이 될 수 있는 다른 사인을 알아차리는 능력을 제한한다.

논리 대 직관

우리 조상들은 이용할 수 있는 정보가 제한적이었기 때문에, 신체적, 정신적 안녕에 관해서뿐만 아니라 생존을 위해 내려야 하는 결정의 측면에서도 자신의 몸이 주는 신호에 크게 의존해야 했다. 초기 인류가 직관을 어느 정도 사용했는지 구체적으로 파악하는 일은 쉽지 않다. 하지만 고고학자 스티븐 미슨Steven Mithen과 같은 학자들은 수렵채집인의 의사결정 행동을 파악하기 위한 모델들을 개발해왔다.[6] 이 연구를 기반으로 한다면 그들이 육체-정신 연결을 사용해 사고, 감정, 정서를 처리했다고 볼 수 있다. 예를 들어, 그들은 구호를 반복적으로 외치거나 춤을 추는 등의 의식을 통해 환경에 적응하며 생존 확률을 극대화하고, 땅과 연결되어 있다는 안정감을 느끼는 동시에 가까운 부족 구성원들이나 조상들과의 유대감을 강화했다. 오늘날의 사람들은 자신의 몸과의 연결을 추구하기보다는 편안한 소파에 몸을 웅크리고 TV를 보면서 정적인 생활을 하는 것을 선호한다. 신체적 자아와의 이런 단절은 직관과 사인을 활용하는 전반적인 능력에 해가 된다.

2018년 이전에는, 내가 자문했던(MIT 슬론 경영대학원에서 신경과학과 리더십 부분의 선임 고문으로 일할 때) 많은 사업가가 직관의 유효성과 실체를 의심하며 그것을 무시했다. 그들 대부분은 논리와 대뇌 피질의 작업 기억에는 기꺼이 의존하면서도, 누구를 고용하거나 해고할지와 같은 중요한 결정을 내릴 때 직관에 기반하는 것을 꺼렸다. 그들 중 상당수는 직관이란 것의 존재 자체를 의심했다. 그러나 뇌를 스캔하고 뉴런이 어떻게 연결되고 정보를 저장하는지를 더 많이 알게 되면서, 직관의 타당성은 더욱 강화되었다. 예를 들어, 뇌 영상 연구에서는 뇌의 안와전두피질Orbitofrontal Cortex 영역이 불완전한 내, 외부 정보를 무의식적인 방식으로 처리하는 데 중추적인 역할을 한다는 사실이 밝혀졌다. 우리가 직감으로 느끼는 것이 바로 이것이다.[7]

이제는 중요한 결정을 내릴 때 직관이 핵심적인 역할을 한다고 말하는 리더들이 많아졌다. 나이 든 세대의 리더들이 특히 그렇다. 이는 경험을 통해 직관의 중요성을 배웠기 때문이다. 이것이 경험으로부터 오는 지혜의 가치다. 나의 삶에서도 마찬가지다. 나는 적극적으로 이런 사고방식을 발전시키고 신뢰하기 위해 노력해왔다. 나는 직관이 어떤 길을 택할지 결정하는 데 대단히 가치 있는 방법이라는 것을 발견했다. 또한 이런 사고방식은 내가 사인을 알아차리고 해석해 가장 힘든 시기를 헤쳐 나오고 새로운 목적과 낙관적인 시각을 되찾는 데에도 도움을 주었다.

지난 몇 년 동안 비즈니스 분야에서 직관이 의사결정 도구로서 점점 더 많이 받아들여지면서, 창의적 영역이나 영적인 영역만큼은 아니지만 직관의 가치가 높이 평가되고 있다. 하지만 여전히 많은 사람이 이 귀중한 자원을 충분히 효과적으로 사용하지 못하거나 전혀 활용하지 못하고 있다. 바로 삶에서 데이터와 합리성을 우선하고 있는 것이 그 이유 중 하나다.

우리는 피곤할 때 몸의 소리에 귀를 기울이는 대신 수면을 추적하고, 어떤 음식에 속이 더부룩해지거나 무기력해지는지 파악하는 대신 음식 불내증 검사를 받고, 자신에게 맞지 않으면 오히려 역효과를 낼 수 있는 고강도 운동과 같은 유행을 따른다. 그러나 이런 논리적 접근 방식은 그 효과가 한정적이다. 우리의 정보원은 뇌만 있는 게 아니기 때문이다. 신체 역시 지식을 담고 있다(이에 대해서는 4장에서 더 자세히 이야기할 것이다).

현대 생활의 일상적인 압박 역시 더 이성적인 방식의 결정을 선호하게 함으로써 몸으로 느끼는 직관을 놓치게 만든다. 우리의 삶을 더 간편하게 만들고 무엇을 해야 할지 바로 알려주는 앱이나 즉각적인 해결책을 찾는 것이 너무 쉽기 때문이다. 심한 압박감을 느낄 때면 누군가 또는 무언가가 나를 이끌어주기를 바라게 된다는 것을 나도 잘 안다. 그러나 자신의 의사결정을 다른 사람에게 맡길 수는 없다. 소셜 미디어의 인플루언서들은 우리가 필요로 하는 답을 주지 못한다. 대신, 정신과 육체에 동시에 접근하는 방식을 이용해야 우리를 올바른 방향으로 이끌 수 있는 완전히 새로운 차원의 지식과 직관적인 통찰에 접근할 수 있다.

또한 적어도 18세가 될 때까지는 직관을 발휘하기 어렵다는 점도 언급해야 하겠다. 의지할 만한 인생 경험이 충분치 않기 때문이다. 젊은 사람들을 코칭할 때면, 살아오면서 겪은 상황이 많지 않아 교훈과 지혜가 적다. 그 지식으로는 결정을 내리고 방향을 바꾸는데 사용하기가 힘든 경우를 많이 보게 된다. 그래서 일기를 쓰고 그 내용을 다시 읽어 보는 것이 직관을 연마하는 데 그토록 중요한 것이다. 젊을 때는 특히 더 그렇다. 나는 일기장에서 내가 까맣게 잊고 있었던 것들을 종종 발견한다. 일기가 아니었다면 완전히 잃어버릴 수도 있었던 배움의 기회를 말이다.

꿈에서 얻는 통찰

당장 일기장에 당신의 꿈, 딜레마, 직관에서 오는 모든 통찰을 기록하기 시작하라.

일기를 쓸 때 꼭 따라야 할 엄격한 규칙 같은 것은 없다. 그저 그날 일어난 사건과 거기에 관련된 감정들을 기록하고, 중요한 결정을 어떻게 내렸는지 적어두는 것으로 족하다. 그렇게 함으로써 시간이 지난 후에 일이 어떻게 진행되었는지 확인해볼 수 있다.

소름이 돋는 것처럼 몸이 어떤 메시지를 보낼 때마다 그것을 기록해둘 수도 있다. 빨리 시작할수록 좋다. 연습을 통해 직관을 다듬을 수 있기 때문이다. 젊을 때부터 직관에 접근하려고 노력한다면, 직관을 정말로 의지할 수 있는 것으로 발전시킬 가능성이 높아진다.

직관에 접근하다

—

직관에 가장 효과적으로 접근하려면 감정적 요소와 물리적 요소를 조합해야 한다. 감정 중추는 뇌 깊숙한 곳에 위치한 변연계Limbic System 안에 있다. 뇌를 몸 전체에 비유한다면 변연계는 주먹 정도의 크기다. 그 주변에는 뇌의 논리적 경로가 더 많이 존재하는 대뇌피질Cortex이 있다. 대뇌피질은 일을 하고 일상생활을 하는 데 필요한 것들과 같은 작업 기억을 보관하는 곳으로 여겨진다. 모든 기억은 (신경과학자 도널드 헵Donald Hebb의 이름을 딴) 헵 학습Hebbian Learning이라는 과정을 통해 형성된다. 이 학습 메커니즘은 '함께 활성화되는 뉴런은 함께 연결된다'는 개념으로 설명할 수 있다.[8] 언어를 배우든 직관에 접근하든, 어떤 일을 더 많이 할수록, 신경 세포들 사이에는 더 강하고 깊은 연결이 형성된다. 이로써 그들 사이에 전기적, 화학적 신호가 더 쉽게 전달된다. 이를 키 큰 풀숲을 걸어가는 것에 비유하면 쉽게 이해할 수 있다. 풀숲을 처음 걸어갈 때는, 발을 높이 들고 풀을 눌러가며 걸어야 하기 때문에 지나기가 어렵다. 하지만 그 길을 매일 걷는다면, 풀이 눌려서 점점 더 평평해지고 길을 지나는 것이 훨씬 쉬워진다. 결국에는 돌을 깔아 길을 포장해서 단단하고 영구적인 통로로 만들 수 있는 정도가 된다. 무언가를 배울 때면 우리 뇌에서도 이런 일이 일어난다.

물론 일생동안 경험했던 모든 일을 의식적으로 기억할 수는 없

1부   우리가 놓치고 있는 것

다. 그러나 모든 경험은 뇌-신체 시스템에 흔적을 남긴다. 따라서 지혜와 패턴을 인식하는 능력은 뇌의 감정 중추로, 척수로 그리고 장의 뉴런과 심지어는 근막Fascia✦으로까지 깊숙이 밀려들어간다. 이는 베셀 반 데어 콜크Bessel van der Kolk가 그의 기념비적인 저서 『몸은 기억한다』에서 말했듯이 심리적 경험이 신체에 물리적인 흔적을 남긴다는 것을 의미한다.[9] 아직은 신체에 물리적 흔적이 어떻게 생성되는지 완전히 이해하지 못하고 있지만, 우리는 세포가 경험에 영향을 받고 후성유전 과정을 통해 생리적으로도 변화한다는 점을 알고 있다.[10] 이는 의식할 수 없는 세포 수준의 정보 저장소가 존재한다는 것을 의미한다.

당신이 삶에서 얻은 많은 교훈과 반복된 패턴에서 배운 많은 지혜가 당신의 장 깊숙이 보관되어 있다. 직감을 영어로 Gut Instinct(장의 본능적 감각)라고 하는 것도 그 때문이다. 이 표현이 과학적으로 확인되기 이전부터 있었다는 것은 사람들이 직관이 장에서 비롯된다는 어렴풋한 인식을 오래전부터 가지고 있음을 보여준다. 더 나아가, 이제는 특정한 삶의 경험에 대한 반응으로, 근육과 근막 속

✦ 과거에는 근막을 신체의 구조를 연결하는 내부 결합 조직 정도로만 여겼고, 수술 중에 생각 없이 잘라내곤 했다. 그러나 최근에 와서는 근막이 신체 내에서 중요한 기능을 하며, 장기, 근육, 신경, 혈관의 안정화, 연결, 지지라는 역할을 맡는다는 증거가 늘어나고 있다. 또한 근막에는 민감한 신경 말단이 있으며, 이는 스트레스를 받을 때 수축할 수 있다. 많은 치유 마사지 요법이 근막을 기반으로 삼고, 근육과 관절의 긴장을 넘어 근막 조직 속으로 더 깊이 파고드는 데에는 이런 이유가 있다.

2장 모든 지혜를 온전히 활용할 수 있다면

에 긴장 패턴Bracing Pattern이 저장되는 것으로 알려져 있다. 스트레스를 받을 때 어깨를 움츠리거나 주먹을 꽉 쥐는 버릇이 있다면, 이런 긴장 패턴이 몸속에 각인된 것이다. 트라우마와 마찬가지로, 지혜와 숨겨진 정보도 헵 학습을 통해 몸속 세포에 저장될 수 있다. 이 지혜의 저장소는 인식의 범위 밖에 있지만, 여전히 당신의 결정에 귀중한 지침이자 당신이 받는 사인에서 의미를 추출하는 수단이 된다.

사인과 직관의 상호 연결성

직관은 내가 인생을 살아가는 방식에서 어마어마하게 귀중한 것이었다. 앞서 언급했듯이, 나는 직관을 나의 초능력이라고 생각한다. 직관은 내가 30대 중반에 이혼을 하고 일기를 쓰고 액션 보드를 만들기 시작한 후부터 내 의사결정의 중심이 되었다. 하지만 나는 그 전부터 직관을 이미 이용하고 있었다. 일례로, 전공의로 일할 때 병동에서 갑자기 심하게 코피를 흘리기 시작한 환자를 치료했던 일이 있었다. 선배 전공의에게 전화를 걸어 무슨 일이 일어나고 있는지 말하자 그는 이렇게 답했다. "그냥 코피야. 네가 처리할 수 있을 거야." 나는 알겠다고 말하고 좀 더 조치를 취해봤지만, 코피는 멈출 줄 모르고 세차게 쏟아졌다. 심상치 않다는 느낌이 든 나는 내 직관을 믿고 레지던트에게 다시 전화해서 이렇게 말했다. "이건 제가 본 것 중 가장 심각한 코피예요."

몇 분 후, 그는 느긋한 걸음으로 병동에 들어섰다. 하지만 출혈의 정도를 보고는 놀라서 직접 코피를 멎게 하려 했다. 하지만 그도 출혈을 막지 못해서 결국 이비인후과 전문의를 불렀고, 전문의는 우리 병동에는 없는 장비로 응급 시술을 했다. 만약 내가 괜한 자존심으로 도움을 청하는 것을 주저했더라면 어떻게 되었을지 생각만으로도 끔찍하다. 그것은 직관을 더 신뢰해야 한다는 유용한 교훈이 되었다.

직관을 더 신뢰하면서 보낸 시간은 더 좋은 결과를 보여주었다. 이제 직관은 사인을 활용하는 내 능력에서 필수적인 역할을 한다. 이것은 다른 사람들도 공감하는 부분이다. 화가이자 조각가이며 기업가이기도 한 미미 주치Mimi Zouch는 자신의 직관을 신뢰함으로써 사인을 발견하고 그로부터 지침과 위로를 얻은 좋은 사례를 내게 들려주었다.

나는 화가이자 조각가인 40대의 독신 여성으로, 낮에는 법률 관련 일을 병행하고 있었다. 이렇게 꽤 바쁘게 살면서도 나는 좀 더 흥미로운, 인생의 새로운 국면이 펼쳐지길 갈망했다. 인생의 동반자를 찾고 싶었고, 나의 열정, 즉 예술에 에너지와 영혼을 쏟아붓고도 싶었지만, 고소득의 직장이 주는 안정감을 버리는 것은 불가능에 가까운 일이었다. 조직 생활로 인한 번아웃 때문에 정신적으로 힘이 들었던 나에게 휴식이 간절했다. 그래서 2024년 크리스마스가 몇 주밖에 남지 않은 어느 날, 새해에 스리랑카로 가는 항공편을 예약했다는 친한 친구의 이야기를 듣자 나도 가야겠다는 직감이 들었다.

여행 중에 멋진 새 친구들을 사귀었고 그들과 즐겁게 시간을 보냈지만 내가 바라던 휴가지의 로맨스는 없었다. 집으로 돌아오기 3일 전, 나는 저녁 식사를 마치고 내가 묵고 있던 숙소로 돌아왔다. 주변은 어두웠지만, 현관에 있는 조명 덕분에 문 앞에 있는 작은 생물을 볼 수 있었다. 한 번도 본 적 없는 아름다운 사마귀였다. 그것은 두 팔을 좌우로 움직이며 춤을 추고 있었다. 나는 재빨리 동영상을 찍어 그 순간을 기록한 뒤, 그것을 조심스럽게 옆으로 옮기고 방으로 들어갔다.

다음 날 저녁 식사 때, 친구들에게 이 이야기를 들려주었다. 그들은 사마귀, 특히 문 앞에 있는 사마귀를 보는 것은 행운이 찾아올 사인이라고 설명했다. 나는 이 소식에 흐뭇해졌고, 그것이 사인이라는 것을 확신했다. 그날 밤 파티에서 내 친구가 한 쪽을 가리켰다. 그곳에는 야자수 아래 잘생긴 남자가 서 있었다. 그는 내 여행 마지막 이틀간 휴가지의 연인이 되었다. 그로부터 며칠 후, 돌아오는 장거리 비행에서 처음으로 좌석 업그레이드를 받아 비즈니스 클래스에 탑승할 수 있었다.

나는 내 인생의 주인이 나라는 확신, 완전히 새로워진 마음가짐과 함께 집으로 돌아왔다. 그리고 더 큰 행운이 다가오고 있다는 느낌도 받았다. 여행에서 돌아오고 12일 후에, 나는 18년 동안 일했던 회사에서 정리 해고 통보를 받았다. 대부분의 사람에게는 충격적인 소식이었겠지만, 나에게는 기다리고 있었던 결정적 계기였다. 내가 빛날 때라는 것을 깨달았고, 어떤 다른 행운이 나를 기다리고 있을지 매우 기대가 되었다.

당신의 삶에도 직관을 신뢰했던 순간들이 있는가? 그 순간들이 사인과 연결되거나 사인으로 이어진 적이 있는가? 규칙적으로 일기를 쓰기 시작하면, 일기를 쓰지 않았다면 놓치고 말았을 직관과 사인 사이의 연결고리를 발견할 수 있을 것이고, 이는 미래에도 그런 가능성을 더 잘 인식하는 데 도움이 될 것이다.

당신의 직관에 귀 기울이는 것은 우리의 조상들이 결정을 내린 방식과 다시 연결되고 이용 가능한 지식의 폭을 확장하는 방법일 뿐 아니라, 사인을 알아차리고 이해하는 데 있어서도 필수적인 요소다. 2부의 4장과 5장에서 세상에 대한 당신의 인식을 높이고 현대 생활의 소음을 잠재워 직관을 최대한 활용하는 방법을 설명할 것이다. 하지만 그보다 먼저, 왜 내가 사인이 그렇게 유익하다고 믿는지 보여주고, 당신이 사인을 삶 속에 받아들일 방법들을 제안하려 한다.

사인과 함께하면
어떤 삶이
펼쳐질까?

나는 인스타그램에서 루니라는 이름의 택시 운전사와 친구가 되었다. 그 후 나는 우연히 그의 택시에 타게 되었다. 그의 할머니가 영매라는 말을 들은 나는 그녀를 만나 점을 봐야겠다는 강렬한 충동에 사로잡혔고, 그렇게 함께 할머니의 집으로 가자는 루니의 초대를 받아들였다. 그곳에 루니의 어머니도 있었다. 한 시간 정도 대화를 나눈 뒤, 루니의 할머니가 말했다. "결혼했나요?" 나는 이렇게 대답했다. "그 질문에 답하기 전에, 점괘를 먼저 받고 싶어요." 그러자 그의 할머니는 나를 '특별한' 방으로 데려갔다.

우선 그녀는 쥐고 있을 것이 필요하다면서 내 물건 하나를 달라고 부탁했다. 나는 그녀에게 나의 결혼반지를 건넸다. 그녀는 그것이 계속 내 소유였는지 물었고, 나는 그렇다고 답했다. 그러나 그녀는 나의 할머니에 대해서 이야기하는 것에 상당히 많은 시간을 할애했다. 로빈의 메시지를 듣고 싶었던 나는 조금 불만스러웠다. 그러다 그녀가 갑자기 "오! 롭이라는 사람이 있나요?"라고 말했다. 나는 거의 의자에서 떨어질 뻔했다. 내가 그가 누구인지 말하기도 전에, 너무나 사적이고 개인적이어서 그녀가 도저히 알 수 없는 몇 가지 이야기를 했다. 영매를 통한 로빈의 메시지는 저세상으로부터 온 또 다른 형태의 사인이었다. 나를 위로하고 사인을 삶에 받아들이는 것이 옳은 일임을 보여주는 사인 말이다.

그녀가 나에게 말한 것은 내가 느끼고 경험했던 것들에 대한 확증이었다. 이 시점부터 나는 사인에 완전히 마음을 열었고, 거의 매일 사인을 받을 수 있는 정도까지 인식의 수준을 높였다. 이제 그 사인들은 내가 삶의 목적을 이해하고 그 방향으로 나아가도록 이끌어주고 있으며, 나는 사인이 당신에게도 같은 도움을 줄 수 있다는 굳은 믿음을 가지고 있다.

이 장에서는 사인을 어떻게 인식할 수 있는지 그리고 그것들이 삶을 어떻게 변화시킬 수 있는지 살펴볼 것이다.

사인을 인식하면 얻게 되는 이점

—

언젠가 누군가에게 사람이 죽으면 그것으로 끝이고 영원히 사라진다고 믿는 것이 더 위안이 되는지, 영혼은 남아서 그 사람과 소통하고 그 사람에게 사인을 청하는 방법들이 있다고 믿는 것이 위안이 되는지 물은 적이 있었다. 그는 바로 대답했다. 후자가 가까운 사람들의 죽음을 대하는 더 희망적인 방식이라고. 이것이야말로 사인이 내 삶의 핵심적인 부분이 된 주된 이유 중 하나다. 사랑하는 사람이 세상을 떠나긴 했지만 영원히 사라진 것이 아니고 그들과 소통할 수 있는 수단이 있다고 느끼는 것은 감당하기 힘든 슬픔에 직면한 사람에게 큰 위로가 된다.

사인에 대한 내 믿음은 임사 체험을 한 사람들이 묘사하는 것과 비슷한 이점을 준다. 더 큰 힘과 접촉했던 경험, 삶 이후에도 여정이 계속될 것이라는 감각 덕분에 죽음을 덜 두려워하게 되며, 자신보다 더 큰 존재에 의해 보호받고 있다는 느낌 때문에 삶 속의 건전한 위험을 기꺼이 감수하게 된다. 로빈과의 연결이 그의 죽음을 초월해 지속된다는 느낌은 나로 하여금 충만한 삶을 살고 우리가 함께한 소중한 시간을 의미 있게 만들고 싶다는 생각을 갖게 한다. 그것은 나 자신과 내가 삶을 사는 방식에 대한 의심을 없애고 그것에 대한 신뢰를 키워주었다.

사인을 결정하는 수단으로, 혹은 앞으로 나아갈 방향을 보는 데 도움을 주는 수단으로 보는 사람은 나만이 아니다. 젬마 아모스Jemma Amos는 나와 촬영을 함께 했던 영화 제작자다.

어떤 결정을 내려야 할지 모를 때, 길을 잃은 것처럼 혹은 꽉 막힌 것처럼 느껴질 때, 깊은 슬픔에 잠겼을 때마다, 어머니는 "절대 헷갈릴 수 없는 명확한 사인을 구하라"고 말씀하셨다. 사인은 오랜 시간 동안 아주 다양한 형태로 나타났다. 낯선 사람의 말일 때도 있었고, 작은 기적이라고밖에 설명할 수 없는 우연의 일치일 때도 있었다. 카페에서 우연히 들은 노랫말에 내게 필요한 정확한 말이 있었고, 어디서 왔는지 전혀 알 수 없는 장소에 흰 깃털이 나타나기도 했으며, 전혀 기대하지 못한 곳에서 우연히 누군가를 만나기도 했다. 우리가 주의를 기울일 때만 드러나는, 우주가 사용하는 다른 언어가 있는 듯했다.

아버지가 돌아가신 후에도 어머니는 이사를 가지 않았고, 아버지 없이 어떤 큰 결정도 내리지 않았다. 그런 어머니가 새집을 찾고 있을 때 경험한 일이다. 어머니는 3년 동안 집을 찾아다녔지만, 대부분의 집은 들어간 지 몇 분 만에 단호하게 거절하곤 하셨다. 그러던 중, 어머니가 그 지역에는 살고 싶지 않다며 계속 보러 가지 않았던 집이 하나 있었다. 결국은 부동산 중개인이 어머니를 설득했다. 그 집으로 가는 길에, 어머니는 늘 그렇듯 이렇게 말씀하셨다. "저에게 절대 헷갈릴 수 없는 분명한 사인을 보여주세요."

집에 들어선 어머니의 눈에 가장 먼저 들어온 것은 입구에 놓인 안장, 고삐, 승마 부츠였다. 런던의 집에서는 보기 힘든 광경이었다! 내 여동생은 승마 선수고, 우리 어머니는 늘 말과 함께 했기 때문에, 말은 그녀에게 중요한 사인이었다. 어머니는 5분도 안 되어 중개업자에게 협상을 시작해달라고 말했다. 그곳이 새집이라고 확신했기 때문이었다. 어머니는 그 집에서 7년째 살고 계신다. 이웃들은 어머니의 가장 가까운 친구들이 되었다.

1부 우리가 놓치고 있는 것

길잡이나 확신이 필요한 상황에서 인생의 중요한 결정을 내릴 때라면 당신도 사인을 구할 수 있다. 우리는 스트레스를 받거나 확신이 없을 때 무엇을 해야 할지 말해줄 사람을 찾기 마련이다. 하지만 사인은 우리가 남이 아닌 자신의 결정에 대한 신뢰를 키우도록 돕는다.

현실적인 일에 몰두한 나머지, 사인에 그리 의존하지 않는 때도 있을 것이다. 그런가 하면 사인을 자주 발견하고 영적인 측면에 더 집중하는 때도 있을 것이다. 사람은 필연적으로 자신을 의심하는 순간을 맞게 된다. 하지만 사인에 더 귀를 기울이면 뇌의 가소성에 힘입어 그런 사고방식에서 벗어나 원하는 것을 이루고 자신감을 가지는 조화의 단계로 나아갈 수 있다.

나는 주변에서 많은 사인을 발견하며, 그 사인들을 지금의 내가 가능한 최고의 모습으로 존재하고 있다는 증거라고 생각한다.

또한 사인은 좁고 제한적인 시각에 머물지 않고 세상과의 조화를, 진정으로 살아있음을 느끼게 해준다. 일부 문화권에서 '장막 너머'로 표현하는 곳에서 오는 사인의 가능성에 마음을 열면, 시야가 넓어지며 세상을 제한이 아닌 무한한 가능성이 가득한 장소로 보게 된다.

융통성 없는 이성주의를 내려놓고 당신이 알지 못하는, 설명할 수 없는 것들이 있음을 인정하는 것은 유연한 사고를 촉진하고 보다 전체론적인 관점으로 삶에 접근하게 만든다. 또한 스스로를 더 믿고 직관에 의지하도록 해준다.

인지과학을 전문으로 하는 사람인 내가 과거에는 가능하다고 생각하지 않던 것을 이제 가능하다고 믿을 수 있는 자체가 큰 의미가 있는 일이다. 나는 배움과 성장을 절대 멈추고 싶지 않다. 사인은 내게 시야가 넓어진다는 느낌을 준다. 이 모든 것은 내가 직업적으로 초점을 두고 있는 문제, 즉 신경가소성Neuroplasticity(뇌의 놀라운 성장과 발달 능력)과 스스로 재배선이 가능한 뇌의 잠재력에 대한 문제로 귀결된다. 예를 들어, 나는 새로운 음식을 시도하는 것을 좋아한다. 존재한다는 것조차 알지 못했던 무언가를 발견하는 일에는 일종의 경이로움이 있기 때문이다. 사인에 접근하는 것은 내게 새로운 언어를 배우는 것과 같다. 그것은 가능하리라고 생각조차 해보지 못했던 완전히 새로운 기술이다. 이 기술들을 어떻게 읽는지만 안다면 누구나 그것을 활용할 수 있다.

목적을 찾다

사인을 통해 자신의 목적을 찾는 것은 당신이 이 책에서 얻기를 바라는 가장 핵심이 되는 메시지다. 여기에서 말하는 목적이란 당신이 이 세상에 존재하는 이유를 강하게 인식하고 옳다고 생각되는 길을 따르는 것을 의미한다. 이는 방향을 잃은, 세상과 단절된, 외로운 상태와 정반대다. '레종 데르트Raison D'être', 즉 존재하는 이유를 가진다면 삶의 방향을 잃지 않고 삶을 의미 있게 만들 수 있다. 또한 이것은 선순환으로 이어진다. 처음에는 목적을 찾기 위해 사인을 따르지만, 이렇게 자신의 목적과 더 깊이 연결될수록 사인이 더 큰 의미를 가지면서 삶의 일부가 되며, 이 모든 것이 당신 주변 사람들에게까지 긍정적인 영향을 미치게 된다.

이것이 중요한 이유는 최대한의 행복을 얻기 위해서는 잘 자고, 잘 먹고, 운동을 하는 것만으로는 충분하지 않으며, 목적이 있어야 하기 때문이다. 여기에는 타인을 섬기는 것과 같이 자신을 넘어서는 목적도 포함된다(이에 대해서는 8장에서 더 자세히 이야기할 것이다). 노력할 목표가 없다면 그리고 삶에서 원하는 것이 오로지 자신만을 위한 것이라면 공허한 삶을 살게 될 것이다. 정신과 몸의 조화, 직관의 힘을 통해 자기 내면과 깊이 연결되고, 예술, 아름다움, 창의성, 자연의 혜택을 누리고, 타인과 정신을 고양시키는 진실한 관계를 맺고, 인류 전체와 더 깊은 유대감을 느끼는 일들은 사인을 인식해 더 큰 의미와 목적에 이르고 삶을 더 풍요롭게 만드는 방법이다. 그렇게 하면 사인은 당신에게 자신, 타인, 우주와 연결되어 있다는 감각을 느끼게 해주며, 그 자체가 당신에게 삶의 목적이 된다. 그것은 행복에 필수적인 요소다. 이런 의미에서 사인은 더 큰 무언가로 향하는 관문이다.

심리학자 캐럴 리프Carol Ryff는 여섯 가지 핵심 요인이 심리적 웰빙에 기여한다는 모델을 제시했는데, 그중 하나가 삶의 목표와 의미를 느끼는 것이다.[1]

재정적으로 성공하고 신체적으로 건강하더라도, 그것이 반드시 온전하고, 완벽하고, 충족된 느낌을 준다는 의미는 아니다. 목적이

3장 사인과 함께하면 어떤 삶이 펼쳐질까?

필요하다. 그 좋은 예를 넷플릭스 다큐멘터리 〈100세까지 살기: 블루존의 비밀〉(2023)에서 찾을 수 있다. 이 작품은 장수의 중요한 요소가 100세의 나이에도 가족이나 공동체 내에서 아기를 돌보거나 정원을 가꾸는 등 강한 목적의식을 가지는 것임을 보여준다.[2]

나 자신보다 더 큰 무언가가 존재한다는 점을 인정하는 것 또한 목적의식을 줄 수 있다. 그런 사고방식을 가진다면, 주변의 일들을 해석하려는 시도에 더 열린 마음을 가지고 소속감과 연결감을 느낄 수 있다. 그 과정은 삶의 목적의식을 강화할 것이며 이런 목적의식은 당신을 더 큰 존재, 넓은 세계, 풍부하고 다층적인 삶의 경험과 연결시켜 줄 것이다.

더 큰 목적의식은 자기중심적인 생각에서 벗어나게 만들고, 당신의 기여는 공동체에게 긍정적인 영향을 준다. 자기 이익에만 초점을 맞춘다면, 세상을 단편적으로 좁게 보게 된다. 반면 이타주의는 열린 마음으로 이어진다.

나는 사인을 신뢰하는 것이 선택과 방향에 확신을 주고, 그것이 목적을 찾게 하고, 더 큰 목적의식을 가지게 한다고 믿는다. 사인은 당신이 올바른 길을 가고 있다는 것을 보여주며, 필요할 경우 상황을 재평가하는 데에도 도움을 준다.

새로운 관점

1장에서 다룬 세 가지 현상 중에 특히 임사 체험이 몸과 정신이 분리되어 있을 가능성을 보여준다고 이야기했다. 그러나 그 경험은 초월적이거나 영적인 체험의 본질에 대해서도 중요한 통찰을 제공한다. 임사 체험은 사람들에게 큰 영향을 미치는 것으로 보인다. 닐 박사처럼 대다수가 그 경험이 인생을 바꾸는 긍정적 경험이었다고 말한다. 그만큼 임사 체험은 한 개인의 태도, 신념, 가치, 행동을 영구적으로 변화시킬 수 있다.

그레이슨 박사는 그의 저서 『애프터 라이프』의 말미에, 임사 체험을 한 사람들은 더 이상 죽음을 두려워하지 않기 때문에 삶에 대한 더 큰 열정을 가지게 된다고 말했다.[3] 그들은 또한 더욱 자비로워지고, 가진 것에 감사함을 느끼며, 더 이상 실패에 대한 두려움이 없기 때문에 자신감을 가지고 삶을 받아들이고 건전한 위험을 감수하는 경향이 있다. 이렇게 삶의 가치가 높아진다는 것은 그들이 삶의 기회를 더 잘 활용하며, 무언가를 즐길 때도 거기에 과하게 집착할 가능성이 낮다는 것을 의미한다.

임사 체험의 이점은 개인의 성격이 긍정적으로 변하는 데에 그치지 않는다. 임사 체험을 한 사람들은 영성이 강화되었다고 말한다. 다만 이것은 종교적으로 독실해졌다는 의미가 아니라, 모든 생명체, 자연계, 우주와 강하게 연결되어 있다는 느낌 그리고 어떤 형태로든 신성과 교감할 수 있는 능력이 생겼다는 뜻이다. 사람들은 자신의 경험을 말로 표현하기 어렵다고 말하며, 자신이 겪고 본 것을 온전히 설명할 수 없다고 말하곤 한다. 하지만 공통적으로는 많은 사람이 신이라고 부르는 따뜻하고 사랑스러운 빛을 이야기한다. 이것은 아브라함 계통 종교에서 말하는 인간사에 개입하는 신Inter-ventionist God이라기보다는, 모든 것을 연결하는 자비로운 힘 또는 에너지에 가깝다. 가장 흔한 비유는 그 존재가 대양의 파도처럼 느껴졌다는 것이다. 또한 개인의 소유물, 부, 권력, 명성, 명예와 같은 물질적, 세속적 문제에 대한 관심이 줄고, 그 결과 이타심이 커졌다.

'변성 의식 상태Altered States of Consciousness, ASC'는 임사 체험과 비슷한 여러 가지 경험을 유도할 수 있다. 많은 문화와 영적 전통에는 기도·명상·금식이나 사회적 고립을 비롯한 감각 박탈과 같은 금욕적 수행, 북치기, 노래, 춤, 환각 물질의 사용으로 이런 혜택을 경험할 수 있는 활동들이 있다. 다만 이런 기법들은 임사 체험만큼 영향력이 크지는 않다. 임사 체험에서와 같은 정도로 완전히 몰입하지 못하고, 뇌의 필터가 그만큼 약해지지 않기 때문이다. 결과적으로 완벽한 무력감을 느끼면서도 두려움이나 공포가 아니라 자비로운 우주 앞에서 평화롭고 안전하다는 느낌을 받는 임사 체험에서와 달리 변성 의식 상태에서는 과정을 통제하려는 시도가 남아 있다.

임사 체험과 가장 유사하며 영향력이 가장 큰 활동으로 암흑 수행Dark Retreat을 꼽을 수 있다. 티베트 불교와 그에 가까운 티베트 토착 종교 뵌교Bön에 기원을 둔 암흑 수행은 빛이 전혀 없는 공간에서 장시간 머무는 것을 의미한다.

암흑 수행은 요가 수행자들은 신들을 만나기 위해 사용하는 도구이지만, 여기에 변성 의식 상태를 추가해 몸과 정신의 분리를 직접 경험하게 하는 고난도의 명상과 마음챙김 같은 세속적인 형태의 수행으로 삼는 경우도 늘어나고 있다. 암흑 수행에 관한 연구에 따르면 참가자들은 일주일간의 암흑 수행 후 삶의 의미, 마음챙김, 자존감의 측면에서 더 높은 점수를 기록했다.[4] 다른 문화권에도 이런 관행이 발견된다. 예를 들어, 고대 그리스인들은 신적 존재로부터 영감을 얻기 위해 감각 박탈을 사용했으며, 예언자와 신탁을 전하는 자들은 빛이 들어오지 않는 동굴에서 변성 의식 상태를 유도했다.[5]

수행하는 동안은 칠흑 같은 어둠 속에 앉아 호흡이나 단순한 시각화에 집중한다. 빛이 없으면 멜라토닌(수면 호르몬) 수치가 높아지기 때문에 처음에는 잠을 많이 자게 된다. 이렇게 어둠 속에서 잠들고 어둠 속에서 깨어나는 과정은 극도로 생생한 꿈으로 이어진다. 이후 깨어 있는 상태에서 빛을 보기 시작한다. 처음에는 한두 번의 깜빡임에 그치지만, 그 후 벽들이 빛의 형태로 나타나고, 이 공간 안에서 현실을 재구성하고 기능할 수 있게 된다. 이런 빛은 유성과 비슷한 것으로 발전하며, 동물(일반적인 혹은 신비로운), 궁극적으로는 부처나 신(그레이슨 박사가 묘사한 것과 유사하게)의 형태를 띨 수 있다. 소리를 듣기도 하지만, 소리나 빛 모두 본질적으로는 환각이다. 암흑 수행은 자각몽Lucid Dreaming(자신이 꿈꾸고 있다는 것을 인지하고 보는 것을 어느 정도 통제할 수 있는 꿈)과 매우 유사하며, 둘 모두 임사 체험과 비슷한 점이 있다. 이런 면에서, 암흑 수행과 잠들어 꿈을 꾸는 행위는 죽음과 재생의 형태라 할 수 있다.

제이미 휠Jamie Wheal이 그의 저서『황홀경의 재발견Recapture the

Rapture』에서 말했듯이, 암흑 수행과 같은 죽음-재생 의식은 토착민의 샤머니즘적 입문 의식에서부터 고대 그리스의 엘레우시스 신비 의식Eleusinian Mystery에 이어지는, 인류만큼 긴 역사를 가지고 있다.[6]

입면기

입면기Hypnagogia란 깨어 있는 상태와 잠든 상태 사이의 과도기적 의식 상태로, 잠재의식이 쉽게 영향을 받는 인지적 변화가 특징이며, 시각적, 청각적, 촉각적 환각이 나타날 수 있다. 한 문헌에 따르면 72~77퍼센트의 사람들이 이 상태를 경험한다.[7] 그 결과, 우리의 꿈은 우리가 밤에 마지막으로 보거나 들은 것에 관련되는 경우가 많다. 따라서 액션 보드를 잠들기 직전에 보는 것이 가장 효과적이다.✦

침대 옆에 일지를 두고 꿈을 기록하고, 깨어 있는 동안의 어떤 삶의 요소들이 꿈에 영향을 미치는지, 꿈에서 어떤 사인을 보내고 있는지 알아보라.

일주일간의 암흑 수행 같은 것은 일반인이 실천하기 어렵다. 다행히, 인지 과학의 발전 덕분에 그런 비슷한 상태를 생리학적으로 유도하는 방법들에 대해 많은 것을 알게 되었다. 여기에는 좋아하는 음악에 맞춰 춤을 추면서 신경 전달 물질을 활성화하는 것, 명상과 호흡 수련을 통해 심박변이도Heart Rate Variability(건강 지표로 사용

✦ 『부의 원천』에서 이것을 자세히 다루고 있다.

되는 심장 박동 간격의 미세한 변화로, 심박변이가 클수록 부교감신경이 활성화되고 정서 조절이 잘 된다)를 높이는 것, 다중 리듬 음악Polyrhythmic Music, 소마틱 훈련Somatic Work, 호흡 수련, 빛, 전기, 자기 자극, 환각제를 통해 뇌파 상태를 변화시키는 것이 포함된다.[8] 2부에서 이런 기법들 일부에 대해 더 자세히 설명할 것이다.

여러 연구에 따르면 임사 체험에 대해 자세히 배우는 것만으로도 그 혜택의 많은 부분을 얻을 수 있다. 그레이슨 박사는 그의 책에서 오하이오주 마이애미 대학교 학생들을 대상으로 한 연구,[9] 몬태나 주립 대학교 학생 대상의 연구,[10] 코네티컷 대학교 학생 대상의 두 가지 연구,[11] 뉴질랜드 매시 대학교 학생 대상의 또 다른 연구를[12] 인용했다. 이들 연구는 사회학, 간호학, 심리학 수업 등 다양한 학문적 환경에서 임사 체험에 대해 배우는 데 따르는 다음과 같은 혜택을 보고했다.

- 타인에 대한 관심과 연민의 증가
- 자존감 증가
- 죽음에 대한 두려움 감소
- 삶에 대한 감사의 마음 증가
- 자기 수용 증가
- 영성 경험의 증가
- 물질적 소유와 개인적 성취에 대한 관심 감소

흥미롭게도, 마이애미 대학교 학생들은 임사 체험 학습에 따른 혜택을 1년 후까지도 느꼈다고 보고했다.

내 경우, 사인을 믿고 그것을 삶에서 활용함으로써 임사 체험이나 암흑 수행을 통해 얻는 것과 같은 많은 혜택을 얻는다. 훨씬 더 접근하기 쉬운 방식으로 말이다. 예를 들어, 임사 체험을 하고 아름다운 사후 세계가 있으며, 당신이 세상으로 돌아올 수 있거나 혹은 당신이 사랑하는 사람들이 여전히 그곳에 있다는 것을 믿게 되면 더 이상 상실감을 느끼지 않는다. 마찬가지로 사인이 세상을 떠난 사랑하는 사람으로부터 온 것이라고 믿는다면, 물리적인 세계에는 더 이상 그들이 없더라도 여전히 그들과 연결되어 있다는 느낌을 받을 수 있다. 이로써 죽음에 대한 두려움을 덜 느끼고 삶에 더 자신감을 가지게 될 뿐 아니라 그레이슨 박사의 연구가 보여주었던 다른 모든 혜택을 누릴 수 있다. 사인은 인생 전반을 보다 감사하는 마음으로 보게 하고 기쁨, 경외, 경이와 같은 감정을 확대함으로써 삶을 완전히 새로운 관점에서 보게 한다. 내가 사인을 그렇게 유용하고 놀라운 요소로 생각하는 것도 그 때문이다.

경영학을 전공하고 심리학 석사 학위를 가진 내 친구 사브리나 퍼시Sabrina Percy가 이 점을 다음과 같이 깔끔하게 정리했다.

사랑하는 사람이 죽으면 그것으로 끝이고, 그들이 완전히 사라진다고 생각하는 사람은 희망을 가지기 힘들고 외로움을 심하게 탄다. 하지만 사인을 믿게 되면, 그것들이 어떤 방식으로든 사랑

하는 사람이 여전히 자신들을 보살핀다는 것을 알려주는 방식이
라고 깨달으면, 사랑받고, 안내받고, 보호받는다고 느낄 수 있다.
우리는 그것이 사람의 행복과 삶에 대한 시각에 어떻게 큰 차이를
만들 수 있는지 확인할 수 있다.

사인의 안내를 받기 시작하면, 삶은 전과 딴판이 된다. 인생은 훨
씬 더 아름답게 보이며, 자신이 우주와 조화를 이루며 춤을 추고 있
는 듯 느껴진다.

우리의 삶에 영성이 필요한 이유

—

서구에서는 모든 것을 과학적으로 설명해야 한다는 관점이 지배
적인 반면, 오늘날 세계 인구의 85퍼센트에 해당하는 약 60억 인구
는 종교를 가지고 있다. 이는 정신과 육체가 분리되어 있다는 영적
믿음이 여전히 대부분의 사람들의 삶에서 중요한 개념임을 보여준
다.[13] 내가 말하는 영성은 꼭 조직화된 종교라고 볼 수는 없다. 자연
의 아름다움과 장엄함을 느낄 때에도 우리는 영적 연결감을 경험
할 수 있다. 이것이 내가 우리가 영성을 성급하게 무시하지 말고 영
성이 줄 수 있는 것에 더 마음을 열어야 한다고 생각하는 이유 중
하나다. 영성은 인간이 본능적으로 끌리고 필요로 하는 것이다.

3장 사인과 함께하면 어떤 삶이 펼쳐질까?

우리에게는 자연, 창의성, 영성과의 연결이 필요하다. 거기에서 배워야 할 것이 많기 때문이다. 이처럼, 오늘날의 우리가 행복하게, 건강하게, 번성하며 사는 데 필요한 것들은 수천 년 전부터 계속 우리 눈앞에 있었다. 새로 배워야 할 것이 아니라 기억을 되살려야 하는 것이다.

과학은 영성을 대체해 세상을 이해하고 세상에 의미를 부여하는 주된 방식이 되었지만, 위안을 얻고 삶과 죽음을 보다 편안한 시각에서 보기 위해서는 여전히 영성이 필요하다. 우리 조상들은 자연의 끊임없는 순환과 조화된 삶을 추구했으며, 정신 또는 의식이 계속 존재한다는 그들의 믿음은 이런 끊임없는 재생에 대한 이해와 맞닿아 있다. 많은 사람은 증명할 수 없다는 이유로 사후 세계를 믿지 않는다. 그러나 고대 사람들에게는 그것을 증명할 필요가 없었다. 자연 속에서 이미 그 증거를 보았기 때문이다. 자연의 순환에 대한 이해는 우리가 우리 자신보다 훨씬 더 큰 무언가의 일부이며, 우리의 통제에서 벗어난 힘이 존재한다는 이해로 이어진다. 자연 속의 어떤 것도 사라지지 않는다. 모든 것은 끊임없는 순환의 과정 속에 있으며 그 속에서 에너지와 물질은 새로운 목적에 사용된다. (7장에서 사인의 변혁적인 혜택을 삶에 받아들이기 위해 자연과 다시 연결되는 방법을 알아볼 것이다.)

나는 사인이 과거와 현재에 관계없이 모든 사람이 공유하는 일종의 보편적인 언어라고 생각한다. 이런 생각 덕분에 나는 나 자신보다 큰 무언가와 연결되어 있다는 느낌을 받으며, 세상을 보다 전체론적인 시각에서 보게 된다. 이는 사람들이 그 어느 때보다도 분열되고 고립되어 있는 것처럼 보이는 오늘날 같은 때에 특히 더 중요하다. 영성에 대한 욕구는 모든 문화에서 발견되고 고대 이전까지 이어지는 인류의 보편적인 욕구로, 개인에게 더 큰 목적의식을 가져다준다. 모든 것을 과학이라는 렌즈를 통해서만 본다면, 인생이 선사하는 모든 것을 온전히 경험할 수 없다. 나는 자신과의 연결, 타인과의 연결, 환경에 대한 관심이 영적인 삶, 목적을 가진 삶의 세 기둥이라고 늘 이야기한다. 하지만 내가 이전에 언급했듯이, 많은 사람이 삶에서 영성을 간과하고 있다. 이런 상황에서 사인이 우리 자신, 서로, 우주에 대한 일상 속의 신뢰를 회복하는 데 도움이 될 수 있다.

우리는 영적인 존재로 진화했다. 따라서 사인이 우리를 안내하고, 위로하고, 우리에게 기쁨을 가져다줄 가능성을 이성으로 차단하는 것은 곧 우리의 심리적 욕구를 부정하는 일이 된다. 그런 사인들이 진실인지 의심부터 하는 사람이라면, 방향을 완전히 잘못 잡는 것이다. 이성의 시대는 항상 증거를 찾아야 한다고 가르쳐 왔다. 그런데 이것이 정말 당신에게 도움이 되는 것일까?

나는 사인이 세상을 떠난 사랑하는 이로부터 온 것이라 생각하기 전에도 사인들을 보았고, 그것들은 내 삶에서 의미를 가졌다. 일단 이렇게 살기 시작하면, 실제 사인이 어떤 것인지, 어떤 것은 사인이 아닌지가 분명해진다. 느낌이 전혀 다르기 때문이다. 사인일 때는 일종의 경외심이 느껴진다. 반면 주의를 기울일 가치가 없는 것일

　　　　　　　　　　　3장 사인과 함께하면 어떤 삶이 펼쳐질까?

때는 약하게 느껴지고 억지로 끼워 맞추려 하는 것처럼 느껴진다. 하지만 이런 정도에 이르는 것은 하룻밤 사이에 가능한 일이 아니며 학습이 필요하다. 새로운 언어를 배우는 것과 같이 연습이 필요하고 시간이 지나면서 점점 익숙해진다. 따라서 처음 사인에 익숙지 않을 때에 근거보다는 믿음에 의지하겠다는 결단이 필요할 수 있다. 하지만 거기에서 보상을 얻기 시작하면 사인을 더 신뢰하게 될 것이고 사인도 더 쉽게 나타날 것이다.

사인이 초월적인 세상으로부터 온 것이라는 완전한 확신은 없어도 괜찮다. 삶 속에 사인을 받아들이는 것만으로도 혜택을 누릴 수 있다. 다른 것은 몰라도, 인식의 수준을 높이고 그렇지 않았다면 놓쳤을 것들을 알아차리는 데에서 많은 것을 얻을 수 있다.

사인이 다른 세상에서 온 것이 아니라, 우리 마음속에서 만든 연결 덕분에 의미와 지침을 얻게 되는 것이라고 해도 괜찮다. 그렇다고 해도 그것은 여전히 지금 우리에게 중요한 것이 무엇인지를 이야기해준다. 사인이 어디에서 비롯된 것인지 아는 것보다는 그것이 당신에게 어떤 것을 해줄 수 있는지가 더 중요하다. 그것이 주는 것이 위로와 평안이든 지침과 영감이든, 이 모든 것은 삶의 더 큰 목적의식으로 이어진다.

카이 디킨스Ky Dickens는 그녀의 팟캐스트 〈텔레파시 테이프The Telepathy Tapes〉에서 관찰되고 측정될 수 있는 것만이 진짜라는 유물론의 주장에 도전한다. 설사 유물론이 사실일지라도, 그것은 '관찰과 측정을 넘어선 것들이 가치가 있을 수 있는가'라는 질문을 다루

1부 우리가 놓치고 있는 것

지 않는다. 느끼고 경험하는 것들을 관찰이나 측정이 불가하다는 이유만으로 받아들이면 안 된다는 것이 과연 옳은가? 자신과 자신의 본능을 신뢰하고 직관을 다듬는 방법을 배울 수 있다면 삶에서 더 많은 가치를 얻을 수 있지 않을까? 입증할 수 없다고 해서 가치가 없다는 것은 잘못된 사고방식이다. 직감에 귀 기울인다면 무슨일이 일어날지 궁금하지 않은가?

사인을 인식하는 방법

—

그렇다면, 사인이란 무엇이며, 그것을 일상에서 어떻게 받아들일수 있을까? 무엇이 사인에 해당하는지에 관해서는 엄격한 규칙이 없으며, 자신만의 준거와 해석의 틀이 핵심이다. 다만 많은 사람에게 공통적으로 나타나는 사인들이 있다. 많은 사인이 예상치 못한 장소에 있는 흰 깃털, 동물과 새들(울새와 같은), 나비의 형태로 자연으로부터 오는 것처럼 보인다. 예상치 못한 장소에서 모양으로 사인을 보는 사람들도 많다. 예를 들어, 나는 보도블록의 하트 모양이나 하트 모양의 채소와 같이 색다른 배경에서 하트를 볼 때 의미를 부여한다. 음악이나 노래 가사 역시 사인으로 여겨지곤 한다.

하지만, 가장 널리 퍼진 사인은 숫자다. 11이라는 숫자 또는 11시 11분과 같은 시간, 다른 반복되는 숫자들을 영적으로 중요하다고 여기고, 이런 숫자를 우주, 세상을 떠난 사랑하는 사람, 수호천사로부터의 사인을 전달하는 '천사 숫자Angel Numbers'라고 말하는 사람들도 있다. 11이라는 숫자는 쌍둥이 영혼Twin Flames이라는 영적 개념의 상징이기도 하다. 보통은 소울메이트Soulmate, 즉 서로에게 끌리고(종종 애정의 형태로) 서로 배움을 주고받는 두 영혼이라는 개념이 더 친숙할 것이다. 반면에, 쌍둥이 영혼은 하나의 영혼이 사랑으로 충만한 나머지 둘로 갈라졌고, 두 사람이 그 영혼을 반쪽씩 가지고 있는 경우를 말한다. 쌍둥이 영혼을 만나면, 예전부터 알고 지냈고 서로에게 속해 있다는 느낌을 받는다(이전에 언급한 영혼의 가족 개념과 비슷하다).

나는 숫자 44를 많이 발견하는데, 이는 당신을 인도하고 지지하는 천사들로부터의 메시지라고 한다. 11과 44는 로빈과 나 사이의 연결을 보여주는 징표이기도 하다. 당신에게 특별한 의미를 가지는 다른 숫자들도 있을 수 있다.

수비학Numerology을 참고해 일반적으로 받아들여지는 숫자의 의미를 알아볼 수도 있지만, 나는 자신에게 의미 있는 숫자를 찾아내는 것이 궁극적으로 더 영향력이 크다고 생각한다. 여러 유형의 사인들이 결국 개인적이고, 각자 그리고 그들과 연결을 유지하고 있는 사람 특유의 것이기 때문이다.

사인을 알아보고 요청하다

일기를 사용해서 당신의 사인이 무엇인지 알아내라. 주의를 끄는 반복되는 숫자, 우연의 일치, 상징, 동물들을 적어 두고, 예전부터 마음을 사로잡았던 형태나 물건은 무엇이었는지 생각해보라. 나의 경우, 처음에는 하트와 별이었고 이후에는 무한대 기호였다. 지금의 내게는 흰 깃털과 울새도 특별한 의미를 갖는다.

나는 사인이 유효한 것인지 구분하기 위한 규칙을 정해두는 것이 좋다고 생각한다. 무엇이 사인이고 무엇이 사인이 아닌지를 판단할 수 있어야 한다. 그렇지 않으면 모든 것이 사인이 될 수 있으니 말이다. 때로는 한 번으로 충분치 않고 같은 사인을 세 번은 보아야 하는 경우도 있다. 다른 길로 퇴근하는 것처럼 평소와 다른 행동을 할 때 보이는 사인이어야 한다고 말하는 사람들도 있다.

일단 자신의 사인이 무엇인지를 알아냈다면, 필요할 때 사인을 보여 달라고 요청하고, 어떤 사인을 왜 요청했는지를 일기장에 적은 뒤에 오해의 여지가 없는 명백한 사인이 나타나기를 기다려라! 이 책을 다 읽었을 때쯤이면, 자신감을 가지고 특정한 사인을 요청할 수 있고 그 사인이 나타났을 때 올바른 길을 가고 있다고 확신할 수 있게 되기를 바란다. 사인이 나타날 때까지 시간이 걸리더라도 낙심하지 말라. 위에서 언급했듯이, 연습이 필요한 일이고 바로 나타나지 않을 수도 있다. 하지만, 나는 정말로 필요할 때라면 당신도 사인에 접근할 수 있을 것이라고 확신한다. 이후의 장들은 그 사인들이 실제로 당신의 삶에 더 잘 나타나게 만드는 방법을 다룰 것이다. 내가 제안하는 변화들을 실천한 뒤 다시 일기장으로 돌아가 사인을 관찰, 기록하면 훨씬 의미 있을 것이다.

사인을 요청하는 방법

1. 명상하거나, 느긋하고 편안하게 목욕하거나, 자연 속을 걸으며 구체적인 사인을 요청하기에 가장 좋은 상태를 만든다.
2. 지침이나 도움이 필요한 일을 떠올린다. 혹은 사인을 받고 싶은 저세상의 누군가에 대해 생각한다.
3. 그 사인이 어떤 것이 되어야 할지를 구체적으로 정한다. 당신과 그 사람, 은밀한 농담이나 특별한 추억과 같이 둘 사이에서만 알 수 있는 매우 개인적인 것으로 정해야 한다.
4. 상대에게 사랑과 감사의 마음을 보내고, 사인을 보여 달라고 청한다. 특정한 환경에서 혹은 특정 시간까지 보여 달라고 청할 수도 있다.
5. 더 많은 확신이 필요하다고 느낄 때면, 나는 우연의 일치로 치부할 수 없도록 짧은 시간 내에 같은 사인을 세 번 보여 달라고 청한다.
6. 사인을 받으면, 그것을 일기장에 기록한다.
7. 괜찮다면, 당신이 발견한 것을 친구들과 공유해 다른 사람들이 사인을 찾는 것을 도울 수도 있다.

나는 사인을 불러들이는 데 사랑과 기쁨이나 두려움과 슬픔과 같은 강력한 감정이 필요하다고 생각한다. 최근 슈퍼문이 떴던 날, 나는 몹시 괴로워서 로빈에게 "당신이 보낸 사인을 받지 못하면, 더는 버틸 수 없을 것 같아요"라고 말했다. 그러자 곧바로 '달을 통해' 그를 보게 될 것이라는 강한 느낌이 들었다. 그날 저녁 늦게, 나는 옥상으로 올라갔지만, 근처의 높은 건물에 가려져서 달은 보이지 않았다. 달이 보이려면 몇 시간은 걸릴 것이라고 생각했는데도 30분 후 나는 옥상에 다시 올라가야 할 것 같은 강한 이끌림을 느꼈다. 옥상에 도착하니, 달은 하늘 높이 떠 있었고, 두 대의 비행기에서 나온 비행운이 달 근처를 교차하고 있었다. 나는 그것을 사진으로 찍어 친구에게 보내며 "이것 좀 봐, 로빈이 키스를 보냈어"라고 말했다. 바로 그녀의 답장이 도착했다. "세상에, 구름이 키스를 보내는 사람의 옆모습 같아."

그 구름은 결혼식 때 찍은 로빈의 사진을 꼭 닮아 있었다.

이 일화에 대해서 "위로를 받기 위해 구름을 당신이 원하는 모양으로 보고 있는 것"이라고 말하는 사람도 있을 것이다. 하지만 나는 구름에 로빈을 겹쳐 보는 것이 꼭 자의적인 해석만은 아니라고 생각한다. 강렬한 욕망이 우리가 아직은 설명할 수 없는 형태의 소통으로 이끌었을 수도 있다. 이러한 가능성에 기꺼이 마음을 연다면, 당신 삶의 경험은 훨씬 더 풍성해질 것이다.

슈퍼문 동안 일어난 일은 내가 받은 사인이 로빈의 죽음이라는 지나간 일에 그치지 않고, 내가 앞으로 나아가는 데도 도움을 줄 수 있다는 것을 깨닫게 해주었다. 나는 힘든 시기 동안, 사인이 슬픔과 관계가 있는 것이든 다른 일이 벌어지고 있어서든, 로빈이 나를 도와주고 보호해주고 있다는 느낌을 받기 시작했다. 한편으로는 위로였고 한편으로는 지침이었다. 슬픔 자체도 헤쳐 나가기 버거운 일이지만, 거기에는 어떻게 살아야 할 것인가에 대한 현실적인 영향까지 뒤따른다. 위로는 슬픔이나 힘든 시기를 위한 것이고, 지침은 어려움과 도전을 극복하는 방법을 보여주기 위한 것이다.

이제 큰 결정을 앞둔 때면, 나는 나보다 훨씬 더 많은 것을 알고 있는 누군가 또는 무언가에 접근할 수 있다는 확신에서 힘을 얻는다. 모르는 것은 인정하는 일은 언제나 유용하다.

그것은 그레이슨 박사의 말을 떠오르게 한다. 뇌의 필터 일부를 제거할 때 뇌가 더 큰 의식의 원천에 접근할 수 있는 것과 같은 이치로, 우리가 접근할 수 있는 더 큰 현실이 있다. 스트리밍 서비스의 알고리즘이 적확한 비유가 될 것이다. 당신이 로맨틱 코미디를 많이 보면, 알고리즘은 당신이 그것만 좋아한다고 생각하고 비슷한 영화들만을 추천할 것이다. 하지만 당신이 더 폭넓고 다채로운 영화를 본다면, 알고리즘은 이용 가능한 더 많은 영화를 추천할 것이다. 우리가 자신이나 주변의 사람들에게만 의존한다면(둘 다 가치가 있지만), 우리의 시야는 좁아지고, 여러 해법과 지원을 놓치게 될 것이다. 사인에 접근하는 것은 우리가 이용할 수 있는 자원을 늘리는 방법이다.

그러나 사인을 보려면 내면이 적절한 조건을 갖추어야 한다. 앞서 보았듯이 사인을 보는 능력은 직관적인 능력의 확장이다. 따라

1부 우리가 놓치고 있는 것

서 직관이 가장 잘 발휘될 수 있는 상태를 만들어야 한다. 마음이 닫혀 있거나 산만하다면, 사인을 결코 볼 수 없을 것이다. 이 책의 다음 부분에서는 사인이 나타날 수 있는 적절한 조건을 어떻게 만드는지 알아보기로 하자.

2부

사인에
마음을
열다

내가 15살이었을 때, 할머니가 돌아가셨다. 그 일은 우리 가족에게 엄청난 상실감을 가져다주었다. 나는 자라면서 할머니와 많은 시간을 보냈고, 우리는 정말 다정한 사이였기 때문이다.

할머니가 돌아가신 후에도 나는 할머니가 멀리 있다고 느낀 적이 없다. 나쁜 영혼이 느껴질 때면 할머니께 그것들을 물리쳐달라고 부탁했고, 그러면 안도감과 평온함이 느껴졌다. 세월이 흘러 성인이 되면서, 나는 울새들의 방문을 받기 시작했다. 물론 내가 본 모든 울새를 말하는 게 아니라 마음을 울리는 특정한 방문들이 있었다. 이유는 설명할 수 없지만 나는 이 울새들이 할머니가 보내시는 메시지처럼 느껴졌다. 울새는 내가 정신적으로 힘들 때마다 나를 찾아와 위안을 가져다주었다. 인생의 갈림길에서 어떻게 해야 할지 고민하고 있을 때면 명확함을 선사했다.

어느 날, 내가 엄마에게 울새의 이야기를 전하자 엄마는 눈물을 흘렸다. 엄마 역시 할머니가 돌아가신 후로 수년 동안 울새들이 찾아왔었고, 그것이 할머니라고 느꼈다는 것이다. 나는 할머니께서 나를 인도하고, 내가 필요로 할 때 따뜻한 지지를 표현해주신다는 것을 안다. 그것은 특별한 느낌이다.

- 미미

우리는 1부에서 사인에 대한 인식을 어느 정도 높였다. 하지만 자신을 사인에 수용적인 상태로 만들기 위해서는 훨씬 더 많은 일이 필요하다. 스트레스가 너무 많거나 바빠서, 숨을 돌리고 주변의 것들을 알아차리기가 힘든 상황이라면 더 충만하고 즐거운 삶으로 우리를 인도해줄 사인을 볼 가능성은 낮아진다.

2부에서는, 이 놀라운 자원을 활용할 준비를 갖추기 위한 핵심 사항들을 설명할 것이다. 이것은 감각에 주의를 기울여 자신과 세상 전반에 대한 인식을 높이는 데에서 시작하며, 직관을 더 잘 이해하고 사용하는 것이 그 뒤를 잇는다. 이후 나는 창의성, 자연, 다른 사람들과의 연결을 회복하기 위한 간단한 습관을 삶에 도입함으로써 사인을 받고 해석할 수 있는 조건을 만드는 방법을 설명할 것이다.

내가 공유할 습관들은 그 자체만으로도 건강과 행복에 도움이 되지만, 새로운 기술을 배우고 이전에 활용되지 않았던 정신 능력에 접근하는 과정은 신경가소성으로 인해 뇌 전반에 변혁적인 영향을 미친다. 과거에는 성인기에 도달한 뇌는 변하지 않는다고 여겨졌지만, 이제는 나이와 상관없이 새로운 신경 경로를 만들 수 있음이 알려져 있다. 이는 우리의 사고방식과 행동이 고정되어 있지 않으며 우리에게 그것을 바꿀 힘이, 어쩌면 우리가 알고 있는 것보다 더 큰 힘이 있다는 것을 보여준다.

신경가소성에 기반을 둔 행동 변화의 네 가지 단계는 인식 향상 Raised Awareness, 주의 집중Focused Attention, 의도적 연습Deliberate Practice, 책임감Accountability으로, 이들은 2부에서 내가 설명할 조언과 연습의 본질이다. 부담스럽게 들릴지 모르지만 실제로는 일상에 작고 즐거운 습관을 도입함으로써 점진적인 진전을 달성하고 그것이 전체적으로 뇌에 실제적인 영향을 미치는 것일 뿐이다. 나의 좌우명은 "하나를 10퍼센트 바꾸기보다 열 가지를 1퍼센트씩 바꾸자"는 것이다. 내가 요가 수련을 매일하는 루틴으로 만들고 싶었을 때가 좋은 예다. 요가 선생님께 90분 수업을 받거나 매일 45~60분을 집에서 연습하는 것이 어렵다고 말했더니 선생님은 단 5분간 요가 매트 위에 누워 있는 것으로도 수련이 된다고 이야기했다. 이제 나는 가능할 때는 수업에 참여하고, 시간이 있을 때는 30분 이상 요가를 한다. 그리고 그렇게 시간을 내지 못할 때는, 5분간 매트 위에 누워 있거나 간단한 자세 몇 가지를 취한다. 그것으로 충분하다.

내가 이 책에서 제안하는 것들도 모두 마찬가지다. 가능할 때마다 작은 일을 해나간다면 점점 더 크게 발전할 수 있고, 이는 신체적, 정신적 웰빙에 긍정적인 영향을 준다. 또한 건전한 위험을 감수하고, 더 유연하게 생각하며, 우리가 그것을 찾는다면 우리 모두의 잠재적 가능성에 대한 인식을 높일 수 있는 심리적 안전감도 제공할 것이다.

　이 책의 2부는 비밀스러운 사인의 가능성을 믿는 사람에게 그것을 알아보도록 도울 수 있는 방법을 보여준다. 아직 설득이 더 필요한가? 그런 사람도 이런 실천을 통해 현대 생활의 스트레스에서 벗어나고, 주변 환경을 더 의식적으로 인식하며, 직관에 귀 기울이는 것만으로 혜택을 얻을 수 있을 것이다.

4장

'감각'은 생각보다 많은 것을 알려준다

로빈이 세상을 떠난 직후, 집에 돌아온 나는 너무 추워서 깨어났고 난방 온도를 정말 높게 설정해야 했다. 점심 식사 후에 손님들이 도착할 때쯤이면 집이 사우나 같아서 창문을 열어 시원한 공기가 들어오게 했다. 처음에는 뇌가 나를 속이고 있다고 생각했다. 하지만 며칠이 지나자 로빈이 영안실, 아마도 냉장 서랍 안에 있다는 데 생각이 미쳤다. 그때 우리가 어떤 식으로든 여전히 연결되어 있을지 모른다고, 내 몸의 감각이 그의 상황에 대한 내 인식을 모방해 나타나고 있다는 생각이 들었다. 그가 추위를 싫어하는 사람이었기 때문에 이런 경험은 내게 특히 중요했다. 이때 자극을 받은 것이 몸의 온도 감각이라는 사실은 우리의 감각이 생각하는 것보다 더 중요하고, 감각을 더 깊이 이해하면 삶 속의 사인을 발견하는 데 도움이 될 수 있다는 초기의 단서였다. 당시에는 이것이 어떤 의미인지 제대로 이해하지 못했고, 내가 느꼈던 그 연결이 실제였는지 심리적인 것이었는지는 지금도 알 수 없다. 그러나 지금까지 감각에 대해

4장 '감각'은 생각보다 많은 것을 알려준다

배운 모든 놀라운 것을 고려하면 연결의 가능성을 부정할 수 없다. 적어도, 내가 정서적으로 느끼고 있었지만 의식적으로 표현할 수 없었던 것을 내 뇌가 몸으로 구현하고 있었다는 것만은 확실하다.

친구나 고객들에게 "우리에게는 몇 개의 감각이 있나요?"라고 물으면 그들은 한결같이 다섯 개라고 말한다. 때때로, "여섯 번째 감각이 있다고 하지 않나요?"라고 말하는 사람들이 있다. 그렇더라도 그 여섯 번째 감각이 어떤 것인지에 대해서는 합의된 바가 없다. 균형이라고 말하는 사람도, 직관이라고 말하는 사람도 있다. 하지만, 대부분의 사람이 언급하는 것은 시각, 후각, 청각, 미각, 촉각이다. 전혀 놀랍지 않다. 우리 대부분이 어릴 때부터 그렇게 배우니 말이다.

사실, 과학자들은 우리 대부분이 서른네 가지의 감각을 지니고 있다는 것을 발견했다. 더구나 감각에 대한 과학은 계속 발전하고 있다. 감각의 이런 복잡성을 이해하는 것은 중요한 일이다. 우리의 감각은 지금 이 순간에 집중하고, 현대 생활의 소음과 혼란을 진정시키고, 우리 몸이 우리에게 어떤 이야기를 하는지 이해하는 데 사용할 수 있는 최고의 도구이기 때문이다.

이 장에서는 세상을 인식하는 방법, 일상적인 인식을 넘어서서 자신에게 주어지는 사인들을 알아차리고 더 나아가 건강상의 혜택까지 얻을 수 있는 방법을 설명할 것이다. 나는 우리가 아직 자신의 능력이 얼마나 되는지 다 이해하지 못하고 있을 수도 있으며, 우리가 알고 있는 감각에 집중하는 것이 능력의 크기를 탐구하는 첫 번째 단계라고 믿는다.

감각은 생각보다 복잡하다

—

감각에 보다 효과적으로 집중하는 방법을 살펴보기 전에, 감각이 얼마나 복잡한지 이해하고, 우리가 인식하지 못하고 있는 감각들도 있음을 인정하는 것이 유용할 것이다. 이 일은 감각이 정확히 무엇인지 이해하는 데에서 시작된다. 의학적, 생리학적 관점에서 감각이란 신체가 자극을 인식하는 능력이다. 우리 몸속의 수용체가 자극에 의해 활성화되어 우리의 뇌로 신호를 보내면 적절한 반응이 만들어진다. 예를 들어, 후각 수용체는 비강의 천장을 덮고 있는 후각 상피에 위치한다. 냄새 입자가 그 수용체와 결합하면, 뇌로 정보를 전달하는 과정이 시작된다, 이는 불쾌한 냄새에 역겨워 코를 찡그리거나 꽃향기에서 즐거움을 더 얻기 위해 숨을 깊이 들이마시는 것과 같은 반응으로 이어진다. 이와 비슷하게, 내이內耳의 달팽이관 속 코르티 기관에는 주요 청각 수용체인 유모 세포가 있다. 이 세포가 자극을 받는 것이 우리가 음악, 언어, 자연의 소리, 기타 주변의 다른 모든 소음을 해독하는 과정의 첫 단계다.

감각은 신체 외부로부터의 자극에 의해 활성화되는 외수용감각Exteroception과 내부로부터의 자극에 의해 활성화되는 내수용감각Interoception으로 구별된다. 외수용감각은 감각을 통해 외부 세계를 인식하는 것이며, 우리가 환경에 적응할 수 있도록 해주는 중요한 과정이다. 반면에 내수용감각은 신체의 작용에 대한 신호를 뇌로 보내는 광범위한 내부 감각들을 아우르는 용어다. 우리가 인식하지 못하는 동안에도 내부적으로 많은 일들이 끊임없이 활성화되고 있다. 아래 표는 우리 몸에서 사용할 수 있는 서른네 가지 감각을 표로 나타낸 것이다. (명칭 중 학술 용어가 있는 경우에는 괄호로 표기했다.)

서른네 가지 감각[1]

일반 명칭(학술 용어)
1. 시각(광선 감수성, Photoreception)
2. 빛 감지/시간(감각 시간 감각, Chronoception)
3. 청각(Auditory perception)
4. 후각(Olfaction)
미각(Gustation)
5. 짠맛
6. 단맛
7. 쓴맛
8. 신맛
9. 감칠맛
촉각(Somatosensory/tactile)
10. 압력 감지
11. 진동 감지
12. 천천히 부드럽게 움직이는 접촉 감지
13. 간지러움 감지

통각(Nociception)
14. 극심한 더위나 추위로 인한 통증
15. 위험한 화학물질에 의한 통증
16. 신체적 손상으로 인한 통증

온도(Thermoception)
17. 서늘한 온도
18. 따뜻한 온도

운동 감각(자기수용감각, Proprioception)
19. 신체의 공간적 위치 감각/ 관절의 세부 위치 감각
20. 노력, 힘, 무게 감각

균형 감각(Equilibrioception)
21. 머리 회전 균형
22. 수직 운동
23. 수평 운동

'생존' 감각(내부수용감각, Interoception)
24. 심박
25. 혈압 Baroreception
26. 이산화탄소
27. 산소
28. 폐 신장
29. 뇌척수액 pH 수용체
30. 혈장 삼투압
31. 면역체계

식욕과 배설 감각 (Gastrointestinal system, Genitourinary system)
32. 위 팽만감
33. 방광 팽만감
34. 직장 팽만감

1번부터 23번까지는 외수용감각으로 우리에게 친숙한 감각들이다. 초등학교에서 배우는 다섯 가지 감각도 여기에 포함된다. 하지만 이 감각들도 우리가 생각하는 것보다 더 복잡하다. 예를 들어, 우리의 눈은 단순히 시각(1)만 촉진하는 것이 아니라 빛의 세기(2)도 감지하는데, 이는 시간의 흐름에 대한 인식, 즉 시간 감각에도 영향을 미치는 것으로 여겨진다.

미각은 감각의 복잡성을 보여주는 좋은 예다. 미각은 혀에 있는 짠맛(5), 단맛(6), 쓴맛(7), 신맛(8), 감칠맛(9)의 다섯 가지 맛 수용체로 세분되기 때문이다. 1980년대 중반에서야 감칠맛이 감지할 수 있는 별개의 맛으로 추가되었다.[2]

미각처럼, 촉각도 세분할 수 있다. 우리는 몸에 가해지는 압력이나 우리가 다른 대상에 가하는 압력의 정도(10)를 감지할 수 있을 뿐 아니라 주변의 물리적 진동(11)도 감지할 수 있다. 부드럽게 천천히 움직이는 접촉(12)은 다른 사람으로부터의 신체적 접촉을 감지하는 방식이다. 간지러움(13)을 느끼는 것 역시 또 다른 형태의 촉각으로, 의학 용어로는 소양증Pruritus라고 한다. 외수용감각들은 뇌 전체에 걸친 다양한 영역에서 처리된다. 예를 들어, 시각은 두개골 바닥에 있는 후두엽에서 처리된다.

흔히들 알고 있는 다섯 가지 외수용감각 외에도 자신의 위치를 이해하도록 돕는 여러 다른 감각들이 있지만 우리는 그것들을 감각으로 인식하지 못하거나 생각하지 않는다. 예를 들어, 고유수용감각Proprioception은 물리적 환경 속에서 자신의 몸을 모니터링하고

감각과 관련된 뇌 영역

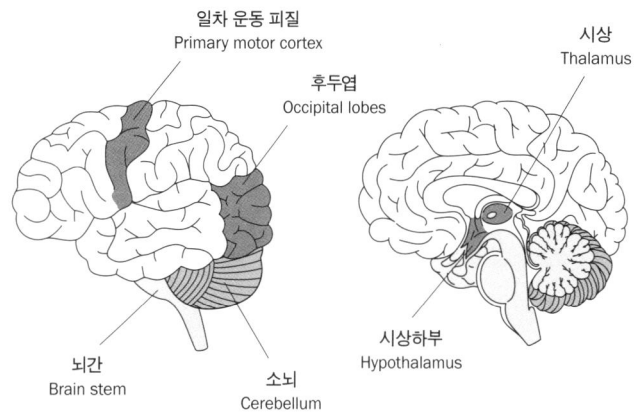

제어하도록 돕는 감각을 말한다. 관절 위치 감각이나 신체의 공간
적 위치 감각(19)은 자신의 팔다리, 머리, 몸통이 공간의 어디에 있
는지에 대한 감각이다. 눈을 감고도 자기 코를 만질 수 있게 해주는
이 감각은 뇌의 두정엽에 있는 감각 처리 영역에 크게 의존한다. 물
리적 노력, 힘, 무게(20)에 대한 감각도 있다. 이는 일차운동피질, 소
뇌, 뇌간을 비롯해 움직임을 만들어내는 데 관여하는 뇌 영역들과
연결되어 있다. 뇌의 서로 다른 영역들이 서로 다른 고유수용감각
을 담당하지만, 서로에게 정보를 전달할 때는 이 영역들 사이의 신
경 경로들이 겹치는 경우가 많다.

우리는 대부분의 시간 동안 이런 감각들을 인식하지 못하지만,
고유수용감각들은 끊임없이 뇌에 중요한 메시지를 보내고 있다. 당

신이 매일 아침 같은 머그잔에 차를 마신다고 가정해보자. 날이 지날수록 당신의 몸은 그 머그잔이 얼마나 무거운지, 따라서 주방 카운터에서 그것을 들어 올리는 데 얼마나 힘을 주어야 하는지를 무의식적으로 인식한다. 내가 몰래 머그잔을 가벼운 스티로폼 모조품으로 바꿔 놓는다면, 당신은 평소처럼 잔을 들어도 너무 많은 힘을 가하게 되어서 찻물이 잔 밖으로 튀게 될 것이다. 마찬가지로, 깨지기 쉬운 유리잔을 집어 들 때는 얼마만큼의 압력을 가해야 그것을 부수지 않고 집어 들 수 있는지 감지할 수 있다. 파리를 잡으려 할 때라면, 자신의 손을 다칠 정도로 세게 테이블에 내리치지는 않을 것이다.

우리가 의식적으로는 인식하지 못하는 더 많은 감각이 있다. 균형 감각Equilibrioception 역시 감각으로 볼 수 있으며, 이 감각은 세 가지 다른 유형의 움직임, 즉 머리 회전(21), 수직 움직임(22), 수평 움직임(23)을 감지하는 몸 안의 다양한 수용체에 영향을 받는다. 귀 안의 유스타키오관과 뇌척수액도 자신이 똑바로 서 있는지, 기울어지고 있는지를 감지해 필요하다면 몸을 바로 세우는 역할을 한다. 균형은 감각으로 생각해본 적이 없을 수도 있다. 하지만 균형 감각은 신체의 건강과 건강한 노화에 큰 역할을 하기 때문에 관심이 필요한 중요한 감각이다.

보다시피 우리 몸은 많은 외부 자극을 처리할 수 있다. 동시에, 몸 내부에서도 그만큼, 혹은 그보다 더 많은 일들이 일어나고 있다. 이것이 바로 내수용감각이다. 몸 전체에 퍼져 있는 수용체들은 끊

　　　　　　　　　　　　　2부 사인에 마음을 열다

임없이 심박수(24)와 혈압(25), 혈액 속 이산화탄소(26)와 산소(27)의 양, 얼마나 깊이 숨을 쉴지를 결정하는 폐 신장의 정도(28), 혈액 내 이산화탄소와 산소 농도를 조절하는 데에도 역할을 하는 뇌척수액의 pH 수준(29), 혈액량과 염분 균형을 측정하는 혈장 삼투압(30)을 모니터링한다. 면역체계(31)는 새로 발견된 내수용감각이다. 한편, 식욕과 배설 감각은 설명이 필요 없을 정도로 자명하다. 우리 대부분이 아주 강하게 그리고 매일 경험하는 감각이니 말이다. 우리는 배가 고프거나 너무 많이 먹었을 때(32)를 알고, 방광(33)이나 장(34)을 비워야 할 때를 안다. 이런 내수용감각들을 통해, 신체는 자신의 작동 상황에 대한 신호를 계속 뇌로 보내며 그렇게 해서 뇌는 항상성Homeostasis을 조절한다. 몸의 균형 상태를 유지하는 것이다. 이 과정은 시상, 시상하부, 뇌간 등의 뇌 영역에서 조절된다.

미주신경Vagus Nerve은 자율신경계(말초신경계의 일부. 중추신경계를 구성하는 뇌와 척수를 제외한 우리 몸의 모든 신경은 말초신경계에 속한다)의 핵심 부분이며, 심박수, 소화, 면역 반응 등 다양한 생리적 기능을 조절함으로써 항상성을 유지하는 데 중요한 역할을 한다. 미주신경은 좌측과 우측의 두 개의 신경으로 이루어져 있으며 뇌에서 시작해 폐와 횡격막을 거쳐 대장까지 곧바로 연결되어 있다. 라틴어로 'Vagus'는 '방랑하는'이라는 뜻으로 자율신경계에서 가장 길고 여러 신체 부위와 연결되어 있는 미주신경에 꼭 맞는 이름이다.

우리는 대부분 인식하지 못하지만 몸과 뇌 사이에는 항상 양방향으로 대화가 이루어지고 있다. 당신은 이런 소통 덕분에 균형을 유

4장 '감각은 생각보다 많은 것을 알려준다

지하면서 살아있을 수 있다. 더구나 이들 과정은 절대 단독으로 일어나지 않는다. 이 모든 것들은 동시에 서로 조화를 이루며 발생하며, 따라서 우리 몸은 의식적인 개입 없이도 기능할 수 있다. 대단히 복잡하고 정교한 시스템이다.

미주 신경

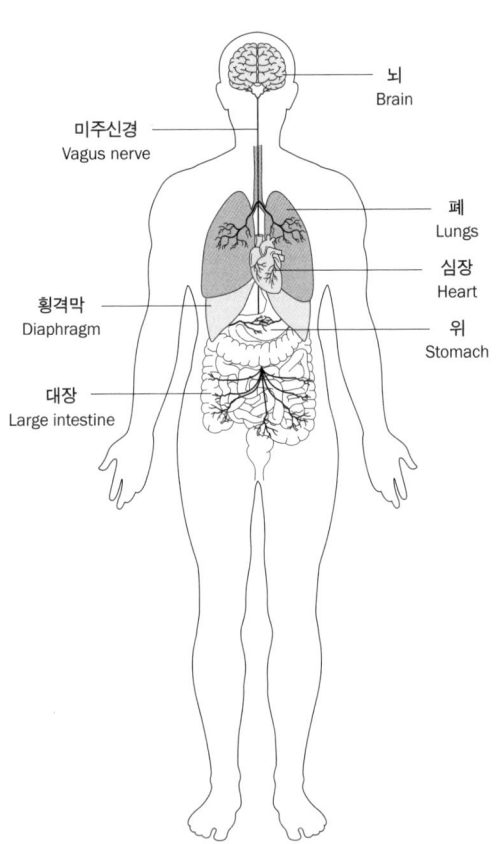

뇌
Brain

미주신경
Vagus nerve

폐
Lungs

심장
Heart

횡격막
Diaphragm

위
Stomach

대장
Large intestine

감각에 대한 과학의 진보

—

우리가 잘 알고 있는 다섯 가지 감각보다 훨씬 더 많은 감각을 지니고 있다는 사실이 놀랍지 않은가? 하지만 앞의 목록도 최종적인 것이 아니다. 새로운 발견이 있을 때마다 신체가 할 수 있는 일에 대한 우리의 지식은 계속 발전하고 있다.

예를 들어, 연구자들이 면역계를 감각의 구성 요소로 여기게 된 것도 최근의 일이다.[3] 면역계는 건강 유지에 대단히 중요한 역할을 한다. 병원성 미생물(질병을 일으키는 미생물·세균·바이러스가 여기에 속한다–편집자)을 감지하고 뇌에 신호를 보냄으로써 뇌로 하여금 신체에 메시지를 보내 면역 반응을 촉발하고 조절할 수 있도록 하기 때문이다. 면역 감각 시스템이 몸속의 유해한 미생물을 감지하면, 뇌는 이에 대한 반응으로 혼자 쉬는 것과 같은 아플 때 필요한 행동을 유도한다. 몸이 에너지를 아끼고 다른 병원성 물질에 노출될 가능성을 줄이도록 하는 식으로 말이다. 이런 양방향 소통을 일으키는 메커니즘은 아직 연구 중이지만, 우리는 면역 세포가 신경전달 물질(화학적 신호물질)을 생산하고 수용할 수 있으며, 미주신경 역시 면역체계와 뇌 사이의 정보 전달에 중요한 통로라는 것을 알고 있다.

동물의 세계는 또 다른 예시를 제공하며 우리가 세상을 인식하는 방식이 유일한 길은 아니라는 점을 보여준다. 인간과 동물은 많은 감각을 공유하지만, 동물들이 우리에 비해 훨씬 뛰어난 능력을 발달시킨 경우도 있다. 그 대표적인 예가 인간보다 민감한 개의 후각이다. 실제로, 개들은 인간의 질병과 죽음이 임박했다는 것까지도 냄새로 감지할 수 있는 것으로 드러났다.[4] 또한 동물에게는 인간에게 없는 여러 감각들이 있다. 예를 들어, 돌고래는 바이오소나Biosonar라고도 불리는 반향정위Echolocation(소리나 음파를 발산한 이후에 물체에 반사해서 돌아오는 메아리를 듣고 물체의 위치나 특성을 확인하는 방법-편집자)를 사용한 소통이 가능하며, 일부 생물은 지구의 자기장을 감지하는 능력Magnetoreception을 보인다. 일부 새들이 먼 거리를 이동할 수 있는 것이 이 능력 때문이다.[5] 이런 동물들의 감각은 자연계에 현실을 경험하는 다른 방식들이 있을 수 있다는 점을 시사한다. 우리에게 지구의 자기장을 사용해 길을 찾는 능력은 없지만, 아직 우리가 알지 못하는 능력이 있을지도 모를 일이다.

예를 들어, 일부에서는 인간에게 뇌와 연결되지 않은 두 번째 코가 있다고 믿는다. 서골비 기관Vomeronasal Organ이나 야콥슨 기관Jacobson's Organ이라고 불리는 이 기관의 존재는 비강의 해부학적 연구를 통해 이미 확인되었지만, 그 기능에 대해서는 논란이 많다.[6] 개와 다른 포유류의 경우 이 기관이 페로몬을 감지하는 역할을 한다.[7] 따라서 향후의 연구를 통해 인간에게서도 비슷한 역할이 발견될 가능성이 있으며, 이는 우리의 감각과 신체 전반에 대해 아직 배워야 할 것이 얼마나 많은지를 보여준다.

이미 뛰어난 후각 능력을 지닌 사람들이 있다. '슈퍼 스멜러Super

Smeller'로 알려진 이 사람 중에는 특정 질병의 냄새까지 맡을 수 있는 사람도 있다. 유전성 후각 과민증Hereditary Hyperosmia이라고 하는 이 증상의 가장 유명한 사례는 퇴직 간호사 조이 밀른Joy Milne이다. 그녀는 남편이 파킨슨병으로 진단을 받기 6년 전에 그의 체취에서 변화를 감지해 병을 알아차렸다. 이 일로 영국의 파킨슨병 재단Parkinson's UK은 조이가 발견한 것을 활용해 신체적 증상이 나타나기 전에 파킨슨병을 조기 진단할 수 있는 검사를 만드는 연구에 자금을 지원하게 되었고,[8] 현재 맨체스터 대학교의 과학자들은 파킨슨병 환자 특유의 화학물질을 감지할 수 있는 피부 면봉 검사를 개발했다.[9] 조이의 놀라운 후각이 아니었다면, 이런 획기적인 발견은 불가능했을 것이다.

우리가 정상적이라고 여기는 것과 다르게 감각을 경험하는 사람들도 있다. 한 감각의 자극이 다른 감각의 반응을 유발하는 신경학적 현상, 즉 공감각Synaesthesia이 그 예다. 글자-색 공감각은 특정 숫자나 문자를 특정한 색깔과 연관시키는 경우이며, 어휘-미각 공감각은 단어를 듣거나 읽는 것이 특정한 맛의 감각을 유발하는 것이고, 색청Chromesthesia은 음악을 비롯한 특정한 소리를 들을 때 색깔이 보이는 것이다. 공감각의 메커니즘은 아직 밝혀지지 않았지만, 이는 우리의 감각이 생각보다 복잡하며 예상치 못한 방식으로 진화할 수 있음을 보여준다.

공감각을 가진 사람들이나 조이처럼 후각이 고도로 발달된 사람은 분명히 이상치(평균치에서 크게 벗어난 예외적 존재-편집자)다. 하지만 모두가 감각의 측면에서 기존에 알고 있는 것보다 많은 능력을 가지고 있다면 어떨까? 우리가 오늘 사실이라고 알고 받아들이고 있는 것이 반드시 내일까지 진실로 남게 되는 것은 아니다. 의식적으로 감각에 더 집중함으로써, 자신과 더 넓은 세상에 대한 인식을 높이는 것이 가능할지도 모른다. 우리의 감각은 감정적 상태 또는 주변 세계나 타인과의 연결을 나타내는 지표일 수도 있다. 로빈이 영안실에 있을 때 내가 추위를 경험한 것처럼 말이다.

개인적 인식

우리가 인식하는 것보다 더 많은 감각이 있고 항상 새로운 발견들이 이어지고 있다는 사실은 감각이 무엇을 할 수 있는가에 대한 우리의 지식도 고정되어 있지 않다는 것을 보여준다. 동시에, 세상에 대한 우리의 인식 역시 유동적이고 가변적이다. 그 좋은 예는 우리가 시간을 인식하는 방식이다.

우리의 시간 감각은 다른 일반적 감각들만큼이나 복잡하다. 우선, 주관적으로 느끼는 시간의 흐름(시간 감각)은 몸속의 생체 시계Circadian Rhythm(일주기 리듬)와 구분해야 한다. 몸속에서는 언제 깨어나야 할지 알고, 시간을 상당히 정확하게 감지할 수 있도록 만드는 생리학적 과정이 무의식적으로 진행되고 있다. 이런 일주기 리듬은 눈에서도 작동하는 것으로 보인다. 밤과 낮에 따른 빛의 차이가 망막의 간상세포와 원추세포에 영향을 주어 리듬을 조절하는 것이다.[10] 환경이 이런 생체 시계에 영향을 미치는 과정을 '동조화Entrainment'라고 부른다. 아침부터 밤까지 명암의 주기가 잠을 잘 수 있게 하는 멜라토닌과 깨어나도록 하는 코르티솔의 생성을 촉진함으로써 수면-각성 주기에 영향을 미치는 것도 동조화 과정에 포함된다. 빛이 생체 시계를 조절하는 데 큰 역할을 한다는 것은 알고 있으나, 이것이 생리학적으로 어떻게 작동하는지에 대해서는 아직 밝혀내야 할 부분이 많다.

시간 감각 역시 연구가 진행 중인 미완성의 영역이다. 시간 지각의 메커니즘이 명확하게 정의되지 않았고 연결된 특정 감각 체계의 존재도 증명되지 않았지만, 연구에 따르면 시간 감각의 과정은 뇌 깊숙한 곳에 있는 기저핵과 뇌 오른쪽 표면에 위치한 우측 두정엽에서 일어난다.[11]

시간 감각의 작동 원리에 대한 이해는 불완전하더라도, 우리가 시간을 감지하는 방식에 주관적 요소가 있다는 것만은 분명하다. 사실, 이것은 수천 년 전부터 인정된 사실로, 고대 그리스인들은 연대기적 시간(크로노스Chronos)과 주관적 시간(카이로스Kairos)의 차이를 인식하고 있었다. 이는 사람들이 수천 년 동안 알고 있었지만, 여전히 작동 원리를 이해하지 못하는 것의 대표적인 예다. 뇌와 인식에 관해서는 아직 배워야 할 것이 너무나 많다.

감각에 집중하다

—

우리의 인식이 유연하다는 것은 이 순간의 감각에 대한 인식을 높여 세상에 대한 시각을 변화시키고, 이를 통해 현대 생활의 산만함과 소음을 진정시킬 수 있다는 것을 의미한다. 그리고 순간의 속도를 늦춤으로써 사인이 이르는 경로를 열 수 있다. 감각에 대한 인식을 높이는 일을 꾸준히 실천한다면, 세상을 관계를 맺는 방식들이 신경가소성을 통해 뇌에 각인된다.

나는 목욕할 때 에센셜 오일을 사용하고 집 안 곳곳에 디퓨저와 인센스를 둔다. 후각적 자극은 건강상의 혜택을 가져다주기도 하지만, 나는 향기가 우리에게 보내는 사인이 될 수 있다고 믿는다. 예를 들어, 비행기에서 내려 다른 나라의 냄새를 알아차리거나, 상점을 지나칠 때 특정한 향기가 퍼진다면, 그것은 사인일 수 있다. 이것은 내가 의도적으로 감각을 사용해 사물을 알아차리는 능력을 강화하는 한 가지 예일 뿐이다. 이렇게 함으로써 내게 사인이 보내졌을 때 알아차릴 수 있게 된다.

감각에 대한 인식을 높이면 주변의 자극에 대한 반응이 줄어들고 신경계를 보다 잘 조절해, 주도적으로 사인을 선택하고 요청할 수 있으며, 몸 전체를 이용해 직관에 접근하고 우리에게 보내지는 메시지를 해석할 수 있다.

연습만 한다면 당신도 현대 생활의 소음과 산만함을 줄이고 그 순간에 당신이 보고, 듣고, 냄새 맡고, 느끼는 것에 더 집중하도록 자신을 단련할 수 있다. 감각에 대한 인식을 높일 수 있는 다양한 명상과 운동들이 있다. 다음은 이 목적을 달성하는 데 도움을 주는 세 가지 방법이다.

미각 명상

미각 명상은 걸으면서 할 수 있고 앉아서 할 수도 있다.

1. 건포도 하나를 입에 넣고, 삼키지 않으려고 노력하며 1분 동안 천천히 씹는다.
2. 건포도를 씹으면서, 미뢰에 느껴지는 감각에 집중한다.
3. 건포도가 자란 포도나무 그리고 포도나무를 키운 따뜻한 햇살과 토양, 비를 마음속에 그려본다. 푸른 하늘 아래에서 자라는 잎과 열매를 상상한다. 포도를 따 햇볕에 펼쳐 말리는 사람들의 손을 떠올린다. 시간을 거슬러 건포도가 상자에 담겨 당신이 있는 나라, 도시, 동네의 상점으로 배송되고, 당신이 그것을 집으로 가져와 명상을 위해 집어든 것까지 그려본다.
4. 다 마친 후, 건포도를 삼킨다.

4장 '감각'은 생각보다 많은 것을 알려준다

소리 명상

1. 편안한 장소에 편한 자세로 앉는다.
2. 심호흡을 세 번 한 후 평소대로 호흡한다.
3. 주변의 전반적인 소리에 집중한다.
4. 먼저 가장 가까운 소리에, 다음으로 가장 멀리 들리는 소리에 주의를 기울인다. 이어서 가장 큰 소리, 다음으로 가장 작은 소리에 주의를 기울인다.
5. 천천히 주의를 내면으로 옮겨 외부에는 소리가 있지만, 내면에는 평온과 고요가 있다는 것을 알아차린다.
6. 시간의 흐름에 따라 점차 내면의 평온함에 대한 감각을 우선한다.

시각 연습

1. 밖으로 나가거나 창밖을 본다.
2. 1분 동안 나뭇잎이나 손바닥처럼 작고 가까운 것을 자세히 본다.
3. 그 이후에는 나무나 건물처럼 멀리 있는 큰 것에 집중한다.
4. 속도를 늦추고 그 순간 당신 주변의 것을 더 쉽게 알아차릴 수 있다는 느낌이 들 때까지 이 연습을 규칙적으로 반복한다.

이런 활동은 주의를 순간에 집중시키기 위한 것이지만, 진행하는 동안 흥미로운 통찰이 떠오를 수도 있으므로, 떠오른 것에 대해 깊이 생각해보고 일기에 기록해두는 것이 좋다. 이렇게 하면 현재에 집중하는 일에서 얻는 혜택을 누리면서 당신이 앞으로 나아가는 데 도움이 될 교훈까지 얻을 수 있다. 긴 시간 반복하다 보면, 순간에 감각을 집중하는 일이 쉬워질 것이고 그로 인해 사인도 더 쉽게 알아차리게 될 것이다.

스트레스를 줄이다

—

서문에서 이야기했듯이 삶이 시속 100마일로 당신을 스쳐 가는 듯한 느낌, 오늘날 매우 흔한 스트레스 상태는 인식의 범위를 좁히고 직관을 흐리게 만들어 우리를 사인에 접근하지 못하게 만드는 핵심 요인이다. 다음 5장에서는 직관을 활용하는 방법을 더 깊이 논의하겠지만, 그에 앞서 스트레스를 보다 잘 인식하고, 스트레스의 지표를 세운 뒤, 스트레스를 극복하는 방법을 이해하는 것이 도움이 될 것이다.

생사가 갈리는 상황에서라면 심장이 빨리 뛰고 숨이 얕아지는 것이 적절한 반응이겠지만, 직장과 같은 일상적인 상황에서는 그런 반응이 도움되지 않는다. 따라서 그때그때 스트레스 수준을 조절할 수 있어야 한다. 좋은 소식은 이런 생리적 반응들이 몸이 보내는 메시지이고, 당신이 개입해서 몸이 느끼는 스트레스의 영향을 완화할 수 있다는 점이다. 내수용감각에 해당되는 감각에는 의식적인 것도, 무의식적인 것도 있다. 예를 들어, 심장 박동은 보통 의식하지 않지만, 주의를 기울이면 심장이 얼마나 빠르게 혹은 느리게 뛰고 있는지 감지할 수 있다. 반면에 혈중 산소나 이산화탄소 수준을 감지하는 것과 같은 일들은 항상 무의식적인 과정이다. 이런 감각들에는 의식적으로 접근할 수 없지만, 호흡의 속도를 바꿈으로써 그것들에 영향을 미칠 수는 있다.

핵심은 당신의 몸이 보내는 신호들을 가능한 한 빨리 인식해서 그에 대한 조치를 취하는 것이다. 몸이 무언가 잘못되었음을 경고하는 신호일 때에는 이 점이 특히 중요하다. 예를 들어, 평소에는 호흡에 대해 생각하지 않지만, 직접 개입해서 숨을 빠르게 쉴지 느리게 쉴지, 깊게 쉴지 얕게 쉴지를 정할 수도 있다. 이것이 중요한 이유는 스트레스를 받을 때는 숨을 얕게 쉬거나 심지어 한동안 숨을 참게 되기 때문이다.

만성적인 스트레스나 심신에 악영향을 미치는 급성 스트레스를 방치하면 건강상의 문제가 발생할 수 있다. 이뿐만 아니라 이것은 직관이나 사인이 보내는 메시지에 개방적이지 못하다는 의미이기도 하다. 이미 몸이 보내는 내부수용감각의 신호를 놓치고 있는데다, 자신과 세상에 대한 당신의 인식이 제한되어 삶을 온전히 살지 못하기 때문이다.

왜 스트레스를 받으면 호흡을 덜 하고, 심지어 멈추기까지 하는 것일까? 그렇게 중요한 산소를 제한하기보다 오히려 더 많이 받아들여야 하는 것이 아닐까? 한 이론은 그 원인을 사바나에서 초기 인류가 포식자를 피해 도망치던 때에서 찾는다.[12] 이렇게 달리고 있을 때는, 호흡이 빨라지고 얕아지면서 몸이 더 많은 산소를 빠르게 받아들이도록 한다. 하지만 이런 상태는 혈액 내 가스의 불균형을 유발해 심계항진이나 실신으로까지 이어질 수 있다. 우리는 기존의 프로그램 때문에 반대의 반응, 즉 더 깊고 느린 호흡이 적절한 순간에도 포식자로부터 도망칠 때와 같은 반응을 보인다. 이것은 생리적 반응이다. 뇌가 특정한 방식으로 호흡하라고 지시하는 것이다. 위협에 의해 촉발된 신체적 행동(예를 들어 달리기)을 하고 있지 않은데도 말이다. 그저 과거에 위협으로 인식되던 것에 자극을 받은 호르몬과 신경전달물질로 인해 나타난 반응이며 매우 원초적인 반응이다. 나는 Hardwired(고정되어 바꿀 수 없는)라는 표현을 좋아하지 않는다. 평생 성장하고 변화하는 신경가소성이란 뇌의 특성을 설명하지 못하기 때문이다. 고정되어 있기는 하지만 변화가 가능하며 따라서 의식적인 노력이 있으면 극복할 수 있다는 의미를 담은 Softwired라는 표현이 더 적절하다.

만약 당신이 스트레스를 받고 (공포, 투쟁, 도피 상태라고 알려진) 교감 신경상태에 있다면, 징조를 알아차릴 가능성은 낮다. 버티는 데에 모든 에너지를 쏟고 있기 때문이다. 따라서 스트레스 수준을 관리해 신경계가 안정된 상태를 유지하고 부교감신경 상태(휴식과 소화 상태라고도 불리며 이완된 느낌과 관련된다)에 있도록 노력해야 한다. 신체적, 정신적 자원이 만성적인 스트레스를 처리하는 데 다 사

4장 '감각'은 생각보다 많은 것을 알려준다

용되고 있다면, 사인을 알아차릴 여력이 없을 것이다. 나는 스트레스를 다루고 있을 때의 상태를 '저전력 모드Low-power Mode'라고 부른다. 저전력 모드일 때는 감정 조절, 유연한 사고, 복잡한 문제 해결, 창의적 사고와 같은 뇌의 실행 기능에 접근하기가 힘들다. 게다가 사인에 접근하는 것은 실행 기능, 아니 우리가 기존에 알고 있는 실행 기능보다 한 단계 더 나아간 기능일 수 있다. 나는 우리의 뇌가 우리가 생각하는 것보다 훨씬 더 많은 일을 할 수 있다고 믿기 때문이다.

미주신경 활성화

인식을 강화하고 무의식적인 것을 의식으로 끌어올리는 궁극적인 목표는 생리학적 균형, 즉 항상성을 촉진하는 것이다. 몸의 시스템이 평형 상태에 있으면 스트레스가 감소하고 감정 조절이 잘 되며, 교감신경 상태보다는 부교감신경 상태에 있는 시간이 늘어나기 때문이다.

미주신경을 활성화하는 것은 스트레스와 싸우는 좋은 방법이다. 미주신경은 부교감신경계의 주요 신경으로, 스트레스 상황 이후에 신체를 진정시켜 이완, 소화 및 휴식을 촉진하기 때문이다. 요즘은 미주신경을 활성화하는 의료 기기들까지 있지만, 돈을 들이지 않고 혼자 할 수 있는 쉬운 운동법도 있다.

다음은 스트레스를 줄이는 데 좋은 세 가지 운동이다. 스트레스

가 낮은 것은 사인을 알아차리는 데 좋은 상태를 만드는 데 중요한
요소다.

의식적인 심호흡

의식적인 심호흡은 얕은 호흡, 심장 박동의 증가, 목이나 어깨의 긴장과 같
은 스트레스의 신호를 알아차릴 때마다 하면 좋은 운동이다. 나는 보통 책
상에 앉아 있을 때 이 운동을 하곤 하지만, 편안하게 앉은 자세라면 어떤 곳
이든 상관없다.

1. 코로 깊게 숨을 들이마시고 5초간 참는다.
2. 숨을 내쉬기 전에, 1초 동안 다시 한 번 짧게 숨을 들이쉬고 그 상태로 3초를 참는다.
3. 한숨을 쉬는 것처럼 입으로 6초 동안 천천히 숨을 내쉰다.
4. 이것을 2회 반복한다.

두 번째로 짧게 숨을 들이쉬는(2번) 목적은 첫 들숨을 마쳤을 때 수축된 폐
의 공기주머니를 다시 부풀리기 위함이다. 이렇게 폐의 표면적이 넓어지면
몸이 이산화탄소를 더 효율적으로 배출할 수 있고, 따라서 긴장을 푸는 데
도움이 된다. 이산화탄소의 수치가 증가하면 인간의 경우 걱정이나 불안감
으로 이어질 수 있고 혈압과 심박수를 높일 수 있으며, 동물의 경우 두려움
을 유발할 수 있다.[13] 반면 한숨과 같은 긴 날숨은 심장에 위치한 수용체의

압력을 약간 높여 뇌에 맥박을 늦추라는 신호를 보낸다.

반-도롱뇽 운동

반-도롱뇽 운동 역시 앉은 자세에서 빠르게 할 수 있는 좋은 운동이지만, 서서도 할 수 있다. 도롱뇽 운동이라고 부르는 것은 목이 없는 도롱뇽이 머리를 움직이지 않고 눈을 움직이는 방식을 흉내 내기 때문이다.

1. 몸을 이완시키고 정면을 바라본다.
2. 머리를 움직이지 않고, 최대한 오른쪽 위를 바라보며 숨을 들이쉰다.
3. 눈을 최대한 오른쪽 끝에 고정한 채, 오른쪽 귀를 오른쪽 어깨 쪽으로 움직이고(머리를 돌리는 것이 아니라 오른쪽으로 기울이는 것이다) 숨을 내쉰다. 자연스럽게 침을 삼키거나 숨을 들이쉬고 싶어질 때까지 이 자세를 유지한다.
4. 머리를 원래의 위치로 되돌리고 다시 정면을 바라보며 숨을 내쉰다.
5. 왼쪽도 이 과정을 반복한다.

이 운동의 목적은 미주신경을 자극하는 것이다. 미주신경은 주요 호흡 근육인 횡격막의 일부를 지나기 때문에, 횡격막의 모든 움직임이 이 신경을 자극하며, 이는 다시 부교감신경, 즉 휴식과 소화 반응을 자극한다.

온-도롱뇽 운동

이 운동은 공간이 더 필요하므로, 외부에 있을 때 스트레스에 대한 반응으로 이용하기보다는, 집에서 하는 일과에 포함시키는 것이 좋다.

1. 무릎을 꿇고 양손으로 바닥을 짚은 자세에서, 등과 머리를 일직선으로 유지하고. 시선은 바닥을 향한다.
2. 머리나 몸을 움직이지 않고, 최대한 오른쪽 위를 바라보며 숨을 들이마신다.
3. 반-도롱뇽에서처럼, 오른쪽 귀를 오른쪽 어깨 쪽으로 움직여 머리를 오른쪽으로 기울이고 숨을 내쉰다. 당신의 머리는 수직이 아닌 수평으로만 움직여야 한다.
4. 동시에, 척추가 오른쪽으로 자연스럽게 굽히고, 규칙적으로 숨을 들이마시고 내쉬면서 30초에서 1분 간 자세를 유지한다.
5. 머리와 척추를 다시 중앙으로 되돌리고, 시선도 바닥으로 돌린다.
6. 왼쪽도 이 과정을 반복한다.

이 운동 또한 미주신경을 자극하지만, 당신이 더 많은 신체를 사용하기 때문에 반-도롱뇽보다 더 큰 영향을 미친다.

4장 '감각'은 생각보다 많은 것을 알려준다

후각을 자극해 최적의 뇌를 만들다

—

후각은 의식을 즉시 지금 이 순간으로 데려올 수 있는 감각이며, 우리의 사고방식에 큰 영향을 미칠 수 있다. 앞에서 보았듯이, 우리의 후각은 코 안에 있는 후각 상피라는 조직에 의해 조절되며, 이는 후각 신경을 통해 후각 망울로 신호를 보낸다.

후각 망울은 코 바로 뒤쪽의 뇌에 위치하며, 대부분의 감정이 처리되는 편도체와 대부분의 기억, 특히 장기 기억이 형성되는 해마를 포함하는 변연계와 가깝다. 냄새를 맡을 때, 이들 뇌 영역도 자극을 받으며, 인식되는 냄새와 그에 연관된 기억이나 감정의 맥락에 따라 도파민, 노르아드레날린, 세로토닌과 같은 신경전달물질이 분비된다. 이런 식으로 냄새는 연쇄적인 신경 활동을 자극하면서 신경전달물질 분비와 기분, 행동에 영향을 미친다. 향기가 다른 감각보다 더 오래된 강렬한 감정과 기억을 촉발할 수 있는 이유가 여기에 있다. 흥미롭게도, 후각은 자궁 속에서 완전히 발달하는 유일한 감각이며, 약 10세까지 가장 발달된 감각으로 남아 있게 된다. 잠들어 있거나 혼수상태일 때도 활성화되는 유일한 외수용감각이기도 하다.[14]

후각을 의도적으로 자극하면 건강상의 혜택까지 얻을 수 있다. 예를 들어, 매일 다양한 냄새를 많이 맡을수록, 기억력과 인지 기능의 측면에서 건강하게 나이들 가능성이 높아지는 것으로 드러났다.

연구에 따르면 하룻밤 동안 약간의 후각을 자극하는 것만으로도 노인의 인지 기능과 신경 기능이 최대 226퍼센트까지 개선된다는 것을 보여주었다.[15] 얼마나 놀라운 효과인가! 새로운 냄새를 다양하게 맡는 것은 후각 망울의 뉴런을 더 효과적으로 자극하고, 이는 다시 뇌의 편도체와 해마 영역의 뉴런을 자극해 위에서 언급한 신경전달물질의 분비를 돕는다.

내가 하듯이, 일상에서 에센셜 오일을 사용하는 것은 생산적인 방식으로 후각을 자극할 수 있는 쉬운 방법이다. 단, 뇌-신체 시스템과의 상호작용을 위해서는 품질이 좋은 오일을 선택하는 것이 좋다. 제품은 용도에 따라, 즉 샤워 젤인지, 입욕제인지, 가정용 디퓨저인지, 바르는 형태의 바디 제품인지에 따라 농도가 달라져야 한다. 신뢰할 수 있는 브랜드라면 용도에 따른 적절한 기준을 따를 것이다. 향의 종류에 있어서는, 로즈 에센셜오일이 낙관적인 마음을 가지는 데 좋다. 로즈 에센셜 오일이 행복감을 유발하는 것으로 유명한 신경전달물질, 세로토닌의 분비를 촉진하기 때문이다. 세로토닌은 몽상을 할 때나 마음챙김 활동을 할 때에도 분비되며, 평온함과 기쁨의 감정을 만든다. 기분을 좋게 만드는 화학물질, 엔도르핀의 분비를 자극하는 베르가모트Bergamot 에센셜 오일도 추천한다. 이런 신경전달물질들은 사인을 더 효과적으로 알아차릴 수 있는 최적의 신체 상태를 만드는 뇌 상태를 유도한다.

에센셜 오일을 이용할 수 없는 경우라도, 일상에 후각 자극을 도입할 수 있는 다른 간단한 방법들이 있다.

- 향초를 켠다.
- 인센스를 태운다.
- 공원이나 정원에서 다양한 꽃 냄새를 맡는다.
- 레몬 껍질을 갈아 향을 맡는다.
- 아침에 커피 향을 음미한다.
- 목욕이나 샤워용품의 향을 느낀다.
- 침구류에 뿌려서 숙면을 돕는 필로우 스프레이를 사용한다.
- 요리나 제과할 때의 향을 즐긴다.

이렇게 함으로써, 주변 환경과의 관계를 풍요롭게 만들고, 반복적인 자극을 통해 전반적인 후각을 강화할 수 있다. 이것은 감각을 긍정적으로 자극하는 일이 중요하다는 것을 보여준다. 긍정적인 후각 자극이 신경가소성 성장과 뇌의 변화를 유도하는 데 핵심적인 역할을 하기 때문이다. 이렇게 향상된 뇌의 능력은 건강을 개선하고, 감정을 더 잘 조절하고, 직관을 이용하고, 자신이나 타인과의 관계를 개선하고, 목적을 추구하는 데 활용된다.

느리게 가는 시간을 경험하다

—

시간에 대한 인식의 재조정 역시 감각에 대한 인식을 높여 그 감각을 더 잘 통제하는 경우다. 시간 감각은 주관적이기 때문에, 시간이 얼마나 흘렀는지에 대한 감각을 늦추거나 빠르게 하는 식으로 직접 개입하는 것이 가능하다. 시간이 실제로 얼마나 지났는지에 영향을 줄 수 있다는 말이 아니라 시간이 빨리 혹은 느리게 흐르는 것처럼 느낄 수 있다는 뜻이다. 단조롭고 지루한 때에는 시간이 훨씬 더 느리게 가는 것처럼 느껴지는 반면, 새로운 자극이 많을 때는 시간이 빨리 가는 것처럼 느껴진다.

우리는 "당신이 오랫동안 떠나 있었던 것 같아"라거나 "휴가가 눈 깜짝할 사이에 지나간 것 같아"라는 식의 말을 종종 주고 받는다. 상황이 시간에 대한 감각을 변화시키는 것이다. 로빈은 내가 출장을 많이 다닐 때, 내가 없이 집에서 혼자 보내는 시간이 영원처럼 느껴졌다고 말했다. 반면에 나는 집에 빨리 돌아가기 위해 짧은 기간 동안 가능한 많은 일을 하려고 했다. 이 때문에 매우 바빴던 데다 전혀 다른 환경에 있었던 덕분에 시간이 빨리 가는 것처럼 느꼈다. 정확히 같은 기간이었지만 환경적 단서가 달랐던 우리 둘은 전혀 다른 경험을 했다.

많은 사람이 시간 부족으로 허덕이고, 이것은 스트레스로 이어지곤 한다. 원하는 일을 다 하기 전에 주어진 시간이 끝날까 걱정하는 사람들도 있다. 따라서 시간의 흐름에 대한 인식을 바꾸는 것, 시간을 느리게 인식하는 것은 우리에게 통제감을 주고 스트레스 수준을 낮출 수 있는 방법이 된다. 시간에 대한 주관적인 인식을 더 잘 통제할 수 있다고 느낀다면, 순식간에 지나간다는 느낌 없이 시간

4장 '감각은 생각보다 많은 것을 알려준다

을 자신에게 유리하게 사용할 수 있다. 현재에 더 집중하는 것은 신경계를 조절하는 데 도움이 되며, 이는 스트레스를 줄여 사인에 더 쉽게 접근할 수 있게 해준다.

휴가가 순식간에 지나갔다는 느낌은 어느 정도 당신의 선택에 달려 있다. 예를 들어, 순간에 더 집중한다면 시간의 흐름에 대해 덜 생각하게 될 것이다. 이런 식으로, 당신은 현재에 집중함으로써 시간의 흐름에 대한 모든 부정적인 생각에서 비롯되는 스트레스를 제거할 수 있다. 다음 기법들은 시간에 대한 인식을 전환하는 데 도움을 줄 것이다.

시간에 대한 인식을 전환한다

- 일기는 현재에 집중하고, 삶에서 일어나는 사건들을 음미하며, 지금까지 이룬 일들을 자각하도록 돕는다. 인생이 너무 빠르다거나 정체되어 있는 것처럼 느껴질 때 그 상황을 기록하고, 당신을 침체에 빠지게 하거나 벗어나게 하는 요소들을 파악하려 노력해본다.
- 당신이 감사하는 열 가지를 적거나(다음 '감사의 힘' 참고) 누군가 당신을 위해 해준 일에 대한 감사의 마음을 공유하는 등의 감사 훈련도 현재에 집중하고 순간을 인식하도록 한다.
- 새의 지저귐이나 봄꽃과 같은 작지만 경이로운 자연의 요소들에 주의를 기울이고 세부적인 부분을 알아차리는 것 역시 옥시토신 분비를 촉진하고 시간의 흐름과 자연의 순환에 부합되는 느낌을 주어, 당신이 훨씬 더

큰 무언가의 일부임을 깨닫게 한다. 이런 균형 잡힌 관점은 삶의 속도를 늦추고 중요한 것을 우선하도록 돕는다.

- 앞서 이야기한(127쪽 참조) 미각, 소리, 시각의 감각 명상들도 시간이 멈춘 듯한 느낌과 시간이 느리게 흐르는 감각을 가져다준다.

다시 강조하지만, 객관적인 시간을 바꿀 수 있다고 말하는 것이 아니다. 초침은 언제나 같은 속도로 움직일 것이다. 내가 진정으로 하고 싶은 것은 당신이 단조로움에서 벗어나고 스트레스를 덜어내도록 돕는 것이다. 이것은 시간의 질에 관한 문제이기도 하다. 당신은 자신에게 정말 중요한 것을 우선해야 한다.

감사의 힘

인생 전체라는 큰 그림에서는 감사의 힘이 그리 큰일처럼 보이지 않을 수 있지만, 사실 감사는 우리의 행복에 있어서 핵심적으로 작용한다. 감사의 마음으로 증가한 옥시토신은 기쁨과 신뢰의 감정(기분 좋은 상태)으로 이어져 코르티솔로 인한 조급한 느낌을 줄여준다. 나는 오랫동안 감사를 실천해왔다. 감사를 실천하는 것이야말로 스트레스를 받거나 부정적인 생각에 빠질 때, 나를 거기서 벗어나게 해주는 가장 빠른 방법이다. 악순환에 휩쓸렸을 때는 감사를 실천하는 것에 대해 생각하기가 쉽지 않다. 이 때문에 나는 이것을 더 빨리 떠올리도록 훈련했다.

감사를 시작하는 가장 좋고 쉬운 방법은 감사하다고 생각하는 열 가지를 일

4장 '감각'은 생각보다 많은 것을 알려준다

기에 적는 것이다. 이후 더 능숙해지면, 옥시토신이 필요하다고 느껴지는 순간에 마음속으로 할 수 있게 된다. 나는 열 가지가 가장 적절하다고 생각한다. 처음 다섯 가지는 상당히 쉽게 떠오르기 때문이다. 평소에는 인식하지 못했던 감사한 일을 생각하게 되고, 나머지 다섯 가지를 쓸 때 더 다양한 일에 감사함을 느끼게 된다.

감사 일기 덕분에 내가 주로 외부적인 것에만 집중하고 있다는 것을 깨달았을 때, 전환점이 되었다. 이후 나는 나의 회복력과 창의성과 같은 내면적이고 개인적인 자질들에 감사하기 시작했고 이로써 나는 삶의 도전에 대처하는 데 필요한 모든 능력이 나에게 있다는 확신을 가지게 되었다. 주로 외부적인 것에 대한 감사에만 집중하는 것은 자연스러운 경향이다. 하지만 그렇게 하면 통제할 수 없는 외부의 것들에 의존하고 있다는 생각에 오히려 무력감을 느끼게 될 수 있다.

균형 감각을 개선하다

—

로빈이 세상을 떠난 후 몇 달 동안 매일 많은 사람이 나를 찾아왔다. 수많은 방문자를 받으며 나는 대단히 많은 사람이 신발을 신거나 벗을 때 어딘가에 걸터앉거나 벽에 기대야 한다는 것을 발견했다. 그 이유 중에는 나이가 있었지만, 예외도 있었다. 나이가 많은데도 몸이 건강하고 유연한 사람들이 있었던 것이다. 그 차이를 발견한 이후로 "아무것도 붙잡지 않고 선 채로 신발을 신을 수 있도록 스스로 노력해야겠어. 그것이 건강하게 나이가 든다는 지표인 것 같아"라고 생각했던 것이 기억난다.

이탈리아의 사르데냐 섬이나 일본과 같이 100세 이상의 노인들이 많이 사는 블루존Blue Zones에 대한 연구에서 가파른 언덕을 오르거나 바닥에 쪼그려 앉는 사람들은 더 강한 다리 근육을 가지고 있으며, 노인 사망과 질병의 주요 원인인 낙상을 겪을 가능성이 적다는 것을 발견했다.[16]

신체적으로 잘 나이 들고 있다면, 정신적으로도 잘 나이를 먹고 있을 가능성이 높다. 또한 신체적으로 더 건강하고, 강하며, 회복력이 있다면 더 독립적이고, 유능하고, 낙관적인 상태를 유지할 수 있다. 앞서 말했듯이, 당신의 정신 능력, 감정 조절, 영적 연결 등 모든 것이 신체에서 비롯된다. 신체가 건강하지 못하다면 누구도 적절하게 기능할 수 없다. 따라서 성공을 위한 신체적 조건을 만들어야 한다. 아래에 소개하는 것과 같은 간단한 운동을 통해 균형감을 향상시킨다면 감각을 단련하고 감각에 집중할 수 있게 되는 경험을 하게 될 것이다. 이는 뇌의 신경가소성 변화를 촉진한 결과로, 다른 감각에 집중하고 감응하는 능력과 의지에도 영향을 미친다. 결과적으로 마음을 더 열고 세상을 더 잘 인식할 수 있다는 신뢰감이 높아지고, 그에 따라 사인을 알아차리는 능력이 강화된다.

균형 감각을 단련하는 가장 간단한 운동은 눈을 감고 한쪽 다리로 최대한 오래 서 있는 것이다.

1. 비틀거리거나 넘어져도 다치지 않을만한 평평하고 탁 트인 공간을 찾는다. 균형감에 자신이 없다면, 필요할 때 몸을 지탱할 수 있도록 벽이나 의자 가까이에 서거나, 도와줄 사람과 함께한다.
2. 두 발을 약간 벌리고 똑바로 선다.
3. 손은 몸 옆에 자연스럽게 늘어뜨리거나 가슴 앞에서 합장 자세로 모은다.
4. 왼발을 들어 올리고 무릎을 구부린 후 균형을 잡는다.
5. 눈을 감고 가능한 한 오랫동안 자세를 유지한다.
6. 반대쪽으로 반복한다.

처음에는 많이 흔들리겠지만, 매일 한다면 점점 더 안정감을 느끼고 훨씬 더 오래 균형을 잡을 수 있게 된다.

　우리는 스스로의 몸을 당연하게 여기며, 그것들이 얼마나 놀라운지 쉽게 잊는다. 우리의 감각 시스템이 우리가 생각하는 것보다 훨씬 더 복잡하다는 사실이 이것을 잘 보여준다. 이 사실을 인정한다면, 우리는 자신의 능력에 대해 마음을 열 수 있을 뿐 아니라, 사인을 알아차리고 활용하는 능력도 커질 것이다.

눈, 귀, 기타 사용할 수 있는 다른 모든 감각에 집중하는 것은 세상과 그 안에서의 자신의 위치에 대한 인식을 확장하는 데 도움이 된다. 더 나아가, 자신의 감각, 즉 자신의 몸과 더 많이 접촉한다면, 신체적, 정신적 건강을 지킬 가능성이 높아지고, 일상생활의 소음과 스트레스를 보다 쉽게 가라앉힐 수 있게 될 것이다. 이로써 당신이 중요한 것에 집중할 수 있는 적절한 조건을 만들 수 있다. 이것은 직관에 접근하고 주어지는 사인을 더 효과적으로 해석할 수 있는 기반이다. 이 모든 것은 신체에서 시작되며, 당신이 모든 종류의 사인을 받고 해석할 수 있는 감각적인 존재라는 사실을 받아들이는 데에서 시작된다.

5장

'직관'의 힘을
높이는 법

2015년 12월, 나는 잡지에서 "기쁨은 불현듯 찾아온다"라는 광고를 보고 내 인생에서 가장 의미 있는 액션 보드를 만들었다. 보통은 액션 보드에 글을 넣지 않지만, 왜인지 이 문장에는 끌림이 느껴져서 액션 보드에도 기입했다. 2016년 2월 초, 나는 비행기에서 로빈을 처음 만났다. 그리고 2월 말, 일기에 무한대 기호(∞)를 세 번 보게 된다면, 결혼할 사람을 이미 만났다는 의미로 받아들이겠다고 적었다. 우리는 그로부터 세 달 후에야 사귀기 시작했기 때문에 나는 결혼할 사람이 로빈일 것이라고는 단 한 순간도 생각하지 않았다. 교제 중일 때에야 그 일을 떠올리고 의미를 깨달았다. 내가 무한대 기호를 선택한 것은 마침 눈에 띤 광고 속의 버진Virgin 로고가 비대칭인 무한대 기호처럼 보였기 때문이다(영국 기업 버진 그룹의 브랜드 중 하나인 버진 미디어가 무한대 기호를 사용한다. TV·인터넷·전화 같은 통신 네트워크 상품을 판매해 일상에서 로고를 쉽게 볼 수 있다─편집자). 곧, 나는 첫 번째 기호를 보았다. 그것은 포장도로에 8자 모양으로 놓인 고무줄이었다. 이후 나는 콘퍼런스에서 연설을 하기 위해 이스탄불로 갔다가 다른 연설자가 무한대 기호가 새겨진 결혼 반지를 끼고 있는 것을 보았다. 기호가 너무 작아서 거의 놓칠 뻔했다. 그로부터 얼마 지나지 않아 지하철에 앉아 있는데, 내 앞에 선 한 소녀의 운동화와 청바지 사이의 작은 틈으로 그녀의 발목에 새겨진 무한대 기호 문신이 드러났다. 나는 이 모든 것을 기록하고 내 미래가 어떻게 펼쳐질지 기다렸다. 로빈과 나는 그해 말 약혼했다. 그때의 나는 사인에 대해 전혀 몰랐다. 나는 남편이 될 사람을 이미 만났다는 강한 직관을 확인해줄 무언가를 요청했을 뿐이었다.

하지만 나는 이미 액션 보드에 예상치 못한 일을 위한 여백을 남겨두는 단계로 발전해 있는 상태였다. 내가 아직 이해하지 못하는 성취가 있을 수 있고 나 자신의 이성적 사고에만 갇히는 것을 원치 않았기 때문이다. 이때부터 모든 것을 통제하고 계획하는 것이 불가능하다는 것을 깨닫기 시작했다.

삶에서 일어나는 일에 영향을 미치는 또 다른 힘이 실제로 존재하며, 우리는 그것에 접근할 수 있다. 나는 이미 내 직관을 해석하고 인도할 사인들을 찾고 있었던 것이다. 지금 와서 생각해보면 그 광고와 무한대 기호들은 내 의도와 일치하는 사인이었다. 내 액션 보드에는 이미 약혼반지 사진이 있었기 때문이다. 만약 내가 애초에 내 직관과 조화되어 있지 않았다면, 로빈이 내 쌍둥이 영혼이라는 사인들을 놓쳤을지도 모른다.

2장에는, 직관이 저평가되었지만 중요한 지혜의 원천이라는 것을 살펴보았다. 우리가 주어진 모든 의사결정 도구를 사용하는 측면에서 그리고 사인에 마음을 열어두고 사인이 도착했을 때 이해하는 측면에서도 말이다. 이번에는 직관이 어디에 있는지 그리고 당신이 직관의 물리적, 감각적 측면을 이해하는 것이 왜 그렇게 중요한지 좀 더 깊이 탐구하려 한다. 이런 이해를 통해 직관에 더 쉽게 접근할 수 있기 때문이다. 직관이 들려주는 말에 자신을 열어둔다면, 당신이 어떤 사인을 받게 될지, 그것들이 당신을 어디로 이끌지는 누구도 알 수 없는 일이다. 이 장에서는 당신이 이 위대한 지혜의 원천에 접근해 사인을 더 잘 알아차리고 해석하는 데 도움을 주는 방법을 살펴볼 것이다.

직관은 어디에서 오는가

—

내게 있어 직관이란 내가 앞으로 해야 할, 옳은 일이 무엇인지를 머리로 아는 동시에 몸으로 느끼는 것이다. 당신은 아마도 "소름 돋았어", "닭살이 돋았어", "직감적으로 알았어"와 같은 표현을 사용한 적이 있을 것이다. 슬프거나 예상치 못한 소식을 접하고 위가 조여들거나, 식은땀이 나거나, 등골이 오싹해지는 것과 같은 본능적인 반응도 겪어보았을 것이다. 그것은 우리가 인지적으로만이 아니라 몸으로도 무언가를 느끼기 때문이다. 우리의 정신과 몸은 함께 작용하기 때문에 둘이 조화를 이룰 때의 직관적 힘은 하나만 있을 때보다 훨씬 크다.

사람들은 때때로 직관을 직감Gut Instinct이라고 부르면서도 여전히 신체적이라기보다는 전적으로 정신적인 과정이라고 여기는듯하다. 그러나 2장에서 말했듯이, 장에 있는 본능이라는 뜻인 Gut Instinct는 직감(직관)을 상당히 적절히 표현하는 말이다. 우리는 무의식적인 기억을 뇌의 가장 원초적인 영역보다도 더 깊이, 척수, 장신경, 어쩌면 근막이나 결합 조직에까지 저장하는 것으로 보이기 때문이다. 이런 것이 당분간은 추측 단계의 가설에 머물겠지만 말이다.[1] 또한, 우리의 가장 큰 장기인 피부는 단지 우리 몸의 물리적 경계일 뿐만 아니라 우리의 정신 상태와도 연결되어 있어서 심리와도 깊은 관련이 있다. 이를 연구하는 학문 분야를 심리피부학Psychodermatology이라고 부른다. 따라서 심리적인 문제가 발진 등의 피부 문제로 나타날 수 있는 것처럼, 피부에 털이 곤두서는 것 역시 직관에서 오는 긍정적인 신호일 수 있다.

몸에 체화된 지혜의 저장소에 접근해 그것을 뇌의 사고와 함께 활용할 수 있게 된다면, 그것은 머리로만 생각하는 것보다 훨씬 큰 힘을 낼 것이다.

트라우마가 신체에 미치는 영향에 대한 연구가 그 근거를 보여준다. 베셀 반 데어 콜크는 그의 대표적인 저서 『몸은 기억한다』에서 이 주제를 다룬 수년간의 연구에 대해 설명하며, 트라우마가 정신뿐 아니라 육체에도 흔적을 남긴다고 말한다.[2] 나는 로빈이 죽고 1년

쯤 지났을 때 육체와 정신의 깊은 연결을 직접 경험했다. 로빈이 세상을 떠난 후 나는 한동안 힘들었지만 이후에는 안정을 찾았다. 다만 그의 1주기인 10월 26일이 다가오고 있었기 때문에 정신적으로 무너지지 않도록 대비하고 있었다. 그런데 10월 4일부터 전신이 심하게 아팠다. 도무지 이유를 알 수 없었다. 육체적인 고통은 6~7주 동안 지속되었고 깊은 우울감을 동반했다. 휴대폰 달력을 살펴보니 그에게 남은 시간이 몇 주 뿐이라는 것을 알고 마지막을 위해 로빈을 집으로 데려온 것이 2021년 10월 4일이었다. 아팠을 때의 나는 비록 그를 집으로 데려온 날이라는 걸 기억하지는 못했지만, 엄청난 스트레스를 받고 가슴이 아팠던 날이었기 때문에, 몸이 그것을 기억했고 이 모든 통증이 나타난 것임을 깨달았다. 근육에 긴장이 쌓이는 것을 방치해 두면서 내 슬픔의 육체적인 측면을 충분히 해소하지 못했기 때문에 10월 4일부터 그런 통증을 느낀 것이다. 지금의 나는 그 통증이 내 트라우마가 표면으로 부상해 결국 내 몸을 떠나는 과정이었을지도 모른다고 생각한다.

정신과 육체는 양방향으로 작용한다. 정신이 생리적 효과를 만들어내듯이, 신체의 물리적 감각과 움직임도 정신에 영향을 미칠 수 있다. 반 데어 콜크의 연구가 몸속 트라우마를 소마틱 치료법으로 해소할 수 있음을 보여주는 것도 이런 이유에서다.[3] 소마틱Somatic 이란 '살아있는 신체의'라는 뜻이며 정신-육체의 상호작용과 관련된다. 따라서 소마틱 치료는 말보다는 신체적인 행위에 초점을 맞추는 기법이다. 예를 들어, 외상 후 스트레스 장애는 대화 치료와 같은 정신적인 접근법만으로는 효과적으로 해결되지 않는다. 몸속의 트라우마를 처리하지 않으니 말이다. 심인성 증상Psychosomatic symptoms(불안과 걱정으로 인해 발생하는 신체 증상)과는 달리, 이런 트라우마는 반드시 신체적인 증상으로 발현되는 것은 아니지만, 신체적인 요소 없이는 완전히 치료되지 않는다.

유명한 의사 가보르 마테Gabor Maté는 한 인터뷰에서 이 점을 강조했다. 그는 "생리학적으로, 정신과 육체는 분리할 수 없다. 우리의 감정 회로, 면역체계, 호르몬 기관, 신경계는 사실 하나의 시스템이다. 따라서 감정적인 일이 일어날 때, 거기에는 당연히 생리적인 영향이 따른다"라고 말했다. 이후 그는 부모가 스트레스를 많이 받는 경우 자녀가 천식에 걸릴 가능성이 훨씬 높고, 심각한 외상 후 장애를 경험하는 여성들은 난소암 위험이 두 배로 증가하며, 자녀를 잃은 부모는 (자녀가 성인일지라도) 골수암과 혈액암의 위험이 더 높다는 등의 여러 가지 예를 들었다. 그는 이것이 이미 오래전부터 알려진 사실이었다고 설명했다. "2,400년 전에 그리스 철학자 소크라테스는 오늘날 의사들의 문제는 정신과 육체를 분리한다는 것이라고 말했다."[4]

나는 반 데어 콜크의 이론이 더 확장될 수 있다고 믿는다. 트라우마가 몸에 저장될 수 있는 것처럼, 치유와 직관적인 지침에 이를 수 있는 지혜와 지식 역시 몸에 저장될 수 있다고 말이다. 전작인 『부의 원천』에서, 나는 일기를 쓰는 것이 과거 내 직관에 접근하고 그것을 다듬는 주요한 방법이었다고 설명했다. 하지만 나는 이런 머리로 하는 접근법만으로는 한계가 있다는 것을 깨닫게 되었다. 대안적인 트라우마 접근법에 대한 연구는 대화 치료나 일기와는 다른 방식으로 당신에게 감정의 해방, 치유, 직관적 통찰을 제공하는 여러 형태의 신체 심리학이나 소마틱 치료법이 있다는 것을 보여 준다.[5] 여기에는 다음과 같은 것들이 포함된다.

- 두개천골요법Craniosacral Therapy
- 정골요법Osteopathy
- 침술과 지압
- 신체 재정렬 요법Dody Realignment Therapy
- 반사 요법Reflexology
- 태극권 또는 기공

나는 이들 신체 요법이 몸에 저장된 지혜와 깊은 기억, 즉 우리 직관에 정보를 제공하는 원천에 접근하려면 움직임과 신체 활동이 필요하다는 점을 보여준다고 생각한다. 몸에 저장된 지혜를 정신과 결합하면, 둘 중 어느 하나만으로 가능한 것보다 훨씬 더 강력한 무언가를 불러일으킬 수 있다. 둘 중 하나를 희생시키는 대신 둘을 결합해, 각각의 단순한 합보다 더 창의적인 해법을 만들어 내는 것처럼 말이다. 그것은 기존의 접근법과 다른 통합적인 접근법이다.

직관에 접근하는 실질적인 방법

—

다음 제안하는 직관 훈련들을 해보면, 직관 훈련을 시도하기 전에 신체적인 활동을 하라고 제안한 이유를 알게 될 것이다. 다음에 이어지는 모든 훈련에 신체적, 정신적, 감정적, 영적인 요소가 포함되어 있긴 하지만 말이다. 요가, 춤, 드럼 치기가 좋은 사람도 있을 것이고, 달리기나 수영이 적합한 사람도 있을 것이다. 내가 몇 가지 유익한 운동들을 제안하긴 했지만, 자신에게 가장 잘 맞는 것은 결국 시행착오나 추천을 통해 스스로 찾아야 한다.

물론 몸이 말하는 것을 해석하고 최종 결정을 내리는 데에는 여전히 정신이 필요하지만, 움직임이나 소마틱 활동을 통해 직관적 지식이 담긴 저장소의 자물쇠를 열었다면 이런 일이 훨씬 더 쉬워진다. 신체 활동을 먼저 해서 자신의 몸과 더 깊이 연결되면, 직관에 온전히 접근할 수 있는 최적에 상태에 있게 된다.

신체적 준비

인지 기반의 활동에 앞서 운동, 목욕, 샤워 등 어떤 형태이든 신체 활동을 하는 것이 좋다. 핵심은 두 가지 활동이 다 필요하다는 것이다. 이런 훈련을 일상에 처음 도입할 때라면 특히 더 그렇다. 자기 몸의 연결과 이해가 충분히 이루어진 후라면, 신체 훈련이나 인지 훈련 하나만으로도 직관을 활용할 수 있을 것이다. 하지만, 둘이 결합되었을 때 특별히 강한 힘이 생긴다. 요가는 당신의 몸과 정신을 동기화하는 데 가장 좋은 활동이므로, 거기에서 시작해보기로 하자.

요가

삶의 신체적, 정신적, 감정적, 영적 측면을 다루도록 고안된 요가는 직관에 더 잘 접근할 수 있도록 해준다. 예를 들어, 전통 요가인 아쉬탕가Ashtanga 요가는 정신과 몸의 합일을 추구한다.

따라서 신체적 이유가 아닌 정신적, 감정적, 영적 이유로 요가의 특정한 자세를 어려워하는 사람이 있는 것도 이상한 일은 아니다. 예를 들어, 반 데어 콜크는 어린 시절의 트라우마가 있는 사람들이 행복한 아기 자세Ananda balasana를 어려워한다는 것을 발견했다. 통합 건강 코치이자 요가 강사인 로지 언더우드Rosie Underwood는 낙타 자세Ustrasana나 바퀴 자세Chakrasana와 같이 뒤로 젖히는 자세에서 사람들이 보통 두 가지 반응을 보인다고 말한다. 하나는 기분이 고조되고, 마음이 열리며, 세상을 다 가질 수 있을 것 같은 행복감Euphoria이고, 다른 하나는 노출되고 지지받지 못한다고 느끼는 취약함Vulnerability이다. 취약함을 느끼는 것은 매우 원초적인 반응이다. 우리의 옛 조상들은 야생에서 이런 식으로 가슴을 노출해 적의 공격에 취약해지는 자세를 취하지 않았을 것이기 때문이다. 사는 동안 가슴앓이나 역경을 많이 경험한 경우에도 심장을 보호하려는 무의식적인 욕구가 있을 것이기 때문에 가슴을 젖히는 자세가 어려울 수 있다. 뇌와 심장이 조화되지 못해서, 머리와 가슴이 원하는 것이 다를 때 역시, 뒤로 젖히는 자세를 어렵게 느낄 것이다.

비둘기 자세Kapotasana와 같이 고관절을 여는 자세 역시 감정적이고 정신적인 관점에서 꽤 어려울 수 있다. 우리의 원초적 본능은 예측하고 예방하도록 프로그램되어 있지만 실제로 우리는 대단히 불확실한 세상에 살고 있으므로 갈등이 있을 수밖에 없다. 고관절이 뻣뻣하고 고관절 열기 자세를 힘들어하는 사람들은 정신이 너무 많은 예측과 예방을 하느라 과부하 상태에 있는 것이다. 다시 말해 그들의 뇌는 본질적으로 불확실한 세상 속에서 통제력을 발휘하고 확실성을 얻으려고 노력하느라 지쳐 있다. 고관절 열기 자세를 끈기 있게 연습한다면 미지의 것에 저항하지 않고 받아들이며 삶의 아름다운 신비 속에서 기쁨을 찾는 법을 배울 수 있다. 이것이 로지가 고관절 열기 자세를 할 때 사람들이 우는 것을 자주 발견하게 되는 이유일 것이다. 모든 것을 통제할 수 없다는 것을 갑자기 깨닫게 되고, 이것이 엄청난 정신적, 정서적 해방감으로 이어지기 때문이다. 반대로 말하자면, 고관절이 뻣뻣해서 열리지 않는 것은 의식적이든 아니든 정신에 통제를 가하려고 하기 때문이다. 즉, 뻣뻣한 고관절은 통제적 행동, 완벽주의, 심지어 나르시시즘을 보여주는 지표일 수도 있다. 긴장하고 있는 신체 부위를 파악하고 그것을 풀어주는 일이 중요한 것도 그런 이유에서다. 요가를 할 때는 이런 점에

주의를 기울여서 힘든 자세가 어떤 것인지 생각해보고 그것이 어떤 의미일 수 있는지 일기에 기록하라.

춤

몸과의 연결을 강화하고 직관을 해방시키기 위해 내가 추천하는 또 다른 근본적인 신체 수련법은 춤이다. 1970년대에 가브리엘 로스Gabrielle Roth가 개발한 파이브리듬스5Rhythms가 좋은 예다. 그녀의 철학은 모든 것이 에너지로 이루어져 있으며, 이는 파도, 패턴, 리듬으로 특징지어진다는 것이다. 따라서 신체적 움직임, 특히 춤은 몸의 긴장을 덜고 마음을 진정시키는 데 도움을 줄 수 있으며, 거의 신체적 형태의 명상에 가깝다. 보통 '흐름Flowing', '스타카토 Staccato', '혼돈Chaos', '서정Lyrical', '고요Stillness'의 다섯 가지 순서로 이루어진다.

파이브리듬스는 지도법을 아는 사람이 이끄는 수업에서 실행하는 것이 좋다. 혼자 비슷하게 해보고 싶은 사람에게라면 내가 체화 리더십Embodied Leadership 과정에서 경험해본 고대 중국의 오행, 불, 물, 나무, 금속, 흙을 주제로 한 춤을 추천한다. 신체적 요소와 정신적 요소를 통합하는 좋은 방법으로, 누구나 집에서 혼자 해볼 수 있다. 망설임만 극복한다면 익숙한 영역에서 벗어나게 하는 이 활동의 이점을 느낄 수 있을 것이다.

목표는 당신이 그 물질인 것처럼 몸을 움직이는 것이다. 정해진

동작이 없기 때문에 전적으로 각자의 해석에 달려 있다. 예를 들어, "내가 공기로 만들어졌다면, 어떻게 움직일까?"라고 생각하고 움직이기만 하면 된다. 흥미롭게도, 다섯 가지 요소 중에는 다른 요소보다 더 쉽게 해석되는 요소들이 있는 것이 보통이다. 이것은 그 사람이 현재 겪고 있는 정신적, 신체적 문제가 무엇인지에 대한 단서가 될 수 있다. 예를 들어, 나무보다 공기가 더 어렵게 느껴진다면, 이는 당신이 현재 약간 경직되어 있고 갇혀있거나, 무언가가 당신의 자유를 제한하고 있다는 것을 의미할 수 있다. 이런 식으로, 몸은 당신이 겪고 있을지 모를 문제에 대한 직관적인 통찰을 드러내며, 이 같은 통찰을 일기에 기록해둔다면 앞으로 나아가기 위해 해야 할 일이 무엇인지 알아낼 수 있다.

감사 바디 스캔

앞서 인지적인 방식으로 직관에 접근하기 전에 할 수 있는 활동으로 요가, 춤, 신체 운동, 목욕, 샤워 등을 제안했지만, 내가 특히 좋아하는 것은 감사 바디 스캔Gratitude Body Scan 활동이다. 이것은 언제든지 할 수 있는 바디 스캔의 한 형태이지만, 나는 샤워 중에 하는 것이 좋다고 생각한다. 진행하는 동안 실제로 몸의 여러 부분을 만질 수 있기 때문이다.

1. 머리 꼭대기를 만지는 것부터 시작해서 점차 몸 아래로 내려간다.
2. 만지고 있는 부위의 이름을 소리 내어 말한다.

2부 사인에 마음을 열다

3. 그 부위에 대해 감사하게 생각하는 점을 이야기한다. 예를 들어, 머리카락이 길고 윤기 있어서 마음에 들 수도 있고, 하루 종일 걷게 다니게 해준 발에 고마움을 느낄 수도 있다.

4. 머리부터 발끝까지 내려가며, 각 신체 부위에 대해 이 과정을 반복한 후, 몸속으로 주의를 돌려 뇌를 비롯한 주요 장기들에게 고마운 점을 이야기한다.

나는 이것이 자신의 몸과 연결되어 있음을 느끼고 몸을 더 잘 이해하는 데 좋은 방법이라고 생각한다. 이 행위를 통해 어떤 신체 부분에 이르러서야 비로소 그곳이 큰 감사를 받아 마땅한 곳임을 깨닫게 되는 경우가 종종 있기 때문이다.

직관 훈련

어떤 형태이든 신체 활동을 한 후에, '7년 후의 나', '펼쳐내기 훈련' 중 하나를 선택한다. 다른 날에도 역시 먼저 신체적 준비를 갖추기 위한 활동을 한 후, 다른 하나의 훈련을 한다.

7년 후의 나

1. 앞에 공간을 일곱 걸음 정도 비워두고 의자에 앉는다.
2. 현재 원하는 것이나 겪고 있는 어려움을 드러내는 질문을 만든다.

5장 '직관'의 힘을 높이는 법

3. 이름, 나이, 입고 있는 옷 등 자신을 소리 내어 묘사한 후, 답이 필요한 질문을 분명하게 말한다.
4. 일어나서 걸음을 세면서 앞으로 일곱 걸음을 걷고, 방금 앉아 있던 의자를 돌아본다.
5. 되돌아보고 있는 사람보다 7살이 더 먹은 자신을 시각화하고, 자신의 이름과 새로운 나이를 다시 말한다. 미래의 자신이 입고 있는 옷을 묘사하는 것도 좋다.
6. "당신의 질문에 대한 답은…"이라고 소리 내어 말한 뒤, 마음에 가장 먼저 떠오르는 것을 말한다.
7. 직관에서 비롯된 당신의 답에서 현재의 당신에게 필요한 것에 대한 신선한 통찰을 얻게 될 것이다.

나는 이 활동을 통해 큰 효과를 보았으며 많은 친구에게 추천하기도 했다. 이 활동은 억눌린 감정을 해방시키기 때문에 눈물을 흘리게 될 수도 있다. 이것은 우리의 정신과 몸이 얼마나 밀접하게 연결되어 있는지 보여주는 또 다른 좋은 예다. 사실, 눈물을 통해 코르티솔이 배출되기 때문에 우는 것은 상당히 효과적인 스트레스 해소제가 될 수 있다. 따라서 눈물을 억누르려 해서는 안 된다. 울음으로 몸에서 감정을 신체적으로 풀어내는 것에는 분명한 이점들이 있다.

펼쳐내기 훈련 The Unfurling Exercise은 뇌뿐 아니라 자신의 존재 전체가 지닌 정보에 접근하는 데 도움을 주는 간단하고 효과적인 활동이다.

1. 스스로에게 질문을 던지거나 내려야 할 결정에 대해 생각한다.

2. 심호흡을 다섯 번 하고, 머리에 손을 얹은 뒤 논리적인 답을 요청하고 그것이 떠오르기를 기다린다.

3. 심호흡을 다섯 번 더 하고, 가슴에 손을 얹은 뒤 감정적인 답을 요청하고 그것이 떠오르기를 기다린다.

4. 마지막으로 심호흡을 다섯 번하고, 배에 손을 얹고 직관적인 답을 요청하고 그것이 떠오르기를 기다린다.

각 단계에서 가장 먼저 떠오르는 것에 어떤 식으로든 중요한 의미가 있다고 믿는다면, 어떤 답이 최선의 선택인지 결정할 수 있을 것이다. 이렇게 나온 세 가지 선택을 통합하는 것이 가장 좋은 방법일 수도 있다. 이 활동이 본질적으로는 인지 중심적이지만 신체적인 요소가 있다는 부분에 주목해야 한다. 이것은 지식은 뇌뿐만 아니라 몸에도 담겨 있다는 것을 기반으로 하는 활동이며 둘을 함께 활용하는 좋은 사례이기 때문이다.

'뇌-장-미생물군'의 삼자 구조

지금까지 직관에 효과적으로 접근하고 그것을 삶 속에서 더 잘 활용하기 위해서는, 주로 움직임을 통해 당신의 몸속 지혜 저장소의 문을 열어야 한다는 것을 살펴보았다. 그렇다면 직관이 장에 담겨 있다는 생각은 어떨까? 정말 근거가 있는 생각일까? 최근 몇 년 동안, 연구자들은 Gut Instinct이 단순한 비유가 아니며, 직관이 실제로 장과 뇌 사이의 양방향 연결과 관련되어 있다는 새로운 증거를 발견했다. 신경생물학적 연구들에 따르면, 이 복잡한 커뮤니케이션 시스템은 위장관胃腸管(위와 장을 모두 포함하는 소화기관을 뜻한다-편집자)의 항상성과 소화를 적절히 유지할 뿐만 아니라, 동기 부여와 직관적 의사결정을 비롯한 고등 인지 기능과 같은 것들에도 영향을 미칠 가능성이 있다.[6] 사실, 이 연결은 '뇌-장-장내 미생물군' 이렇게 삼자 구조다. 장내 미생물군은 당신이 먹는 것, 당신이 사는 곳, 당신의 유전적 구성에 따라 달라지는 수백 종 박테리아로 이루어진 수조 개의 미생물이다.[7] 따라서 장내 미생물군은 사람마다 다르지만, 자연 분만과 모유 수유가 미생물군의 초기 형성에 영향을 주는 주된 요인이기 때문에 부모, 특히 어머니의 것과 닮아 있다. 최근 몇 년 동안 장내 미생물군이 건강과 웰빙에 미치는 중요성이 명확하게 드러나면서, 제왕절개로 태어난 아기나 어머니가 모유 수유를 할 수 없거나 하지 않기로 선택한 경우의 아기들에게 도움을 주는 여러 보완 방법이 발전했다.[8] 특히 모유 수유를 하는 아이와 더 비슷한 건강한 장내 미생물군이 발달하도록 영아 분유에 프리바이오틱스prebiotics와 프로바이오틱스probiotics를 첨가하는 경우가 흔해졌다(프로바이오틱스는 우리 몸에 유익한 살아있는 미생물을 뜻한다. 대표적인 균으로 유산균이 있다. 프리바이오틱스는 프로바이오틱스의 생장과 활성을 유도하는 성분이다–편집자).[9] 구강이나 피부 같은 곳에도 미생물군이 있지만, 직관과의 연결이라는 목적에서 우리는 장내

장-뇌 연결

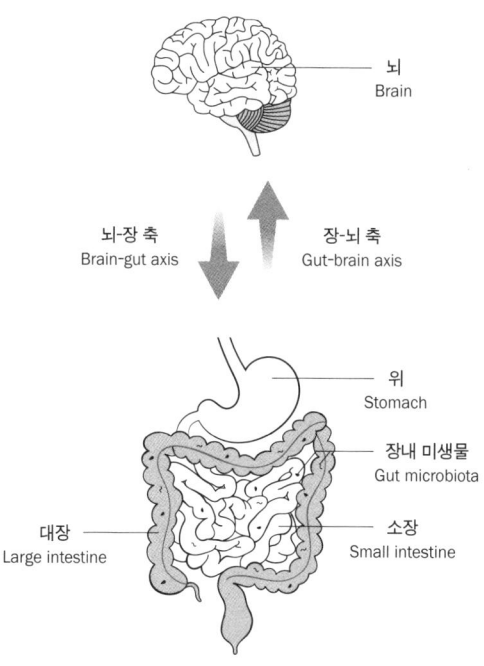

뇌
Brain

뇌-장 축
Brain-gut axis

장-뇌 축
Gut-brain axis

위
Stomach

장내 미생물
Gut microbiota

대장
Large intestine

소장
Small intestine

미생물군에 초점을 맞출 것이다.

　장은 주로 자율신경계의 신경들을 통해 뇌와 연결되어 있는데, 앞서 살펴보았듯이 자율신경계는 교감신경계(공포, 투쟁, 도피)와 부교감신경계(휴식, 소화)로 나뉜다. 미주신경(119쪽 참조)은 장과 뇌를 연결하는 데 가장 큰 역할을 하는 것으로 알려져 있지만, 장 신경계 역시 장을 비롯한 복부의 모든 장기에 신경 신호를 보내며 장과 뇌 사이의 커뮤니케이션에서 한 몫을 한다. 장과 뇌 사이의 정보 전달은 호르몬(예를 들어, 췌장에서 나오는 호르몬)과 사이토카인 메시징 Cytokine Messagin(혈류로 이동하는 면역 화학물질 메시지), 시상하부–뇌하수체–부신 축Hypothalamic–pituitary–adrenal Axis의 호르몬(예를 들어, 코르티솔)을 통해 화학적으로도 이루어지는데, 이 축은 신경내분비 시스템의 핵심 요소로 소화, 면역 반응, 스트레스 조절 등 여러 가지를 통제하는 데 관여한다.

　장이 제2의 뇌라고 불리곤 하는 것은 아마 이런 이유에서일 것이다. 위장관계와 복부 장기 전체에 걸쳐 거대한 신경망이 존재하며 일부 신경전달 물질이 생성되기 때문이다.[10]

염증과 브레인포그

　몸의 어떤 부분도 개별적으로는 작동할 수 없기 때문에, 위장관계의 기능은 역시 내분비계(호르몬)와 면역체계에 연결되어 있으며, 우리 면역 세포의 70퍼센트는 장에 있다.[11] 위장관의 박테리아는 면역체계를 활성화시킬 수 있고, 필요치 않을 때는 비활성화시킬 수 있는데, 후자의 기능은 불필요한 염증과 자가 면역 질환을 피하는 데 도움을 준다.[12] 이런 상호 연결된 시스템에 염증이 생기거나 균형이 깨지고, 장이 건강하게 기능하지 않을 때는 직관에 접근하는 능력이 약해지고 자신을 생각과 판단을 신뢰하기 힘든 느낌이 들 수 있다. 많은 사람이 경험하는 이런 느낌은 종종 '브레인 포그Brain Fog'라고 불린다.

염증이 장-뇌 축을 교란하고,[13] 신경에 염증을 일으켜 스트레스, 불안, 우울증과 같은 정신적, 감정적 손상으로 이어진다는 것을 뒷받침하는 많은 증거가 있다.[14] 염증, 장-뇌 축 교란, 직관을 연결하는 연구는 많지 않지만, 이런 현상은 직관에서 핵심이 되는 전방 대상 피질을 손상시키거나, 세로토닌 신호 전달을 교란함으로써 간접적으로 발생한다.[15]

따라서 4장에서 보았듯이, 스트레스를 관리하는 것이 정말 중요하다. 스트레스는 코르티솔의 과다 분비를 야기해 면역력을 약화시키고 우리 시스템, 특히 장에 염증을 유발해 직관에 대한 접근을 막기 때문이다. 또한, 염증으로 인한 탈수는 피부, 머리카락을 비롯한 전체 시스템을 건조하게 만들 수 있으며, 높은 수준의 코르티솔이 멜라토닌의 방출을 방해해 수면에까지 영향을 미친다.

이런 염증은 팽만감이나 배변 습관의 변화, 위산 역류, 소화 불량, 불면증, 피부 문제, 피로, 브레인 포그로도 나타날 수 있다. 게다가, 앞서 살펴보았듯이, 여러 가지 감정적, 심리적 문제들이 통증이나 발진과 같은 신체적 증상으로 나타나기 때문에 이런 신호에 주의를 기울이면 의식적으로는 알아차리지 못한 장 내의 문제를 식별할 수 있다.

반대로, 장이 평소만큼 효율적으로 작동하지 못할만한 신체적 원인이 있는 경우에는 기분 역시 비슷한 영향을 받을 수 있으며, 악순환을 일으키며 눈덩이처럼 불어나 다시 직관에 해를 끼치기 쉽다. 장관腸管은 세포로 이루어진 투과성 장벽으로 덮여 있어 영양분은 흡수하면서 병원균과 식품 매개 항원은 차단한다. 이 장벽은 이런 식으로 위장 시스템의 항상성에 중요한 역할을 하며, 이 균형이 무너지면 염증성 장 질환으로 이어질 수 있다.[16] 이것은 장이 제대로 작동할 때처럼 영양분을 잘 흡수할 수 없고 뇌로 가는 혈액 공급이 최적의 방식으로 에너지를 공급하지 못한다는 것을 의미한다. 그 결과, 뇌는 가지고 있는 자원을 무슨 일을 하는 데 배분해야 할지 다시 생각한다. 이렇게 뇌는 '저전력 모드'에 돌입한다. 생존에 절대적으로 필요한 것들을 위해 자원을 아끼는 것이다. 따라서 기분이 저조해질 수 있다. 좋은 기분을 유지하는 것은 생존에 중요하지 않으니 말이다. 감정 조절, 창의성, 직관에 대한 신뢰와 같은 것들은 뇌의 필수 기능들에 의해 우선순위에서 밀려날 것이다. 이것이 장 건강과 장 미생물군을 돌보는 것이 중요한 또 다른 이유다.

따라서 스트레스, 불안, 우울증, 불면증으로 고통 받고 있다면, 그것은 장내 세균총Gut Flora의 균형에 부정적인 영향을 미친다. 마찬가지로 만약 당신이 영양실조이거나 다이어트와 요요를 반복하고

2부 사인에 마음을 열다

있다면, 그것은 당신의 기분, 집중력, 주의력, 기억력에 영향을 미칠 뿐 아니라 직관에 접근하는 능력도 약화시킬 수 있다. 따라서 브레인 포그를 고치는 가장 근본적인 방법은 장을 고치는 것이다.

직관을 위한 장 건강의 최적화

자신의 몸이 필요로 하는 것이 무엇인지 직접 알아낼 수 있다면, 뇌-장-장내 미생물군 시스템을 견고하게 만들 수 있다. 이는 직관을 강화할 기반이 되어, 사인을 알아차리고 해석하는 능력까지 향상시킨다.

좋은 소식은 식단을 바꾸는 것으로 장내 미생물군에 거의 즉각적인 영향을 줄 수 있다는 것이다. 이는 스스로 시작할 수 있는 건강 개입 방법으로 대단히 강력한 것이다. 다음은 장내 미생물군에 주의를 기울여야 한다는 것을 알려주는 몇 가지 명확한 사인들이다.

- 음식 불내증
- 가스와 팽만감
- 배변의 변화
- 불규칙한 배변 습관
- 복통
- 소화 불량
- 위산 역류

- 식욕 변화
- 반복되는 감염이나 질병
- 브레인 포그

이런 변화들 중 어떤 것이라도 나타나는 경우, 혹은 최적의 장 건강을 목표로 하는 경우, 할 수 있는 여러 가지 일들이 있다.✦

건강한 장내 미생물을 만드는 법

- 식물성 식품과 섬유질에 초점을 맞춘 건강하고 균형 잡힌 식단.
- 다양한 식단. 일주일에 과일, 채소, 콩류, 콩과 식물, 허브와 향신료, 통곡물, 견과류, 씨앗을 포함한 서른 가지 식물성 음식을 먹는 것을 목표로 해야 한다.
- 케피어, 김치, 사우어크라우트, 콤부차와 같은 프로바이오틱스 식품.
- 양파, 마늘, 아티초크, 아스파라거스와 같은 프리바이오틱스 섬유질 식품.
- 자신의 문화적 배경에 관련된 식품을 먹는 것. 인도에 뿌리를 둔 나 같은 사람은 코코넛 제품이나 향신료가 좋은 것처럼 그 나라의 제철 농산물을 더 많이 먹는 것이 좋다.

✦ 대변에 피가 비치는 등의 더 심각한 변화가 있을 때는, 가능한 한 빨리 의사와 상담해야 한다.

- 고품질 프로바이오틱스 보충제. 주의를 기울여야 할 균주로는 뇌세포 성장을 촉진하는 것으로 나타난 비피도박테리움 롱검Bifidobacterium Longum과 락토바실러스 브레비스Lactobacillus Brevis, 면역력 증강에 도움이 되는 비피도박테리움 락티스Bifidobacterium Lactis, 염증을 감소시키는 락토바실러스 플란타럼Lactobacillus Plantarum, 코르티솔 수치를 낮추고 숙면을 돕는 락토바실러스 가세리Lactobacillus Gasseri(CP2305)가 있다.[17]
- 충분한 물 마시기.
- 유산소 운동(그 이유는 연구가 더 필요하다).[18]
- 규칙적인 취침과 기상 시간을 수반하는 충분한 수면 시간과 양질의 수면(장내 박테리아도 시차의 영향을 받는다). 미국 국립 수면 재단National Sleep Foundation을 비롯한 전문가들이 권장하는 성인의 수면 시간은 7~9시간이지만, 개인마다 필요한 시간은 다를 수 있다.[19] 필요한 시간보다 긴 수면은 기분 저하로 이어질 수 있고, 체중 증가와 당뇨병 같은 대사 문제를 야기할 수 있다. 자신에게 적당한 수면시간을 알아내려면 주말에 주중에서와 같은 시간에 일어나는지 확인해본다. 만약 그렇다면, 수면이 충분한 것이다. 반면 늦잠을 자거나, 낮잠을 자거나, 주말 내내 잠을 자고 싶다면, 평소 잠이 부족한 것일 가능성이 높다.
- 인지 행동 치료Cognitive Behavioural Therapy, CBT와 같은 일부 심리 치료.[20]

장 박테리아 건강을 위해 피해야 할 것은 다음과 같다.

- 스트레스
- 항생제(불가피할 때가 있기는 하지만)
- 알코올
- 초가공식품
- 훈제 식품
- 인공 감미료
- 과도한 설탕
- 포화 지방과 트랜스 지방

프로바이오틱스

최근 들어 프로바이오틱스는 장 건강을 개선하는 방법으로 인기를 얻고 있지만, 사전 조사 없이 아무것이나 섭취하는 것은 권하지 않는다. 팀 스펙터Tim Spector가 이끄는 영국의 ZOE 프로젝트와 미국의 스라이브Thrive와 같은 프로그램(국내에서는 장내 미생물 검사라고 한다-편집자)은 대변 샘플을 받아 개인의 장내 미생물군 상태에 가장 잘 맞는 프로바이오틱스 균주를 정확히 알아낸다. 또한 프로바이오틱스의 품질도 정말 중요하다. 슈퍼마켓에 가서 일반적인 프로바이오틱 요거트 음료를 사는 것으로는 충분치 않다. 그런 음료 속의 박테리아는 위산에 의해 파괴될 가능성이 매우 높다. 대변 검사를 하거나 음식, 기분, 배변 습관 일지를 일주일 동안 작성해 기본 상태를 파악하는 식으로 이 과정을 자신에게 맞게 최적화하는 것이 좋다. 이후 품질이 좋은 프로바이오틱 보충제를 한 달 동안 먹어보고, 다시 일주일 동안 음식, 기분, 배변 습관 일지를 작성해 보충제를 통한 변화가 있었는지 확인해본다. 변화가 없다면, 자신에게 잘 맞는 것을 찾을 때까지 다른 것을 시도해 볼 수 있다.

아답토젠

스트레스를 줄여 장내 미생물군, 당신의 직관에까지 혜택을 주는 또 다른 전략은 아답토젠Adaptogen 보충제를 복용하는 것이다. 아답토젠은 신체에 해를 입히지 않으면서 스트레스에 대응하고 항상성을 되찾는 데 도움을 주는 식물이나 균류의 활성 성분이다.[21] 스트레스를 낮추고[22] 면역력을 높일 수 있는[23] 아메리카 인삼, 정신과 육체의 에너지를 높이는[24] 아시아 인삼, 항스트레스와 항우울 효과가 있는[25] 홍경천Rhodiola Rosea 등이 있다.

나는 극도의 스트레스를 경험하던 때 아답토젠의 이점을 알게 되었다. 첫 남편과 이혼하고 얼마 지나지 않은데다, 새로운 사업을 시작하며, 살고 있던 나라까지 옮긴 상황이었기 때문에, 내 일상에 쉽게 도입할 수 있는 것이 있는지 조금 알아보았다. 그때 많은 버섯 품종이 아답토젠 특성을 가지고 있다는 것을 알게 되었다. 나는 혼합 버섯 분말 한 봉지를 주문했고, 복용을 시작하자마자 효과를 느꼈다. 아답토젠 특성이 있는 것으로 밝혀진 버섯 품종에는 면역 조절 효과가 있는 영지버섯과[26] 에너지 수준을 높이고 피로를 예방하

는 데 도움이 되는 차가버섯이 있다.[27]

아답토젠이 효과를 내는 메커니즘 중 하나는 적응성 스트레스 반응Adaptive Stress Response 혹은 호르메시스Hormesis라고 불리는 과정이다. 몸이 쉽게 적응할 수 있는 작은 양의 스트레스를 체내에 유입시켜 향후의 스트레스에 대한 회복 탄력성을 점진적으로 높이는 것이다.[28] 아답토젠은 스트레스를 완화하고 그에 따라 염증을 줄여 장내 미생물군을 보호하는 효과를 낸다. 여러 연구가 아답토젠에 예방 효과 외에 반복적으로 겪는 스트레스를 완화하는 효과도 있다는 것을 보여주고 있다. 그 외의 아답토젠으로는 에너지를 증가시키고 염증, 통증, 불안을 줄이기 위해 섭취하는 아슈와간다Ashwagandha가 있다. 2019년에 발표된 연구에 따르면 600mg 용량의 아슈와간다 뿌리 추출물이 스트레스, 불안 척도, 혈청 코르티솔 수치의 측면에서 스트레스 감소에 가장 효과적임을 보여주었다. 250mg 용량도 효과가 있었지만, 높은 용량만큼 강한 효과는 없었다.[29]

직관을 높이는 도구, 타로

—

삶에 더 많은 활동을 통합하고 장 건강을 유지함으로써 직관에 제한 없이 접근할 기반을 마련했다면, 이제는 의식적이고 의도적으로 직관에 의지해 특정한 결정을 내리거나 문제를 헤쳐 나가는 데 도움을 받을 수 있다. 이런 일에는 보조적인 장치나 기법을 사용하는 것이 도움이 된다. 예를 들어, 내가 직관에 접근하는 데 매우 유용하게 생각하는 방법은 타로 카드를 사용하는 것이다. 나는 15세기 이탈리아 카드 게임 타로치Rarocchi(타로치는 이후 타로라는 미래를 점치는 수단으로 발전했다)에 대해 처음 알게 된 후로 타로에 완전히 매료되었다. 하지만, 내가 타로 카드를 사용하는 것은 신비한 힘이 담겨 있다는 느낌 때문이라기보다는 촉매의 한 형태로 내 생각과 느낌을 더 직관적인 방식으로 해석하게 도와준다고 생각하기 때문이다. 신경과학자 시다르트 라마크리슈난Siddharth Ramakrishnan은 저서 『타로의 신경과학The Neuroscience of Tarot』에서 타로 카드를 직관을 연마하는 도구로 사용할 수 있는 이유를 매우 설득력 있게 주장한다.[30]

나는 여러 해 동안 다양한 카드 세트를 수집했다. 타로 카드, 여신 카드, 천사 카드 등 여러 가지 유형의 타로 카드를 사용할 수 있다. 카드를 읽는 데에는 많은 방법이 있지만, 타로에 대해 잘 알지 못해도 다음의 연습법으로 타로 카드를 사용할 수 있다.

타로 카드로 직관에 접근한다

1. 세 번 심호흡을 한 뒤에 카드를 가슴에 대고 마음을 가라앉히면서 지침을 요청한다.
2. 카드를 섞고, 무작위로 세 장을 뽑아 뒷면이 보이도록 나란히 놓는다.

3. 스스로에게 질문을 던지거나 딜레마를 제시한 뒤, 카드를 뒤집어 각 카드에서 답을 구한다. 원한다면 각각의 카드가 과거, 현재, 미래와 관련된 것으로 볼 수 있다.

4. 각 카드에서 떠오르는 것이 무엇인지 주목한다.

5. 대부분의 세트에는 여러 카드의 전통적인 의미를 설명하는 소책자가 따라오지만, 그것들을 문자 그대로 받아들일 필요는 없다. 대신, 삶에서 현재 일어나고 있는 일을 기반으로 자기 나름의 해석을 한다. 가장 중요한 것은 그 카드들이 당신에게 어떤 의미로 다가오는가다.

6. 결과를 일기에 적어 이후에 결실을 보거나 의미가 드러나는지 확인해 본다. 그렇게 함으로써, 자신의 해석과 직관적으로 생각하는 자신의 능력을 신뢰하게 될 것이다.

어떤 사람들에게는 타로 카드를 사용하는 것이 너무 허무맹랑하게 보일 수 있다는 것을 이해한다. 그렇더라도 문제될 것은 없다. 더 자연스럽고 일상적인 방식으로도 여전히 직관에 접근할 수 있으니 말이다. 하지만 직면하고 있는 어떤 질문이나 문제에 새로운 관점을 끌어들이는 좋은 방법이기 때문에 회의적인 입장이더라도 한번 시도해보라고 권하고 싶다. 아직 사인에 접근하는 것이 어렵거나, 과정의 초기 단계에 있다면, 타로 카드가 직관에 접근하고 사인을 알아차리도록 마음의 문을 여는 좋은 방법이 될 수 있다.

일단 직관이 무엇인지 이해하고, 그것이 정신적인 과정에 그치지 않고 신체적인 과정이기도 하다는 것을 충분히 인식하게 되면, 신체 활동을 통해, 장내 미생물군을 잘 돌봄으로써 직관에 접근하는 능력을 극대화할 수 있다. 감각과 더 잘 조화를 이루어 세상을 더 잘 인식하게 되면, 이를 한 단계 더 끌어올려 사인을 잘 활용할 수 있는 최적의 조건을 만들 수 있다. 다음 장에서 다룰 이 일은 창의성과 더 나은 연결을 구축하는 데에서 시작된다.

6장

'창의성'은
정신력을
확장시킨다

코로나19 팬데믹 기간 동안의 격리 생활과 로빈의 죽음 이후, 내가 처음으로 밀폐된 공간에서 많은 청중과 함께한 일은 발레 공연을 본 것이었다. 너무 오랫동안 혼자 고립되어 있었고 건강에 대한 불안이 컸기 때문에 무척 긴장이 되었지만, 한편으로는 그럴 만한 가치가 있는 경험이 되기를 바라는 마음도 있었다. 공연이 시작되자 아름다움에 압도된 나는 눈물을 흘리기 시작했다. 발레는 내 영혼에 말을 거는 듯했다.

나는 전부터 발레를 좋아했고, 평생 극장이라는 공간에 끌림을 느꼈다. 내가 울었던 것은 다시 극장을 찾아 아름다운 발레 공연을 보는 동안 큰 기쁨과 경이로움이 나를 가득 채웠기 때문이다. 그 경험은 삶이 여전히 살 가치가 있으며, 내가 그 점을 다시 인식하고 내 삶에 다시 행복을 끌어들이는 법을 배우기 위해 할 수 있는 일이 있다는 깨달음을 주었다.

예술, 창의성, 아름다움은 삶에서 사소하거나 중요하지 않은 측면이라고 생각하는 사람들이 많다. 하지만 그것은 완전히 틀린 생각이다. 우리가 진화해온 문화를 되돌아보면, 예술, 창의성, 아름다움을 추구하는 것들이 사실은 인간 존재에 뿌리내린 본질적인 측면임을 알 수 있다. 그리고 이제는 과학이 예술과 창의성에 실질적인 정신적, 신체적 이점이 있다는 것을 증명하고 있다.[1] 이 연구 분야는 신경미학Neuroaesthetics이라고 불리며, 예술과 창의성이 우리의 뇌와 신체에 어떻게 영향을 미치는지 그리고 이를 성장과 번영을 돕는 실천법으로 전환할 방법은 없는지에 대한 연구를 아우른다.

이 장에서 우리는 당신의 웰빙과 장수를 위해서뿐만 아니라, 그만큼 중요한 일, 즉 당신의 사고방식과 관점을 바꾸기 위해 예술의 이점을 어떻게 활용할 수 있는지 살펴볼 것이다. 그렇게 함으로써 당신은 인식을 더 예민하게 만들고 창의적인 연결을 형성하도록 정신을 훈련시켜, 의미 있는 신호들을 인지하고 활용할 수 있는 조건을 만들 수 있다.

아름다움은 필수다

—

지금은 예술과 창의성을 두고 '있으면 좋은 것' 정도로 취급하지만, 사실 원시 부족 사회에서는 필수 요소로 여겨졌다. 인류는 예술과 창의성을 주변 세계를 이해하는 방식으로 사용하면서 진화했다.

그것들은 생존에 꼭 필요한 것으로 보이지 않을 수도 있다. 자원이 부족했을 때라면 특히 더 그랬을 것이다. 그런데도 고고학적 기록은 고대 인류가 동굴 벽화, 춤, 콧노래 등의 창의적인 행위를 즐겼다는 것을 보여준다. 그런 행위를 한 정확한 이유는 시간의 안개 속으로 사라져 알 수 없지만, 부족과 환경 사이의 유대감을 형성하고 불확실하고 위험한 세상에 의미를 부여하는 데 도움이 되었기 때문으로 추측된다. 수렵 채집 사회에 대한 연구를 바탕으로 추론하자면, 예를 들어 음악은 사회가 세계를 보다 폭넓게 이해하기 위한 틀을 만드는 핵심적인 방식으로 보인다.[2] 일부 인류학자들은 동굴 벽화가 부족 집단들 사이를 연결시킬 수 있는 종교적 신념의 기록 방식이었으며, 그로써 사회적 결속과 의미 형성에 기여했다고 생각한다.[3]

고대 문화는 신경미학적 관행을 일상에 매우 자연스러운 방식으로 통합했다. 『뇌가 힘들 땐 미술관에 가는 게 좋다』의 저자인 수전 매그새먼Susan Magsamen과 아이비 로스Ivy Ross를 인터뷰했을 때, 그들은 많은 토착 문화에는 '예술'이라는 단어조차 존재하지 않는다고 말해주었다. 노래, 주문, 북치기, 스토리텔링 등의 형태를 띤 예술은 삶과 문화의 중심으로 당연시되었기 때문이다. 토템, 공예품 제작, 의식, 통과 의례 등을 가진 호피Hopi 부족의 다차원적인 문화와 창의성이 그 좋은 예다. 꽃, 깃털, 머리 땋기, 장신구, 바디 페인팅 등을 통해 자신을 꾸미는 일 역시 가장 온전한 형태의 자기표현으로 심미적 행위가 얼마나 중요한지를 잘 보여준다.

하지만 시간이 지나면서 우리는 예술을 반드시 있어야 할 것에서 있으면 좋은 것으로 인식하게 되었다. 예술이야말로 여러 면에서 우리를 인간답게 만드는 것임에도 우리는 그것을 존재의 본질에서 분리해버린 것이다. 인류학자 아구스틴 푸엔테스Agustín Fuentes는 그의 책 『크리에이티브』에서[4] 예술이 선사시대부터 인류에 깊숙이 뿌리를 내리고 있으며 존재에 필수적인 부분이라고, 사실상 예술은 인간을 인간답게 만드는 것이라고 주장한다. 그는 한 인터뷰에서 "우리는 거대한 매머드나 야생 오릭스를 그린 아름다운 동굴 벽화들을 예술이라고 생각한다. 하지만 그것은 4만 년 전밖에 되지 않은 것이다"라고 말했다. 이어서 그는 8만 5천 년 전 남아프리카에서 타조 알껍데기에 조각한 것 그리고 그보다 더 오랜 2만 년, 10만 년 전 조개 목걸이를 착용하고 부서진 황토를 몸에 바른 것 등 더 먼 조상들의 남긴 예술 행위를 설명했다. 그는 이렇게 말을 이었다. "그보다 50만 년 전에는, 아름답고 대칭적이며 미적인 도구들을 만들었다. 일을 하는 데 필요한 것보다 훨씬 아름다운 것들을 말이다."[5]

21세기인 지금은 많은 사람이 이 단순한 사실을, 예술이 인간 본성의 일부라는 것은 인식하지 못하고 있다. 바쁘고 스트레스가 많은 생활 방식 탓에, 스스로를 꾸미지 않고, 꽃을 지나치고도 알아채지 못하거나, 인상적인 건축물을 보고도 멈춰 서서 감상하지 못한다. 그러나 시간을 내 그런 일을 한다면, 그것은 우리가 번성하고 우리의 정신력을 확장하는 데 기여할 것이다.

예술의 놀라운 이점

—

　인류학의 부족 문화에 대한 연구가 보여주듯이, 신경미학 연구는 예술과 창의성이 유익하다는 것을 입증하고 있다. 첫째로, 신경미학은 주변에 가득한 아름다움을 인식하고 바라봤을 때 얻게 되는 이점을 보여준다. 감각이 자극되고 활력을 얻으며, 세상과 그 안에 존재하는 사인들을 알아보는 능력이 강화된다(단, 사인을 받아들일 마음이 있어야 한다). 따라서 아름다운 것을 보는 것에는 이중의 이점이 있다. 한편으로는 아름다운 예술 작품이 우리에게 의미를 가지게 되고, 다른 한편으로는 일반적인 사인들을 보고 활용하는 능력이 향상된다. 나는 이것을 확실히 경험했다.

　신경미학은 아름다운 것을 보는 일 외에도, 스케치, 악기 연주, 시 쓰기 등 창작을 하고 창의적인 활동에 참여하는 일의 이점도 연구한다. 좋은 소식은 이런 신경미학적 실습으로부터 얻는 이점이 실력과 비례하지는 않는다는 점이다. 당신에게 효과만 있다면 잘하든, 못하든 관계없이 창의성을 발휘하는 것만으로 여러 의미 있는 혜택을 얻을 수 있다. 사실, 만들기와 감상 모두에 신경학적 이점이 있다. 직접 창의적인 활동에 참여하는 것은 신경 경로를 활성화하고, 코르티솔을 낮추며, 부교감신경계를 활성화하고, 스트레스를 줄이고, 불안과 충동 조절을 돕고, 회복탄력성을 길러준다.[6] 한편, 연극이나 발레를 보는 것과 같은 감상은 우리가 타인과 조화되는 능력을 강화하고, 공감 능력을 키우고, 시각을 넓힐 뿐 아니라, 뇌를 옥시토신이 분비되는 기쁨과 흥분의 상태로 전환한다.[7]

사망 위험을 낮춘다

수명의 이점도 있다. 한 연구는 연극을 보러 가거나 박물관을 방문하는 등 몇 달에 한 번씩 예술 활동을 하는 사람들의 사망 위험이 그렇지 않은 사람들보다 31퍼센트 낮다는 것을 보여주었다. 한 해에 단 한두 번의 예술 감상만으로도 사망 위험은 14퍼센트 낮아진다.[8] 이 사실은 내게 꽤 큰 놀라움으로 다가왔다. 입장료가 무료인 공공 미술관과 박물관이 많으니, 가능한 자주 이런 종류의 활동을 일상에 통합하려고 노력해야 마땅하다는 것이 내 생각이다.

예술 활동이 사망률 감소로 이어지는 메커니즘은 감사 훈련에서 혜택을 얻을 때와 비슷한 것으로 보인다.[9] 예술 활동은 두려움, 분노, 혐오, 수치심, 슬픔과 공존할 수 없는 기쁨, 사랑, 신뢰, 설렘과 같은 감정을 만들어내며, 이는 코르티솔을 감소를 의미하고 결국 전신에 걸친 염증 감소로 이어지니까 말이다. 염증은 많은 만성 질환의 주된 원인이며 건강과 장수에 심각한 위협을 가한다.[10] 보다 정서적, 영적인 수준에서라면, 예술과 창의성은 자유, 평화, 유대 그리고 궁극적으로 초월의 감정으로 이어진다. 그리고 두려움과 스트레스 없이 사는 것은 더 큰 창의성, 보다 유연한 사고, 문제 해결 능력, 편견의 억제로 연결된다.

정신 건강을 증진시킨다

아름다움과 창의성은 신경학적, 심리학적 과정에만 혜택을 주는 것이 아니다. 예술과 아름다움에는 화학 반응도 뒤따른다. 신체에서 도파민Dopamine, 옥시토신Oxytocin, 세로토닌Serotonin, 엔도르핀Endorphin을 방출하게 하는 것이다. 각각의 앞 글자를 따 DOSE 호르몬이라고도 불리는 이들 호르몬에는 다양한 기능이 있다.

- 도파민: 동기 부여, 목표 설정, 보상 기대와 깊은 관련이 있다. 작은 성취에 이를 때 분비되어 그 일을 계속하고 싶게 만든다.
- 옥시토신: 유대감에 기여하며 기쁨, 설렘, 사랑, 신뢰를 느낄 때 분비된다.
- 세로토닌: 기분, 장기적인 동기 부여, 자신감을 조절한다.
- 엔도르핀: 천연 진통제이자 기분 증진제다.

슬프거나, 우울하거나, 부정적인 감정으로 괴로워하고 있다면, 대화 요법이나 신체 정렬 요법Body Realignment Therapy으로 감정 완화와 치유를 시도해볼 수 있다. 하지만 거기에 예술, 아름다움, 창의성 활동을 추가해 몸속 DOSE 호르몬 분비를 자극하는 것도 좋다. 아름다운 것을 감상하는 일은 뇌를 두려움의 상태(코르티솔)에서 사랑·신뢰의 상태(옥시토신)로 전환시키며, 또한 우리의 자율신경계를 교감신경계에서 부교감신경계 쪽으로 전환해, 흐려져 있던 직관에 접근하고 건전한 위험을 감수하려는 의지를 강화시킨다.

신경가소성을 자극한다

예술과 창의성은 스트레스를 낮출 뿐만 아니라, 뇌의 작동 방식을 긍정적인 방향으로 바꿀 수도 있다. 창의성과 아름다움에 감각 시스템이 자극을 받으면, 뇌가 아름다움과 창의성이 촉진하는 새로운 사고방식에 노출되면서 신경가소성 변화를 일으키고 이로써 새로운 신경 경로가 만들어진다. 따라서 아름다움을 감상하는 일은 반복되는 부정적인 생각으로 생성된 바람직하지 못한 신경 연결을 없애는 좋은 방법이다. 예술과 아름다움은 뇌를 기쁨으로 가득 채울 수 있는 환경을 조성해, 두려움과 의심이 싹틀 여지를 남기지 않는다. 이런 면에서는 긍정적인 확언이나 만트라Mantra(브라만교, 힌두교에서 말하는 신비한 힘이 담긴 단어로, 대표적인 것으로 '옴ॐ'이 있다. 불교 용어로는 진언이라고도 한다—옮긴이)가 도움이 된다. 이런 활동은 기분과 자신감, 사인을 인식하고자 하는 의욕을 북돋울 가능성이 높다.

그러나 2장에서 보았듯이, 우리는 생존에 필수적이지 않은 것들을 자연적으로 걸러내 버린다. 하던 일을 멈추고 아름다운 석양이나 공공장소에 있는 조각을 감상하지 않게 되는 것이다. 생존에 필수적이지 않더라도 그런 것들을 알아차리도록 뇌를 변화시켜야 한다. 그것들이야말로 궁극적으로 당신의 번영을 도울 것들이기 때문이다. 의도적으로 주의를 기울이지 않으면 당신에게 정말 중요한 것을 놓치게 될 수 있다.

수잔과 아이비는 그들의 책,『뇌가 힘들 땐 미술관에 가는 게 좋다』에서 예술 감상이 당신의 현저성 네트워크(63쪽 참조)를 강화하고 미세하게 조율하는 가장 좋은 방법이라고 주장한다. 예술 감상을 통해 아름답거나, 도발적이거나, 놀랍거나, 새로운 것을 더 잘 알아차리고, 이것이 자신에게 어떤 의미인지 이해해, 습관적인 무감각에서 벗어날 가능성이 높아지기 때문이다.[11]

따라서 삶에 새로운 것을 도입하고, 마음을 열고, 호기심을 가지는 것이 좋다. 이런 태도가 인식과 지각을 확장시켜주기 때문이다. 이것은 양방향으로 일어나는 일이다. 마음을 열고 호기심을 가지면 더 많은 아름다움을 알아차릴 것이고, 아름다운 것을 자주 감상하면 새롭고 다양한 자극에 뇌를 노출시키지 않는 사람보다 현저성과 신경가소성이 향상될 것이다. 일상에 예술, 아름다움, 창의성을 통합함으로써, 더 많은 것을 알아차리도록 뇌를 훈련시킬 수 있으며, 이는 결국 당신이 더 예민하게 사인을 알아차리고 해석할 수 있게 만들 것이다.

삶 속의 아름다움을 가꾼다

하루 중에 경외감이나 아름다움을 불러일으킨 것들을 열 가지씩 일기에 적는 도전을 시작해보라. 저녁에 긴장을 풀면서 하기 좋은 루틴이다.

지금 이 순간에 집중하게 만든다

참여하고 있는 예술 활동이나 창의적 활동에 얼마나 능숙한지와 관련 없이 예술과 창의성의 이점을 얻을 수 있다는 점은 나에게 중요한 전환점이었다. 창의적 활동을 하면서 그것이 완벽하리란 기대는커녕, 괜찮은 정도가 될 것이라는 기대조차 하지 않는다면, 이전에는 경험하지 못한 새롭고 좋은 느낌을 받게 될 것이다. 그저 그 자체에서 즐거움을 얻으면 그뿐이다. 일상의 대부분을 성과를 내고, 성취하고, 최고가 되어야 한다는 압박으로 채워진 삶을 살기 때문에, 때로는 순간에 더 집중하고 단지 그 자체가 목적이 되는 일을 하는 것이 좋다. 경외감을 경험할 때, 아름다운 것을 볼 때, 음악에 몰입할 때에도 현재에 집중하고 있는 것이다. 개인적으로 나는 일에서 완벽해야 한다는 압박감을 많이 느낀다. 그래서 썩 잘하는 일이 아니라는 것을 알면서도 키보드를 연주를 즐겨한다. 이런 일은 내 뇌를 평소와는 아주 다른 상태로 만든다.

이런 뇌 상태는 일종의 마음챙김이나 마음이 자유롭게 떠도는 상태로, 이 상태에서는 바쁘고 긴장하고 있을 때 만들지 못하는 연결을 형성할 가능성이 더 높다. 집중하고 노력하고 있으면서도 그 순간에 완전히 빠져든다. 이런 상태를 '몰입Flow'이라고 한다. 감정을 조절하기 위해 노래를 부르거나, 불안을 줄이기 위한 마음챙김의 한 형태로 만다라Mandala(힌두교·불교 밀교에서 수행을 돕는 정해진 양식의 도형—옮긴이)에 색을 칠하는 등의 활동으로 이런 상태를 경험

　　　　　　　　　　　　　　　　2부 사인에 마음을 열다

할 수 있다.

　다른 영역의 일을 하고 있을 때 비로소 주어진 사인의 의미를 깨닫게 되는 경우도 있다. 아르키메데스Archimedes가 목욕 중에 물체의 부피를 물에 잠겼을 때 밀어낸 물의 양으로 측정할 수 있다는 것을 깨달은 '유레카! Eureka!'의 순간이나, 폴 매카트니Paul McCartney가 꿈에서 '예스터데이Yesterday'의 멜로디를 떠올린 때처럼 말이다. 이런 일은 의식적인 과정에서 일어나는 것이 아니다. 오히려 당신이 그것들에 대해 생각하는 것을 멈췄을 때 일어난다. 사인도 마찬가지다. 관련성이나 의미에 대한 해석이 전혀 관련이 없는 통찰의 순간에 이해되는 경우가 있다. 예를 들어, 어떤 것을 보고 직관적으로 사인이라고 느끼지만 그 의미는 며칠 후에야 깨닫게 되는 때가 있다.

심리적 안전감을 제공한다

　무언가를 타인 앞에서 선보이거나 타인에게 공유하는 일은 스스로를 상당히 취약한 위치에 놓는 일이기도 하며, 따라서 다소 부담스러울 수 있다. 하지만 이런 취약성은 우리를 새로운 경험에 노출시키고 안전한 환경 안에서 약간의 위험을 경험하게 하기 때문에 매우 유익하다. 심리적 안전감Psychological Safety이란 자신을 온전히 표현할 수 있다고 느끼는 상태다. 자기 표현, 창의적 활동, 감각 기관에 생기를 불어넣는 일은 신경미학을 통해 드러난 창의성의 이

점이다. 이 모든 것이 웰빙과 당신 주변 세상과의 깊이 있는 연결에 기여하기 때문이다. 이런 심리적 안전감은 자신을 표현하고, 안락한 영역에서 벗어나, 다른 세상에서 비롯된 사인을 포함한 삶이 주는 모든 것을 더 깊이 탐색할 수 있게 한다. 새로운 것을 배우고 내가 새로운 일을 할 능력이 있음을 아는 것은, 당신의 정신이 지금 당신이 생각하는 것보다 훨씬 더 많은 것을 해낼 수 있다고 믿게 되는 여정의 일부다. 그것이 뇌에 좋은 영향을 주는 창의적인 일이라면 특히 더 그렇다.

요약하자면 예술, 창의성, 아름다움은 스트레스를 낮추고 불안을 다스리는 데 도움을 주어, 결과적으로 회복력과 유연성을 높인다. 그것들은 또한 당신을 현재에 집중하게 해주며 알아차림의 기술을 향상시킨다. 이것은 그 자체로도 유익할 뿐 아니라, 사인을 알아보고 거기에 마음을 여는 데에도 도움을 준다.

내 경우에는 아름다움을 인식하는 방식을 통해 세상을 대하는 방식 또한 완전히 달라졌다. 여기에서 말하는 아름다움은 전통적인 의미의 아름다움만 이야기하는 것이 아니다. 힘들 것 같은 하루를 앞둔 날이면 나는 일어나서 평소의 감사 루틴(내 침대, 침구, 실크 베갯잇 등에 대해 감사하는) 외에, "오늘 어떤 아름다운 것을 보게 될까?", "어떤 아름다움을 지닌 곳으로 가게 될까?"라는 생각을 한다. 이것은 내가 삶에서 예술과 창의성을 우선시하고 있음을 확인하는 간단한 방법이다. 일상 속 스트레스에 대한 방비가 더 필요한 때 특히 도움이 된다. 또한 가능할 때마다 그리고 전혀 예상치 못한 것들

속에서도 아름다움을 관찰하기 위해 의식적으로 노력을 기울인다. 며칠 전, 집을 나서던 나는 현관문 앞에 있는 라벤더 화분 두 개가 유난히 건강하고 생기 있어 보인다는 것을 알아차렸다. 나는 잠시 멈춰 서서 "세상에, 라벤더가 정말 멋지네"라고 생각했지만, 가야 할 곳이 있었기에 오래 머물 수는 없었다. 대신 집에 돌아온 나는 일부러 걸음을 멈추고 라벤더들을 제대로 보며, 그것들의 형태와 색깔을 음미하고, 향기를 깊이 들이마셨다. 짧은 순간이었지만, 그 것은 주변의 아름다움을 보다 의식적, 적극적으로 감상하는 방법이었고 뇌를 활성화하는 데 큰 역할을 하는 방법이기도 했다. 과거라면 그렇게 의식적이고 적극적으로 감상하지 않았을 것이다.

앞서 이야기했듯이, 나는 늘 예술과 문화에 애정을 가지고 있었다. 하지만 지금의 나는 전과 달리 그것들 없이는 활기차게 살아갈 수 없다는 것을 분명히 알고 있다. 과거에는 전혀 알지 못했던 사실이다. 더 창의적인 태도 덕분에 이전이라면 하지 않았을 대화에 기꺼이 참여하게 되었고, 도전에 대해서도 마음을 열게 되었다. 또 변화에 대해서도 개방적이며 더 유연해졌다. 신경미학에서 밝혀진 이점을 활용하면서 창의성과 미에 대한 인식이 향상되었을 뿐 아니라 삶의 다른 영역에도 긍정적인 혜택을 받았다. 이런 태도를 받아들인다면 당신도 나와 같은 혜택을 누리게 될 것이다.

6장 '창의성'은 정신력을 확장시킨다

삶에 예술과 창의성을 끌어들인다

—

삶에 아름다움을 끌어들이는 것은 발레 관람이나 미술관에 가는 것만 말하는 좁은 개념이 아니다. 어째서인지 모르지만 많은 사람이 예술이란 엘리트주의적이며 사회 일부 계층만을 위한 것이라는 인식을 가지고 있다. 하지만 수잔과 아이비가 나와의 인터뷰에서 이야기했듯이, 예술은 사실 인간의 기본적인 욕구이며 모든 사람의 타고난 권리다. 그리고 나는 아름다움과 창의성을 누구나 누릴 수 있는 것으로 보아야 한다고 생각한다.

값비싼 예술품을 구입하거나 고급문화 공연을 관람할 때에만 더 행복하고 건강해질 수 있는 것은 아니라는 점을 강조하고 싶다. 음악을 듣거나, 책이나 시를 읽거나, 아이들의 그림을 냉장고에 붙여놓을 수 있다. 마찬가지로 창의적인 사람이 되기 위해서 비싼 미술용품을 사거나 10주짜리 댄스 수업이나 음악 수업을 등록해야 하는 것은 아니다. 그림을 그리기 시작하고 싶다면 필요한 것은 연필과 종이 한 장뿐이다. 거실에서 춤을 추거나 샤워실에서 노래를 부르는 데에는 한 푼도 들지 않는다. 이런 작은 행동들을 일상에서 꾸준히 할 수 있다면, 당신은 내가 2부의 도입부에 언급했듯이 작은 습관에서 점진적 변화의 힘을 얻어 활용할 수 있다.

예술과 창의성의 이점은 일상적인 방식으로 우리 삶에 끌어들일 수 있다. 그러나 내게 코칭을 받는 사람들이나 함께 작업을 한 사람은 스스로 본인이 창의적이지 않다고 말하곤 한다. 하지만 내가 과학적인 관점에서 창의성을 설명하면(다른 사람들에게는 명확하지 않은 패턴을 보고, 항상 쉽지 않은 것들 사이에서 연관성을 찾아내는 것) 대부분 "아, 그렇다면, 저는 분명 창의력이 있는 사람이네요"라고 말한다. 우리는 모두 어떤 식으로든 창의력을 가지고 있다. 그리고 우리 삶의 이 측면을 받아들여야만 예술과 창의성이 주는 스트레스 감소 및 현저성 증진이라는 혜택을 누릴 수 있다. 다음은 삶에 아름다움과 창의적인 활동을 통합할 수 있는 몇 가지 방법이다.

자신을 꾸민다

매일 어떤 옷을 입을지 선택하는 일이 여기에서 말하는 주제와 무슨 관련이 있느냐고 묻는 사람이 있을지도 모르겠다. 하지만 당신이 어떤 색의 옷을 어떻게 입느냐는 창의적인 표현의 한 형태가 될 수 있다. 핑크색은 내가 가장 좋아하는 색이고, 나는 학회에서 발표할 때면 핑크색, 빨간색, 보라색의 옷을 주로 입는다. 과학적 또는 학문적인 환경에서도 거리낌 없이 여성성을 표현하기 위해서다. 반면, 로빈이 세상을 떠나고 한두 해 동안은 회색, 남색, 검은색을 많이 입었다. 핑크색이 내가 느끼는 감정을 표현하지 못하는 것처럼 느껴져서 그 색상의 옷을 입고 싶지 않았다. 자신이 어떤 사람인지 표현하는 옷과 액세서리, 헤어스타일, 화장을 과감하게 선택하길, 창의적인 선택을 하는 것을 두려워하지 않기를 바란다.

6장 '창의성'은 정신력을 확장시킨다

주변을 아름다움으로 채운다

나는 클래식 음악을 듣고 미술관에 가는 식으로 내 삶에 아름다움을 통합시킨다. 나는 집에 아름다운 예술품이나 오브제들을 두는 것도 좋아한다. 로빈과 나는 많은 예술품, 페르시아 카펫 같은 직물, 책, 가구를 함께 골랐다. 활기를 주는 정원을 가꾸는 것도 이런 일의 연장선이다.

아름다운 것들을 찾고 주변을 그것들로 채운다면, 심리적으로 안정적인 환경을 만들어 자신을 믿고, 건전한 위험을 감수하며, 지침이 될 만한 사인들을 알아차릴 가능성이 훨씬 높아진다. 그리고 그런 아름다운 것들은 비쌀 필요가 없다. 정원에서 꽃을 꺾어 꽃병이나 유리잔에 꽂는 것으로도 충분하다. 나는 늙은 호박이나 단호박을 사게 되면, 먹기 전에 집 안에 장식해둔다. 냉장고에 보관할 필요가 없고 실온에서도 오래가는 데에다 모습도 예쁘기 때문이다. 그래서 가을이면 그것들을 창턱 위나 커피 테이블 위의 책 옆에 놓는다. 이렇게 하면 환경을 보기 좋게 꾸밀 수 있을 뿐 아니라, 새로움도 끌어들일 수 있다. 거실 테이블 위에 재미있게 생긴 호박이 놓여 있을 것이란 생각은 보통 하지 않으니까 말이다. 이런 식으로 물건을 배치하는 데에는 장식적 가치를 넘어서는 이점도 있다. 새로움은 새로운 신경 경로를 만드는 주요한 방법이기 때문이다. 또한 나를 미소 짓게 만들고, 방문객들과의 이야깃거리가 될 수도 있다.

당신의 공간과 환경에 아름다움을 끌어들일 수 있는 방법을 생각해보라. 다시 말하지만, 이것은 많은 돈을 써야 한다는 뜻이 아니다. 예쁜 조개껍데기나 솔방울을 주워 집을 장식할 수도 있고, 식물이 부담스럽다면 이끼를 키우는 것도 좋다. 이 모든 것이 자연의 정취를 실내로 끌어들이는 방법들이다(자연에 대한 더 자세한 내용은 다음 7장에 이야기할 것이다).

음악, 암송, 콧노래를 시도한다

음악은 당신의 삶에 예술과 창의성을 통합하는 가장 강력한 방법으로 인류가 수천 년 전부터 알고 있던 방법이기도 하다. 예를 들어, 호주 원주민의 고대 문화는 음악과 진동이 웰빙에 미치는 이점을 인식하고, 디저리두Didgeridoo와 같이 강한 진동을 만들어내는 관악기를 만들었다. 연주하지 않고 듣고만 있어도, 악기의 진동을 몸으로 느낄 수 있다. 명상에 싱잉볼Singingball(금속으로 만든 그릇 모양의 악기로, 막대기로 가장자리를 문지르거나 두드려서 명상과 치유에 사용되는 맑고 깊은 소리를 내는 도구-옮긴이)을 사용하는 고대 불교의 관행 또한 소리와 진동을 동시에 만들어낸다. 싱잉볼은 최근에 큰 인기를 얻고 있으며, 징을 이용한 명상Gong Bath과 사운드 힐링Sound Healing은 신경계를 안정시키는 영향 때문에 요즘 인기를 누리고 있다.

디저리두의 진동이 가장 강하지만 대신 싱잉볼 수업에 가거나 집에서 북을 두드리면서 비슷한 효과를 낼 수 있다. 여기에는 뇌파 상태가 알파파나 감마파 상태로의[*] 전환, 신경전달물질과 호르몬 분비를 촉진해 기분 개선, 불안 감소, 통증 완화, 수면의 질 향상, 맑은 정신, 신체 인식의 향상과 같은 혜택이 뒤따른다.[12] 그런 뇌파 상태에서는 깊은 이완 상태에 들어가거나 인지 능력을 향상시킬 수 있으며, 이 두 가지 모두 사인을 받는 데 도움이 된다(이전에 언급한 "유레카!"의 순간과 같이). 진동과 콧노래 역시 세포에서 산화질소의 방출을 유도하며, 이는 혈관을 확장시켜 혈류를 증가시키고 혈압을 낮춘다. 결과적으로 스트레스가 줄어들고, 직관과 창의성에 더 쉽게 접근할 수 있게 된다.[13]

그러나 유익한 것은 단지 진동하는 악기뿐만이 아니다. 악기 연주는 어떤 것이든 할 만한 가치가 있다. 움직임, 감각, 청각, 시각, 감정 처리를 돕는 부분들을 비롯해 뇌의 거의 모든 부분이 관여하는 활동이기 때문이다. 악기를 배우는 것의 이점은 평생 지속될 수 있으며, 60대 이후에 시작하더라도 큰 영향이 있다. 이런 이점에는 노화 과정에서 기억력과 인지 기능을 보호하고, 신경가소성을 증진하며, 의사결정과 같은 실행 기능을 향상시키고, 회백질(뉴런)과 시냅스의 밀도를 높이는 것이 포함된다.[14] 어떤 나이에 악기를 배우

✦ 뇌파는 뇌의 전기적 활동을 말하며, 다섯 가지 주요 상태가 있다. 알파파는 깨어 있으면서 깊이 이완된 상태와 관련되며, 베타파는 깨어 있을 때의 정상적인 뇌 활동 상태와 관련된다. 델타파는 가장 깊은 수면 단계와 관련되며, 감마파는 가장 빠른 뇌 활동 상태, 학습과 기억과 같은 고급 인지 기능과 관련된다. 세타파는 백일몽과 얕은 수면과 관련된다.

2부 사인에 마음을 열다

든 이점을 누릴 수 있지만, 일찍 시작할수록 좋다. 7세 이전에 음악 훈련을 시작한 음악가들은 뇌의 두 반구를 연결하는 다리인 뇌량이 더 큰 것으로 드러났다.[15] 더 큰 뇌량은 더 많은 상호 연결을 만들고 복잡한 문제 해결, 창의적 사고, 인지적 유연성과 같은 실행 기능을 강화한다. 악기 연주를 배운 적이 없고 배울 시간이나 의향이 없는 사람도 라디오에 맞춰 흥얼거리거나 노래를 따라 부르면서 음악 활동을 할 수 있다. 또한 음악은 듣는 것만으로도 유익하다. 기쁨이나 감동을 준다면 말할 나위도 없다.

춤

춤은 정신 건강에도 좋다. 춤은 우울증 치료에 가장 효과적인 신체 활동 중 하나로 밝혀졌다. 이에 대해 더 많은 연구가 필요하긴 하지만 말이다. 지금까지 대부분의 연구가 젊은 여성에게 초점을 맞추었기 때문에 특히 남성과 고령 참가자 대상의 연구가 부족한 실정이다.[16] 춤은 감각에 집중하고 자신의 몸과 연결되는 좋은 방법이며, 이로써 사인을 알아차리는 능력을 향상시킬 수 있다.

요리

보통은 창의적인 일로 받아들여지지 않지만 실상은 우리가 할 수 있는 창의적인 일들로 여러 가지가 있다. 그중에서도, 나는 요리를 정말 좋아한다. 내게 요리는 늘 창의력을 발휘하고 치유의 효과를 얻는 수단이다. 바쁜 일정을 앞두고 있을 때면 전날 밤이나 아침에 재료를 준비해두어서 저녁에 요리하는 시간을 진심으로 즐길 수 있게 한다. 이 시간이 긴장을 푸는 데 도움을 준다. 요리는 내가 열정을 느끼는 일이자, 동시에 여러 감각을 자극하고 작동시키는 일이기도 하다. "첫입은 눈으로 먹는다"라는 말이 있다. 식당에 주문한 음식이 정말 예쁘게 차려져 나오면, 나는 그것을 바로 알아차리고 행복해진다. 기쁨을 경험하고, 아름다움을 감상하고, 이런 사건과 관련된 기억을 떠올리는 것들은 모두 신경가소성을 통해 뇌가 새로운 연결을 만들어내면서 당신의 개인적 발전에 기여한다. 당신의 삶에 첫눈에는 예술적으로 보이지 않을지라도, 창의적인 활동의 이점을 가져다주는 무언가가 있지 않은가? 그렇다면, 그것을 창의적인 일로 받아들이고 더 우선하도록 노력하라. 앞서 말했듯이, 창의성은 곧 사고방식이다.

그림 및 공예

그림과 공예의 혜택은 베셀 반 데어 콜크에 의해 입증되었다. 그는 외상 후 스트레스 장애를 겪는 사람들을 대상으로 하는 광범위한 연구에서 예술을 치료 도구로 활용할 뿐 아니라 치료의 진전 상황을 추적하는 도구로도 활용했다.[17] 한 실험에서, 그는 참가자들에게 매주 가족의 그림을 그리게 했다. 처음에는 매우 모호하고 거칠

었던 그림은 세부적인 것에 더 주의와 관심을 기울인 그림으로 바뀌었다. 이는 참가자들의 진전을 보여주는 것이었다. 그림이나 공예는 사실 마음챙김 활동이다. 현재의 순간과 창의적인 과정에 집중하고 관찰할 것을 요구하기 때문이다. 이것은 마음을 가라앉히고 스트레스를 줄이는 데 도움이 될 수 있다.[18] 이런 창의적인 활동들은 자기표현의 한 형태이기도 해서, 감정을 처리하고 자기 인식을 높이는 강력한 도구가 될 수 있다.[19]

사인 그리기

일기를 쓸 때 사인을 그린 그림을 추가해보라. 이것은 사인을 받아들이는 과정의 진전을 추적하는 간단한 방법이다.

즐기기 위한 독서

일상에 끌어들이기 가장 쉬운 창의적 활동 중 하나는 즐기기 위한 독서다. 대부분의 사람은 글쓰기가 창의적인 활동이라는 데 동의할 것이다. 재능 있는 작가들에 의해 이루어지는 글쓰기는 예술의 한 형태라고도 할 수 있다. 반면 독서는 창의적인 활동이라고 생각되지 않는 것이 보통이다. 하지만 소설을 읽는 것은 뇌의 여러 부분 사이의 연결을 강화하며,[20] 공감 능력을 높이는 것으로 드러났다.[21] 또한 여러 연구가 책을 읽은 후 그에 대해 생각하고 더 나아가 다른 사람들과 함께 토론할 때 정신 건강과 웰빙에 긍정적인 영향을 미칠 수 있다는 것을 보여주었다. 이런 면에서 독서 클럽에 참여함으로써 재미를 얻을 뿐 아니라 정신 건강을 개선하는 데에도 도움을 받을 수 있다.[22] 경험적으로 볼 때, 즐기기 위한 독서는 상상력을 자극하고, 새로운 지식, 아이디어, 관점, 문화를 접하게 해 창의성을 향상시킨다. 이런 식으로, 독서는 당신이 시야를 넓힐 수 있는 좋은 방법이며, 따라서 저 세상으로부터의 사인에 접근하는 것을 포함해 가능한 것에 대한 인식의 폭을 확장하게 해준다. 그러니 가능하면 디지털 기기를 내려놓고 자주 책을 집어들어라.

로빈이 죽은 후 겨우 책을 다시 읽고 싶은 정신적 여유와 의욕을 찾은 나는, 그가 나를 위해 사주었지만 미처 읽지 못했던 다양한 책들을 차근차근 읽기로 결정했다. 그렇게 함으로써 그와 연결되어 있다는 느낌을 받았기 때문이다. 로빈은 나의 일과 관련된 주제에 계속 관심을 두고 있었기 때문에 그가 고른 책 중에는 소설도 있었고 소설이 아닌 것도 있었다. 나는 소설에 더 끌렸고, 그렇게 매기 오패럴Maggie O'Farrell의 『햄닛Hamnet』을 선택했다. 그것은 슬픔에 관한 이야기였다. 읽기 전에는 알지 못했던 사실이었다. 로빈 역시 그가 아프기 훨씬 전에 이 책을 사주었기 때문에, 내가 슬픔 속에서 그 책을 집어 들게 된 것은 우연이었다. 『햄닛』에서 셰익스피어는 외아들을 잃는다. 그 소설은 슬픔에 무너지고 서로의 대처 방식을 이해하지 못해 해체되는 가족의 대해 이야기한다. 후반부에, 셰익스피어의 아내는 남편이 아들의 이름을 따서 쓴 새로운 연극을 보게 된다. 연극에서 아들과 놀랍도록 닮은 젊은 배우가 마지막 대사를 말한다. "나를 잊지 말아요Remember me." 이 대사가 그녀에게 끼친 영향에 나는 전율을 느꼈다. 또한 그 안에 분명히 로빈이 내게 보내는 메시지가 있다는 것을 느꼈다. 나는 그것이 내가 이미 믿고 있는 것, "적절한 책이 적절한 시기에 찾아온다"는 것을 드러내는 사인으로 느껴졌다. 늘어나기만 하는 읽지 않은 책 더미에 대해 죄책감을 더는 방법이기도 했다.

이 소설과 내가 아직 읽지 않은 다른 책들 속에서, 나는 생일, 크리스마스, 기념일에 로빈이 남긴 손글씨 메시지들을 오랜만에 다시 보게 되었다. 이것들은 어두운 시기에 나에게 진한 위로와 안정을 주는 원천이 되어 주었다. 나는 그때 그것들을 발견하게 된 것이 이미 예정되어 있었다는 느낌을 받았다. 이는 당신이 마음을 열면 필요한 사인이 당신을 찾아온다는 것을 보여준다. 나는 당신도 일상에 독서와 같은 쉽고 간단한 창의적 순간들을 받아들인다면 사인이 찾아와 나아갈 길을 보여줄 것이라고 믿는다.

창의성을 우선한다

창의적 활동은 매우 다양하며, 개인마다 좋아하는 것이 다르기에, 무엇을 선택할지는 각자의 몫이다. 하지만 다음의 연습은 어떤 활동을 선택했든 그것이 삶에 쉽게 자리 잡게 하는 좋은 방법이다.

1. 습관적으로 하고 있지만 자신에게 도움이 되지 않는 활동에 대해 생각하는 시간을 가진다. 오늘날의 사람들에게서 가장 눈에 띄는 예는 소셜 미디어를 스크롤 하는 것이다.

2. 시도해보고 싶은 창의적인 활동을 결정한다. 이미 좋아하지만 시간을 내지 못하는 일일 수도 있고, 완전히 새로운 일일 수도 있다.

3. 일주일 동안 매일 30분에서 1시간 동안 도움이 되지 않는 활동을 창의적인 활동으로 대체한다.

4. 일주일이 끝날 때, 부정적인 활동을 창의적인 것으로 대체함으로써 기분이 더 나아졌는지 생각해보고, 이후 창의적인 활동이 중단되었을 때 다시 참조할 수 있도록 결과를 일기에 기록한다.

5. 그 시점부터 삶에서 창의적인 활동을 위한 여지를 만드는 노력을 계속한다.

인간인 우리가 원하는 것은 버티거나 견디기만 하는 삶이 아니다. 우리는 성장하고 번영하는 삶을 원한다. 예술과 창의성은 더 깊고 풍성하게 살아가는 것보다 인간다운 삶의 방식을 의미하며, 따라서 잠재력을 최대한 발휘할 수 있는 준비를 갖추게 해준다.

하지만 억지로 하거나 자신을 너무 몰아붙이지 않는 것도 중요하다. 코로나19로 인한 첫 번째 봉쇄가 시작되었을 때, 많은 사람이 의도치 않게 얻은 자유 시간을 이용해 새로운 언어를 배우거나 창의적인 일을 시작하겠다는 결심을 했다. 그러나 나는 다른 어떤 것보다 자신을 돌봐야 하며 지나친 압박감을 가지지 말아야 한다고 생각했다. 팬데믹처럼 스트레스가 많은 상황에서 새롭고 도전적인 것을 배우려고 노력함으로써 부담을 늘리는 일은 우리가 절대 해서는 안 될 일이기 때문이다. 스트레스를 받을 때는 평소의 일상을 유지하고, 새로운 것을 배우거나 위험을 감수하는 것은 정신적으로 더 안정되고 여유가 충분할 때 해야 한다는 것이 내 생각이다.

볼륨 다이얼이 있는 것처럼 말이다. 스트레스가 많은 때는 좋아하는 음악을 듣거나 예술 작품을 감상하는 등 힘이 덜 들고 쉬운 창의적 활동을 하는 것이 좋다. 스트레스가 없는 상황에서는, 그림을 그리거나 악기를 연주하는 것처럼 조금 더 도전적인 수준의 활동을 시도해볼 수 있다. 정신적으로 어떤 상태인지에 따라, 생존에 도움이 될 활동과 번영에 도움이 될 활동을 생각해보라.

이전에 이야기했듯이, 아름다움과 창의성은 사소하고 중요하지 않은 일로 치부되곤 한다. 사실은 그와 정반대이며 인류는 먼 옛날부터 그 점을 알고 있었다. 그것들이 얼마나 중요한지에 대한 이해가 없다면, 그런 활동을 간과하고 결과적으로 스트레스 감소와 현저성 네트워크 활성화를 비롯해 뇌-신체 시스템이 거기에서 얻을 수 있는 혜택을 놓치게 된다. 이런 혜택의 결과로 더 기민해지고 속도를 늦춰 현재에 집중할 수 있게 된다면, 세상에 대한 인식을 더 의도적인 방식으로 조정할 수 있으며, 주변 환경, 특히 자연이 보내는 사인을 알아차릴 가능성이 높아진다.

7장

'자연'은
사인을 부르는
최상의 환경

특별한 느낌이 드는 자연 속 장소가 있는가? 나는 평생 동안 삶을 바꿀 만큼 커다란 딜레마에 직면할 때마다, 런던의 햄프스테드 히스Hampstead Heath 공원으로 가서 걷거나 앉아서 생각에 잠기곤 했다. 내가 직관에 가장 쉽게 접근할 수 있는 장소이기 때문이다. 내게는 아주 각별한 곳이다. 그 근처에서 어린 시절을 보내면서 자주 들렀던 곳이기도 하지만, 그곳에 보통의 공원과 다른 영적인 에너지가 있다고 느끼기 때문이기도 하다. 아마도 대부분의 도시 녹지 공간보다 야생에 가까워서일 것이다. 마찬가지로 친구들이 기분이 좋지 않거나 마음을 잡기 힘들다고 말할 때면 나는 항상 자연 속을 걸으라고 권한다. 나는 공원을 걷거나 강가를 걷는 것이 항상 효과를 낸다고 믿으며, 친구들은 한결같이 정말로 기분이 나아졌다는 이야기를 전한다.

그렇다면 그 이유는 무엇일까? 수전 매그새먼과 아이비 로스에 따르면, '궁극적인, 가장 풍요로운 환경은 자연'이기 때문이다.[1] 즉,

7장 '자연'은 사인을 부르는 최상의 환경

웰빙의 측면에서 그리고 사인에 접근하는 우리의 능력에 있어서 가장 중요한 환경은 자연이다. 자연은 우리가 과거 알고 있었지만, 현재 산업화된 서구 사회에서는 잊고 살게 된 것이다. 고대 문명은 자연과 더 조화로웠고, 어떻게 살아야 하는지 환경이 전해주는 정보에도 민감했다. 이 지식은 여러 세대를 거쳐 입으로 전해졌지만, 이런 구전 전통에 대해서는 기록이 되지 않았기 때문에 오늘날에는 대부분 사라졌다. 하지만 나는 고대 문화에서 영감을 얻어 이 지식의 일부를 되찾을 수 있다고 믿는다.

우리가 거주하는 공간은 한편으로는 우리의 건강과 웰빙에, 다른 한편으로는 더 깊은 수준에서 삶과 교감하는 우리의 능력에 큰 영향을 미친다. 그러나 대부분의 경우에는 환경이 우리에게 미치는 영향을 의식하지 못한다. 예를 들어, 우리의 몸과 뇌는 환경에 따라 매우 다르게 반응할 수 있다. 머리로는 벽에 칠해진 특정 색상이 마음에 든다고 생각하더라도 과거의 어떤 부정적인 기억을 연상시켜 몸에는 스트레스 반응을 유발할 수 있다. 때문에 환경이 자신에게 미치는 영향을 인식하는 것이 중요하다. 자연과의 연결을 되찾게 되면, 스트레스를 줄이고 분주한 삶 속에서도 평온함과 연결감을 조성할 수 있으며, 이는 당신에게 오는 사인을 더 쉽게 알아차리고 해석하는 데 도움을 준다.

환경의 지대한 영향

—

코로나 팬데믹 동안 전 세계 도처에 봉쇄 조치가 시작되면서, 많은 사람이 조용한 거리와 비어 있는 하늘을 통해 자연과의 연결을 되찾게 되었다. 자연계와의 관계를 다시 설정할 기회를 얻을 수도 있을 것 같았다. 하지만 그런 상황은 오래 지속되지 못했다. 우리는 곧 옛 습관으로 돌아갔다. 도시적이고 기술 중심적인 삶으로 되돌아갔다. 소중한 기회를 놓친 것이다. 자연과의 연결은 우리가 생각하는 것보다 훨씬 더 중요하다.

환경이 우리에게 미치는 영향은 사람들이 인식하는 것보다 훨씬 크다. 이 사실은 1960년대 초에 쥐를 대상으로 한 여러 획기적인 실험을 통해 입증되었다. 이 실험에서 신경과학자 마리안 다이아몬드Marian Diamond가 이끄는 연구팀은 뇌가 태어날 때부터 고정된 것이 아니며 사실은 전 생애에 걸쳐 성장하고 변화할 수 있다는 것을 발견했다.[2] 내 삶과 일에 핵심이 되어 온 신경가소성 이론은 이렇게 탄생했다.

원래 실험에서, 한 그룹의 쥐는 통제군 역할을 위해 중립적이고 변하지 않는 환경에 두었고, 다른 한 그룹은 다양한 장난감이 주기적으로 교체되는 자극적인 환경에 두어 흥미와 새로움을 경험하게 했으며, 세 번째 그룹은 정신적 자극이 전혀 없는 단조로운 환경에 두었다. 자극이 많은 환경에 있던 그룹은 뇌에서 신경가소성 변화를 보였다. 자극이 부족한 환경에 있던 그룹은 뇌 질량이 줄어든 것에 비해 자극 환경에 있던 그룹은 대뇌 피질이 6퍼센트 성장한 것이다. 패러다임을 전환시킨 이 충격적인 발견은 뇌가 변하지 않는다는 기존의 과학적 신념을 뒤집었을 뿐 아니라, 외부 자극과 주변 환경의 중요성을 지적했다. 현재 다이아몬드는 현대 신경과학의 창시자로 여겨진다.[3]

다이아몬드의 실험은 환경이 우리에게 영향을 미치며, 풍부한 감각 자극이 뇌의 신경가소성 변화로까지 이어진다는 것을 입증했다. 긴 시간을 보내는 환경을 조정하는 일은 곧 자신에게 신호를 보내는 것이다. 이것은 감각을 통해 생리적인 측면에도 영향을 미친다. 당신이 이를 의식하고 환경을 가꾸고 풍요롭게 만들든, 그렇지 않든 환경은 당신에게 영향을 미친다. 하지만 그 영향이 당신에게 이로운 방향으로만 작용하는 것은 아니다.

반면 환경과 자연에 능동적으로 관여한다면, 뇌를 최적화해 더 높은 수준으로 작동하게 할 수 있으며, 더 많은 사인을 알아볼 수 있다. 마리안 다이아몬드의 실험에 나온 쥐들처럼, 당신의 뇌가 작년 이맘때보다 6퍼센트 더 커진다면, 당신은 그것을 어떻게 활용하겠는가? 직장에서 일을 더 잘하게 될 수도 있고, 커진 뇌의 힘을 사용해 원하는 방향으로 당신을 인도해줄 사인을 알아차림으로써 인생의 관점 자체를 더 깊고 넓게 성장시킬 수도 있다.

우리가 속한 환경으로 인해 우리로 하여금 예상하거나 인식하지 못하는 반응을 유발할 수 있다는 것은 단순한 추측이 아니라 실험적인 맥락에서 입증된 사실이다. 2019년에 아이비 로스는 구글 하드웨어 디자인 부사장으로서, 뉴욕의 건축가 수치 레디Suchi Reddy와 수잔 매그새먼이 운영하는 존스 홉킨스 대학교 의과대학 뇌 과학 연구소의 국제 예술+정신 연구소International Arts+Mind Lab와 협력해 밀라노의 연례 국제 가구 박람회인 살로네 델 모빌레Salone del Mobile(밀라노 디자인위크)에서 '존재를 위한 공간A Space for Being'이라는 이름의 전시를 진행했다. 참가자들은 신중하게 구성된 세 개 공간에서 조용한 시간을 보냈다. 각 방은 다양한 색상, 질감, 소리, 냄새를 통해 차분하지만 서로 매우 다른 감각적 경험을 제공하도록 만들어졌다. 공간에 들어가기 전에 방문객들은 구글이 개발한 특수 손목 밴드를 착용했다. 심박수, 호흡률, 피부 온도, 신체 움직임 등 다양한 생체 인식 정보를 측정하는 기기였다. 경험이 끝난 후, 사용자의 생리적 반응을 분석해 개인이 가장 차분한 느낌을 받은 방과 반응이 고조되었던 방을 보여주는 개인별 보고서가 만들어졌다. 질문을 받은 사용자 중 약 절반은 결과가 예상한 것과 일치한다고 답했다. 즉, 심리적 반응이 생리적 반응과 일치한 것이다. 그러나 나머지 절반은 심리와 생리 반응이 불일치했고, 이는 환경이 의식적인 인식 너머에서까지 영향을 미칠 수 있음을 보여준다. 전시가 끝난 후, 로스는 "우리가 정말로 하고 싶었던 것은 사람들에게 몸이 항상 느끼고 있으며, 때로는 그것이 머리로 생각하는 것과 다를 수도 있다는 점을 깨닫게 하는 거울을 선사하는 일이다"라고 말했다.[4]

신경 미학 컨설턴트 사스키아 휠러Saskia Wheeler는 집, 직장, 더 넓은 세상 등 우리가 몸을 담고 있는 공간은 우리의 스트레스 수준에 특히 큰 영향을 주며, 우리를 부교감신경 상태가 아닌 교감신경 상태에 놓이게 함으로써 사인에 접근하는 우리의 능력에 부정적인 영향을 미칠 수 있다고 설명했다(131쪽 참고).

예를 들어, 나무 표면이 많은 방은 금속과 날카로운 모서리가 많은 방에 비해 스트레스를 줄이고 혈압을 낮추는 것으로 나타났다.[5] 마찬가지로, 신경 미학 연구는 폐쇄된 공간에 있거나 폐쇄된 공간을 보는 것이 불안감을 높일 수 있다는 것을 보여준다. 천장 높이와 밀폐된 공간에 대한 사람들의 반응을 조사한 연구자들은 뇌 스캔을 통해 폐쇄된 공간에 있을 때 불안을 조절하는 편도체가 전방 중간대상피질Anterior Midcingulate Cortex로 정보를 보내는 것을 확인했다. 전방 중간대상피질은 부정확한 자동 위협 반응을 방지하기 위해 감정을 조절하고, 갈등을 모니터링하며, 감정적으로 관련된 자극을 처리하고, 학습, 기억, 의사결정에 관여한다. 두 가지 뇌 영역이 함께 작용해 그 환경을 잠재적인 위협으로 보는 것이다.[6] 이것은 동물 전체에서 볼 수 있는 현상으로, 폐쇄된 공간은 위협에 직면했을 때 탈출이 불가능할 수 있으므로 동물들은 폐쇄된 공간을 피하는 경향이 있다. 반대로 곡선 형태와 열린 공간은 안정감과 따뜻함의 감정을 느끼게 한다. 아마도 자연을 연상시키기 때문일 것이다.[7] 따라서 환경과의 긍정적인 상호작용을 원한다면, 자연으로 눈을 돌려야 한다.

2부 사인에 마음을 열다

자연은 가장 영향력 있는 환경이다

인간은 약 600만에서 700만 년에 걸쳐 지금의 모습으로 진화해왔다. 산업 혁명을 도시화의 시작으로 정의한다면, 현대적인 환경에서 보낸 시간은 우리 역사의 0.004퍼센트에도 못 미친다. 이렇게 압도적으로 많은 시간을 자연 속에서 산 우리 종種의 생리적 기능이 자연에 맞춰져 있는 것은 놀라운 일이 아니다. 따라서 많은 사람이 살고 있는 도시화된 인공적 환경이 오늘날 과도한 스트레스에 기여하는 요인이라는 것도 전혀 놀라운 일이 아니다.

인류 존재의 대부분이 자연 속에서 이루어졌기 때문에, 자연은 우리 대부분에게 가장 심미적으로 만족스럽고 평온한 환경이며, 향, 소리, 색상, 질감을 통해 우리의 감각 체계를 활성화시킨다. 그 결과, 모든 인간이 풍경에 대해 공통적인 생리적 반응을 보인다. 이는 자연에 감탄하고 자연에 연결되고자 하는 성향이 타고난 것이기 때문이다.

예를 들어, 자연에서 시간을 보내면 스트레스의 정도를 나타내는 코르티솔 수치가 낮아지고, 현재에 집중하고 안정감을 느끼게 되며, 인지 부하가 낮아진다. 도시 자연 공간에서의 한 연구는 자연에서 보낸 시간의 길이가 스트레스 감소의 정도와 상관관계가 있음을 보여주었다. '자연 복용량Nature Dose'이 20분에서 30분 사이일 때가 혜택이 증가하는 측면에서 가장 효율적인 것으로 나타났다.[8]

그 결과, 의료 전문가들이 자연 속에서 시간을 보내는 것을 처방

하는 일이 점점 더 일반화되고 있다. 그것이 정신 건강을 효과적으로 증진시키고 비용 대비 효율적인 방법으로 입증되었기 때문이다. 영국 정부 지원 프로그램은 자연 산책, 야외 수영, 공동 정원 가꾸기, 나무 심기 등을 통해 8,000명 이상의 사람들이 자연과 연결되도록 도왔고, 그 결과 불안, 우울증, 행복, 삶이 의미 있고 가치 있다고 느끼는 감정이 크게 개선되는 결과를 얻었다.[9] 또 다른 연구는 자연 속에서 90분을 걷는 것이 종종 우울증과 연관되는 슬하전전두피질Subgenual Prefrontal Cortex의 활동 감소로 이어진다는 것을 보여주었다.[10]

이런 종류의 자연 기반 활동을 총칭해 삼림욕Forest Bathing이라고 부르기도 한다. 이는 일본의 신린요쿠Shinrin-yoku라는 활동에서 유래된 것으로 심리적, 생리적 이점이 있다는 것이 입증되었다. 특히, 여러 연구가 삼림욕과 도시 녹지 공간 치료가 타액 내 코르티솔 수치, 맥박수, 혈압을 낮추고, 교감신경 활동을 나타내는 지표를 감소시키는 한편 부교감신경 활동을 측정하는 지표는 높인다는 것을 보여주었다. 목재 치료와 촉각 자극(나무와 나뭇잎 같은 자연 물질 만지기), 후각 자극(편백나무나 오렌지 에센셜 오일 향 맡기), 시각 자극(벽이 나무로 된 방에 있거나 신선한 장미 보기)을 통한 식물 치료 등에 대한 실험도 이루어졌다.[11] 이런 요인들은 생리적 이완 상태를 유도했으며, 사인을 더 잘 인지하고 해석할 수 있는 상태이기도 하다. 흥미롭게도, 가짜 꽃과 플라스틱 식물은 같은 효과를 내지 않는다.[12]

로빈이 죽은 후, 나는 너무나 우울해서 침대에서 일어나기가 힘

2부 사인에 마음을 열다

들 정도였다. 하지만 몸을 전혀 움직이지 않는 것은 원치 않아서, 매일 억지로 집을 나서 햄프셔 집 주변의 숲속을 30분간 산책했다. 몸에 좋은 일이라는 것을 알고 있었고 달리 할 수 있는 일도 없었다. 몇 주 후에는 30분이 아닌 한 시간 동안 산책을 하기로 마음먹었고, 일주일도 지나지 않아 정신 건강의 측면에서 차이가 느껴졌다. 신체 활동도 도움이 되었지만, 큰 영향을 준 것은 주변의 자연에 온전히 몰입한 경험이었다. 자연 속에서 보낸 이 시간은 일종의 삼림욕이었고, 내가 슬픔 속에서 방향을 찾는 것뿐 아니라, 사인을 받아들이게 된 데에도 큰 역할을 했다. 그 산책 동안, 나는 이전에 한 번도 가보지 않았던 길을 따라가곤 했다. 방향 감각이 형편없는 나는 보통 그런 일을 하지 않는다. 하지만 숲속에서의 나는 무언가의 인도를 받고 있으며 안전하다고 느꼈다. 마치 내가 이전에 와 본 적이 있는 것처럼, 아니 자연이나 내가 설명할 수 없는 무언가가 나를 올바른 방향으로 이끌어주는 것처럼 말이다.

자연에 몰입하다

—

자연과 멀리 떨어져 사는 많은 사람, 특히 도시에 사는 사람들에게는 삶에 자연을 끌어들이는 일이 어렵게 느껴질 수 있다. 하지만 자연의 이점을 활용하기 위해 주말마다 야생에서 캠핑할 필요는

7장 '자연'은 사인을 부르는 최상의 환경

없다. 스트레스를 줄이고 평온한 감각을 유도하는 자연의 혜택을 일상생활에 통합할 수 있는 손쉬운 방법들이 있다. 자연과의 연결을 되찾아 삶 속의 사인을 알아보고 활용하는 데 도움을 주는 긍정적이지만 간단한 방법 몇 가지를 여기에 제안한다.

그라운딩

자연을 경험하기 위해 집을 떠나 멀리 가야 할 필요는 없다. 단순히 자연 속에 있는 것을 넘어 자연계와 강한 신체적 연결을 만드는 가장 좋은 방법은 그라운딩Grounding(몸을 지구와 직접 연결해 자연적인 전자 흐름을 받아들임으로써 전자기기 사용, 인공 환경, 전자파 노출로 인해 생긴 전자 불균형을 해소하는 방법-옮긴이)이다. 잔디나 모래와 같은 자연 표면 위에서 맨발이나 고무 밑창이 없는 신발을 신고 시간을 보내는 것이 그라운딩 방법 중 하나다. 신발에 고무가 없어야 하는 것은 지구로부터 오는 에너지의 흐름을 막지 않기 위해서다.

요즈음은 맨발로 걷는 듯한 느낌을 주는 신발도 구할 수 있다. 그중에는 구리가 함유되어 있어서 지구에서 신체로 전자가 자유롭게 흐르게 해주는 제품도 있다. 여기에는 생체 리듬 조절, 염증 감소, 통증 관리, 수면의 질 향상, 스트레스 감소, 활력 증가, 혈압 조절 등 건강상의 이점이 있다.[13] 바다나 민물에서 수영하는 것도 좋다. 이 둘 모두 인기가 점점 높아지고 있는 활동이다. 어떤 형태로든 자연에 몰입하는 것이 건강에 무척 좋은데다, 자연수自然水에 있는 전자

2부 사인에 마음을 열다

의 전도성도 그라운딩의 한 형태이기 때문이다.[14]

2023년 나바호 네이션을 방문했을 때, 나는 밑창이 부드러운 스웨이드로 된 모카신 한 켤레를 샀다. 긴 산책을 할 만한 여유가 없을 때면 나는 동네 교회의 뜰로 가서 그곳의 잔디 위를 걸으면서 그라운딩을 한다. 해변에 갈 때도 신발을 벗고 모래 위를 맨발로 걷고 발끝이라도 물에 담그려 노력한다. 처음에는 약간 이상하게 느껴질 수도 있다. 하지만 양말과 신발을 벗고 정원이나 동네 공원의 잔디 위를 걷는 활동을 꼭 시도해보길 바란다.

자연 속에서 감각을 활용한다

환경 운동가를 나무를 껴안는 사람이라는 뜻의 트리허거Treehugger라고 부르기도 한다. 나는 문자 그대로 트리허거가 되었다. 나는 숲에 있을 때마다 다양한 질감들을 느끼고 모든 감각을 활용하려 한다. 흥미로운 질감을 가진 나뭇잎을 보면, 만져보고 싶은 충동을 느낀다. 아름다운 꽃을 보면, 꽃잎의 색상과 모양을 자세히 보고 향기도 맡는다. 나는 한련화나 목련 같은 식용 꽃을 길러 샐러드에 넣는 것을 좋아하며, 제철에는 야생 마늘을 채집하러 다닌다.

나는 파도가 부서지는 소리나 시냇물이 졸졸거리는 소리와 같은 자연의 모든 소리를 좋아하지만 특히나 새들이 지저귀는 소리를 좋아한다. 새들의 노랫소리는 대부분 사람들이 쉽게 접할 수 있는 자연의 소리다. 『사운드 비즈니스Sound Business』의 저자인 줄리언트레저Julian Treasure는 "사람들이 새들의 노랫소리에서 긴장을 풀고 안심할 수 있는 것은 새들이 노래할 때는 안전하다는 것을 수천 년 동안 학습했기 때문이다. 사람들이 걱정해야 할 때는 새들이 노래를 멈출 때다"라고 말했다.[15] 앞서 이야기했듯이, 나는 특히 울새의 소리에 귀를 기울이고, 울새의 소리가 들릴 때마다 달려가서 새의 모습을 찾아본다. 놓칠 때가 많지만, 그럴 때면 소리가 약속하는 안전한 느낌에 감사하는 마음을 갖는다. 긴 산책을 할 시간이 없다면, 밖에 앉아 새소리에 귀를 기울이고 그것이 당신의 기분을 어떻게 변화시키는지 느껴보라.

불을 바라보는 것은 우리 조상들이 밤에 모닥불 주위에 앉아서 했을 법한 일이다. 이는 자연환경에서 감각을 활용하는 또 하나의 좋은 방법이며, 혈압을 낮추고[16] 항염 반응을 일으키는 것으로도 밝혀졌다.[17] 초기 인류는 하늘의 별들도 바라보았을 것이다. 별을 보는 일은 경외심을 불러일으키고 시야를 넓혀 정신 건강을 증진시키는 것으로 드러났다.[18] 도시에 산다면 빛 공해 때문에 별 보는 것이 힘들겠지만, 시골이나 외딴곳에 있을 때면 밤하늘을 볼 기회를 놓치지 말라. 실망하지 않을 것이다.

자연 속에서 감각을 활용하는 활동을 많이 하고, 가능할 때마다 이런 활동들을 작은 습관으로 일상에 통합하길 권한다. 핵심은 자연을 온전히 경험하고 모든 면에서 감사하는 마음을 가짐으로써 자연의 혜택을 더 많이 누리는 것이다. 손이 좀 더러워지면 어떤가! 적극적으로 자연을 경험해보라.

집 안에 자연을 들인다

집 밖으로 나가지 않고 더 많은 자연을 삶에 끌어들이는 것도 얼마든지 가능하다. 나는 정원을 가꾸는 것을 좋아하고 계절마다 정원에 피는 식물과 꽃의 색상 구성을 매우 신중하게 생각한다. 이것이 매일 아침 나의 기분에 긍정적인 영향을 미치기 때문이다. 나는 정원 가꾸기, 또는 더 넓은 의미의 원예를 창의적인 활동이라고 말하고 싶다. 이런 활동에는 우리가 이전 장에서 논의했던 모든 혜택이 뒤따른다. 그 뿐만 아니다. 흙과의 직접적인 접촉 역시 정신적 웰빙의 측면에서 유익한 것으로 입증되었다. 쥐를 대상으로 한 실험에서는, 흙에서 흔히 발견되는 박테리아, 마이코박테리움 바카에My-cobacterium Vaccae와의 접촉이 세로토닌이 증가하고 항우울제와 같은 효과를 냈다.[19]

물론 모두가 정원이 있는 집에 사는 것은 아니다. 하지만, 발코니나 창턱만 있어도 자연을 환경에 들일 수 있다. 집에 식물을 두는 것은 물리적 환경을 개선하는 쉬운 방법이며, 그것들을 돌보는 행위 역시 웰빙에 기여한다. 무늬접란Spider Plant, 피스 릴리Peace Lily, 산세베리아Snake Plant, 알로에 베라Aloe Vera와 같은 품종은 산소를 공급하고 집 안 공기를 정화하는 효과가 있다.[20] 하지만 식물의 모습이나 공기의 질을 개선하는 효과보다 중요한 것은 식물을 돌보는 행위 자체다. 식물을 돌보는 일은 자연과의 작은 교감이다. 나는 내가 키우는 식물들에게 말을 걸고 예쁘다고 이야기한다. 새로운 싹이 나면 꼭 알아차리고 칭찬한다. 이것은 자연과 교감하는 매우 손쉬운 방법이다. 식물은 이웃이나 친구에게서 가지를 얻어 번식시킬 수 있기 때문에, 비용도 많이 들지 않는다.

자연에 접근하기 어려운 경우라면, 자연의 이미지나 영상을 보거나 자연의 소리를 듣는 것도 긍정적인 영향을 미치는 것으로 드러났다.[21] 집안에 자연의 사진(새, 동물, 식물, 바다, 산 등)을 둘 수도 있고, 꽃병에 꽃을 꽂아 둘 수도 있다. 새소리 같은 여러 자연의 소리를 틀어주는 라디오 방송국도 있다. 유튜브에는 흐르는 물, 험준한 산봉우리 위로 움직이는 태양, 아름다운 숲의 풍경과 같은 영상들이 많다. 이런 것들은 집으로 자연을 들이는 가장 간단한 방법으로 어느 정도는 유용하지만, 실제 자연만큼 영향력이 크지는 않기 때문에 이런 대체물에만 의존하는 것은 권하지 않는다.

질감도 우리가 환경을 경험하는 방식에서 큰 몫을 한다. 항상 다양한 질감을 좋아해온 사람으로서, 당신도 생활환경에 천연 질감을 도입해보길 추천한다. 예를 들어, 나는 모양과 질감이 좋아서 정동석 Geode(빈 내부 공간에 결정체나 광물이 채워진 퇴적암-옮긴이)이 박힌 타일을 산 적이 있다. 집안에 수정도 여러 개 전시해두었다. 그중 두 개는 정말 큰 정동석이다. 하나는 평화와 평온을 상징하는 보라색 자수정으로 현관 근처에 있고, 다른 하나는 풍요와 번영을 상징하는 노란색 황수정이다. 잠자는 동안 내게 영향을 미칠 수 있도록 침대 옆 탁자 위에는 작은 수정들을 두었고, 책상 위에는 사랑을 상징하는 로즈쿼츠를 두었으며, 사람들에게 선물받은 작은 수정들은 그릇에 담아 거실에 두었다.

집 안을 자연의 향으로 채우기 위해, 콩이나 코코넛과 같은 식물성 왁스로 만든 천연 향초와 에센셜 오일이 담긴 디퓨저를 곳곳에 두는 것도 좋다. 나는 때때로 인센스를 태우는 데, 이것은 내가 물려받은 문화적 전통이다. 세이지나 팔로산토 등 당신과 잘 맞는 어떤 향이든 사용할 수 있다. 야생화를 꺾어 와서 자연의 향기를 들이는 것도 가능하다.

인공적 자극이나 해로운 자극을 멀리한다

대부분의 사람은 자연의 반대쪽 끝은 오염이라고 생각하고, 이를 피하려 노력한다. 하지만 감각에 대한 평온하고 긍정적인 자극이 부족한 것 또한 해가 된다는 것을 아는 사람은 많지 않다. 이 때문에 환경에 더 많은 자연을 끌어들이는 것에는 소음 공해나 빛 공해와 같이 감각에 부정적인 영향을 미치는 것들을 가능한 한 피하는 것도 포함된다. 자연을 환경 속에 들여온다는 것은 환경과의 교감을 풍부하게 하는 것뿐 아니라, 당신에게 영향을 미치거나 감각을 자극하는 것들에 대해 의식하는 것이기도 하다. 그런 것들은 당신이 어느 정도 통제할 수 있는 부분이니까 말이다.

마리안 다이아몬드의 실험(205쪽 참조)에서, 자극이 풍부한 환경에 있는 것이 쥐의 뇌를 성장하게 했다는 사실은 전혀 놀랍지 않았다. 하지만 자극이 부족한 환경이 뇌를 줄어들게 한다는 것은 생각해보지 못한, 충격적인 것이었다. 나는 자극이 부족한 환경이 중립적인 환경과 같이 아무런 영향을 미치지 않으리라고 생각했다. 이 연구 결과는 자신에게 맞는 다양한 자연의 색상, 향, 질감으로 집을 채우는 것이 뇌에 정말 좋다는 것을 보여준다. 하지만 우리에게 더 큰 동기를 부여하는 것은 그렇게 하지 않을 때의 대가다.

자연과 더 깊은 연결을 향해

—

우리가 자연과 연결되어 있음을 확인하는 데에는 여러 가지 방법이 있다. 우리는 모두 먹이 사슬의 일부다. 식물이 없다면 우리가 숨 쉴 산소도 없을 것이다. 정도의 차이는 있지만 우리는 모든 생명체와 유전적 유사성을 공유한다. 멀리 거슬러 올라가면 모두가 공통의 조상으로부터 진화했기 때문이다. 우리는 모두 같은 유기적 요소로 이루어져 있다. 우리는 박테리아와 공생 관계를 맺고 있다. 이런 것들 외에 우리가 아직 이해하지 못하는 방식으로도 자연과 연결되어 있는 것은 아닐까? 새, 깃털, 심지어 내가 자연물에서 자주 보는 하트 모양이든, 사람과 공명하는 많은 사인은 어떤 식으로든 자연에서 비롯된다.

과학이 드러낸 연결 고리

과학자들 덕분에 불과 몇 년 전만 해도 상상하지 못하던 자연 속의 연결 고리가 드러나고 있다. 이는 앞으로 자연과 우리가 맺고 있는 관계에 대해서도 영향을 줄 것이며 아직 밝혀져야 할 것들이 많다는 사실을 시사한다.

최근 몇 년 사이, 특히 식물의 소통에 대한 이해에 상당한 진전이 있었다. 예를 들어, 촘촘하게 얽혀 마치 뿌리 같은 곰팡이의 균사체 Mycelium가 식물과 나무의 뿌리와 상호작용을 해 균근 네트워크 Mycorrhizal Network라고 알려진 것을 생성한다는 사실이 밝혀졌다. 이 네트워크는 개별 식물과 나무를 연결해 물, 질소, 탄소, 기타 미네랄을 전송할 수 있게 해준다. 그러나 더 놀라운 것은 이 네트워크가 일종의 소통이 가능한 것처럼 보인다는 점이다. 숲의 다른 부분에서 어떤 위협을 감지한 식물이나 나무는 생화학적 작용을 변화시켜 도움이 필요한 식물이나 나무를 지원한다.[22] 나무가 베이면, 다른 나무들은 균근 네트워크를 통해 뿌리 끝으로 그루터기에 물과 설탕을 제공한다. 이런 지속적인 영양 공급은 그루터기를 수십 년, 심지어 수백 년 동안 죽지 않게 한다. 같은 종의 나무에게만 이렇게 하는 것이 아니다. 아마도 자신들의 생존이 생태계 전체의 건강에 달린 공생 관계가 존재하기 때문일 것이다. 과거라면 이런 이야기가 공상으로 치부되었겠지만, 지금은 20~30년에 걸친 과학적 연구의 뒷받침을 받고 있는 상황이다.

나무, 균류, 균사체에는 신경계가 없지만, 일종의 감각과 인식이 있어서 결정을 내리고, 서로 소통하고, 자신을 보호하는 행동을 할 수 있다. 균류학자들은 곰팡이 균사 가닥에 있는 전기적 신호를 인간 두뇌의 신경망에 비유한다. 연구자들은 균사체를 이용해 음악, 컴퓨터, 일종의 인공두뇌, 가죽 대체물, 심지어 벽돌을 만드는 연구를 진행하고 있다.[23]

나무들은 균근 네트워크를 통한 소통 외에도, 화학물질을 분비함으로써도 상호작용을 할 수 있다. 예를 들어, 15년 전 사파리에서 한 가이드는 기린이 아카시아 나무를 너무 많이 먹으면, 그 나무들이 공기 중으로 화학물질을 뿜어 주변의 다른 아카시아 나무에게 쓴맛으로 변하라는 신호를 보내 기린들이 아카시아를 모두 먹어 치우지 못하게 한다고 말해주었다. 그리고 현대 과학은 이것이 사실임을 확인해주고 있다.[24]

이렇게 나무들은 생리 작용을 변화시킬 수 있는 화학물질을 분비해 서로 상호작용을 하며, 균사체는 나무들 사이에 메시지를 전달하는 상호작용을 한다. 식물은 인간과도 상호작용할 수 있는 것으로 보인다. 소나무, 참나무, 유칼립투스, 삼나무, 가문비나무, 전나무 등 특정 나무들이 방출하는 피톤치드Phytoncide라는 화학물질은 인간에게 영향을 미치기 때문이다. 이 물질은 인간 면역체계 내에 있는 자연살해세포(NK세포)의 방출을 촉발해 감기나 독감에서부터 작은 암세포에 이르는 모든 것을 물리치는 능력을 강화한다.[25] 이 효과는 자연환경 밖에서도 작용하는 것으로 드러났다. 한 실험은

2부 사인에 마음을 열다

도시 환경에서 피톤치드가 포함된 나무의 에센셜 오일에 노출되는 것이 스트레스 호르몬의 감소와 자연살해세포의 활동의 증가로 이어진다는 것을 보여주었다.[26]

고대의 지혜 속 자연과의 연결고리

균사체 네트워크와 나무 그리고 나무와 인간 사이의 이런 관계들은, 아직은 추측에 불과하지만, 자연이나 모든 생명체와 우리 사이의 상호 연결에 대해서도 과학적으로 아직 입증되지 않은 것이 훨씬 더 많다는 점을 시사한다. 우리의 조상들이 인간이 자연과 불가분의 관계라고 믿었던 것은 분명한 사실이다. 고대 문화의 전통은 본질적으로 말로 전해졌기 때문에 많은 관습이 사라질 수밖에 없었다. 하지만 오늘날에도 여전히 존재하는 전통문화를 통해 인간들이 가졌던 믿음, 즉 모든 살아있는 것들이 연결되어 있다는 믿음을 이해하고 배울 수 있다.

세계에서 가장 오래된 호주 원주민 문화와 토레스 해협의 원주민 문화는 자연이나 환경과 깊이 연결되어 있어서 스스로를 자연의 일부로 여기며, 자연을 돌볼 책임자로 생각한다. 그들은 음식, 의약품, 쉼터, 도구를 얻기 위해 천연 자원을 어떻게 사용하고 보존하는지, 계절이 식물과 동물에 어떤 영향을 미치는지 잘 알고 있다. 그들은 오늘날까지도 사용되는 화전 농법Firestick Farming과 같은 지속 가능한 관행, 4만 년 이상의 역사를 지닌 다디리Dadirri(호주 원주민에게서 유래한 개념. 깊은 내면의 성찰과 조용한 집중 그리고 자연과의 연결을 의미하는 명상적 활동-옮긴이) 같이 깊은 내면에 귀를 기울이고 인식하는 실천법 등을 발전시켜왔다. 또한 그들은 사람, 물질 세계, 영적 힘 사이의 연결을 상징하기 위해 토템을 사용한다. 나는 호주의 다윈에 살 때 흰색 코카투(앵무새)를 정말 자주 봐서 거의 런던의 비둘기처럼 느껴질 정도였다. 물론 훨씬 더 아름답기는 하지만 말이다. 나와 함께 일했던 원주민 연락 담당자는 그중에서도 희귀한 검은색 코카투는 돌아가신 조상이 동물의 형태로 나타난 것이라고 믿어서 원주민들은 검은색 코카투를 극히 상서로운 징조로 여긴다고 말해주었다.

태즈먼해 건너편의 뉴질랜드 마오리족의 총체적인 세계관, 테 아오 마오리 Te Ao Māori는 사람과 자연의 상호 연결성을 강조한다. "나는 환경이고, 환경은 나다 Ko ahau te taiao, ko te taiao ko ahau"라는 문구는 생태계의 건강과 인간 웰빙 사이의 관계를 보여주며, 화카파파 Whakapapa는 사람, 풍경, 식물과 동물 사이의 연결과 그들이 어떻게 존재하게 되었는지를 설명한다. 마오리족은 스스로 생명력, 신성한 장소, 땅, 흙, 물과 같은 보물을 보존할 책임이 있는 자연 세계의 수호자로 여긴다. 그들은 생물이든 무생물이든 모든 것이 서로 연결되어 있으며, 인간은 하늘 아버지 Rangi의 후손이라고 믿는다. 그들은 또한 모든 생명을 지탱하는 대지와 영적으로 연결되어 있다고 믿는다.

고대 힌두교의 베다 경전은 신성한 어머니의 현현顯現이 바로 자연이며, 자연이 파괴되면 인간도 파괴된다고 가르친다. 그들은 인간 또한 자연의 일부이기에, 자연을 사랑하고 존중해야 한다고도 말한다.

또 다른 좋은 예는 오랫동안 자연과 관계를 맺어온 아메리카 원주민이다. 그들의 가르침은 인간과 자연계 사이의 긴밀한 연결을 강조한다. 사실 인간은 자연의 일부로 자연과 분리된 존재가 아니며, 모든 것이 공생적인 순환 속에 연결되어 있다는 것이다. 아메리키 원주민들은 식물, 동물, 바위, 강, 인간 등 자연 속 모든 존재가 영혼을 가지고 있으며, 인간은 자연의 영혼들을 통제하려 하기보다는 협력해야 한다고 믿는다. 원주민들은 땅에서 무언가를 취하기 전에 기도를 하며, 태양춤Sun Dance은 모든 생명과 그 근원을 기리는 의식이다.

샤이엔Cheyenne 족과 메스칼레로 아파치 부족Mescalero Apache의 일원으로 태양춤 연구소Sundance Institute의 아메리카 원주민 및 토착 프로그램 책임자로 20년간 일한 버드 러닝워터Bird Runningwater는 나와의 인터뷰에서 식민주의가 아메리카 원주민 문화를 훼손한 방법 중 하나는 자연과의 이런 깊은 연결을 끊는 것, 특히 본래 먹던 전통식을 없애버린 것이었다고 말했다. 들소를 몰살하고 옥수수를 쌀로 대체한 것은 사실상 아메리카 원주민의 생활 방식을 무너뜨리기 위한 수단이었다.

여기에 전부 열거할 수는 없지만 전 세계의 너무나 많은 문화가 사람과 자연 사이의 이런 상호 연결을 존재의 근본이라고 믿었던 것을 생각하면, 현대의 우리는 자연과의 유대를 끊음으로써 식민화가 아메리카 원주민에게 했던 것과 같은 일을 스스로에게 하는 것이 아닐까? 만약 그렇다면, 자연과의 상호 연결이 제공하는 모든 이점을 얻지 못하고 있는 우리가 사인을 알아채는 능력이 떨어지는 것은 당연한 일이다.

이런 문화들은 상호 연결성을 믿기만 하는 것이 아니라 서구 세계에서는 상상조차 하기 어려운 방식으로 자연과의 연결을 활용한다. 이는 오늘날까지도 자연의 사인을 읽어내는 능력을 지닌 전통 문화에서 확인할 수 있다. 인도양의 안다만 제도에는 다른 인간들과 전혀 교류하지 않고 조상들과 같은 방식으로 사는 원주민이 있다. 대표적으로 옹게Onge 부족이 있다. 2004년 12월 쓰나미가 강타했을 때, 이곳의 섬들은 특히 심각한 피해를 입어 생존자보다 사망자가 더 많을 정도였다. 첫 번째 신혼여행지가 안다만 제도였기 때문에 그 일이 내게는 큰 충격으로 다가왔다. 그러나 원주민들 사이에서는 사상자가 거의 없었다. 환경에 대한 깊은 이해와 구전된 지식 덕분에 고지대로 몸을 피할 수 있었던 것이다.[27] 동물들이 지진을 미리 감지할 수 있다는 설이 있기 때문에, 새나 해양 생물의 행동 변화를 관찰했을 가능성도 있다. 우주에서 동물의 행동을 추적해 자연재해의 발생을 예측하려는 연구가 진행 중이지만, 이런 가설은 입증하기가 대단히 어렵다.[28]

원주민들은 어떻게 해서 이런 식으로 자연과의 연결을 활용할 수 있는 것일까? 버드 러닝워터에게 왜 땅이 그와 그의 부족에게 그렇

224

게 중요한지 그리고 강제 이주된 후에 자리잡은 새로운 장소를 터전으로 삼을 수는 없었는지 물었다. 그는 그들 부족이 암석의 지형, 나무의 종류, 그곳에 자연적으로 서식하는 동물, 그곳에서 자라는 음식들을 통해 그 특정한 땅과 유대를 형성한다고 설명했다. 다른 곳이 좋아 보이거나 필요를 충족시키는 것처럼 보이더라도, 자신들의 터전과는 다르다는 것이다. 그들이 땅과 맺는 연결은 자연에서 주어지는 다양한 사인을 더 정확하게 읽을 수 있게 해준다. 그 사인이 날씨나 별과 같은 물질적인 것이든, 조상과의 소통과 같은 영적인 것이든 말이다.

이 모든 사례는 우리가 과학적, 기술적 진보에 주의를 빼앗기는 동안 옛사람들 그리고 자연과 조화를 잘 이루고 있는 사람들이 오늘날의 대부분 사람들보다 자연의 정보에 쉽게 접근할 수 있었다는 것을 보여준다. 물론 이것은 주변 환경에 대한 실용적인 이해와 관련되지만, 많은 전통문화는 이런 지식에 영적인 측면도 있다고도 믿는다. 예를 들어 주변의 자연이 그들을 지켜보는 조상이나 신이라고 보는 것이다. 이는 그들이 자연이 그들에게 전하는 바를 해석할 때 지성보다는 직관에 의존하며, 따라서 자연과의 연결과 이해를 영적인 관점에서 설명하기 때문일 것이다. 옹게 부족에게 구름의 형성은 비가 올 신호일 수도 있지만, 다른 한편으로는 누군가가 그들을 내려다보며 보호하거나 인도하고 있다는 사인일 수도 있다.

환각제의 사용

　많은 원주민 문화와 고대 문화는 삶의 방향과 의미를 찾기 위해 다른 세상에서 오는 사인에 의존했다. 일부는 환각제 Psychedelics(문자 그대로 해석하면 '마음을 드러내는'이라는 뜻이다)를 사용해 영적인 영역에 접근했다. 이런 물질들은 모든 살아있는 것들이 하나로 연결되어 있다는 강렬한 일체감과 상호 연결의 느낌을 유발하기 때문이다.

　왜 환각제가 높이 평가되고 의식에 사용되었는지 확실히 이해하려면, 고대인들 그리고 그 전통을 잇는 사람들이 주변 세계와 상호작용을 하고 해석하기 위해 가졌던(혹은 가지고 있는) 독특한 신념 체계를 이해해야 한다. 나는 이들 사상으로부터 배울 것이 많다고 생각한다. 그들의 관행을 무분별하게 흉내 내는 것이 아니라 그들이 왜 그렇게 했는지를 살펴본다면 말이다. 예를 들어, 현대의 많은 사람들은 인간적인 것과 자연적인 것을 구분하지만 대부분의 전통 문화는 그렇지 않은 것으로 확인되었다. 이런 구분은 인지적, 의식적인 사고를 우선시하면서 생겨났다. 서구화된 사람들 중 일부는 환각제를 복용해 이런 인식의 장벽을 허물려 했었다. 하지만 그것은 잘못된 생각이다. 오래 전부터 환각제를 복용해온 고대 문화와 원주민 문화에서는 이미 사람이 자연이나 우주와 하나라고 믿으며, 오히려 삶의 경험을 확장하기 위해 환각제를 사용하기 때문이다. 우리가 자연과 어떤 식으로든 분리되어 있다고 말한다면 그들은 당황할 것이다.

일부 고대인들은 이런 물질을 '영혼의 약Spirit Medicine'이라고 불렀고, 이들 물질은 많은 문화와 종교에서 큰 역할을 해왔다. 몇 가지만 예로 들자면, 토착 신앙의 요소와 기독교적 요소를 결합한 미국 원주민 교회Native American Church는 페요테Peyote나 산 페드로 선인장San Pedro Cactus을 사용해 하늘과 땅 사이의 장막을 느슨하게 한다. 고대 그리스인들은 케온Kykeon이라는 음료를 사용했다. 힌두교 베다 전통에서는 대마초, 환각 버섯 또는 아마도 마황Ephedra을 포함하고 있다고 생각되는 소마Soma라는 혼합물을 의식 도중에 마셨으며, 조로아스터교에서는 이를 하오마Haoma라고 부른다. 알제리와 남아메리카의 여러 지역에서는 기원전 5,000년 전부터 환각 버섯에서 발견되는 실로시빈Psilocybin을 사용했다. 고대 로마인들은 광대버섯Amanita Muscaria(무시몰)을 차로 사용했으며, 이것은 초기 기독교인들이 박해를 견디고 살아남는 데 도움이 되었다고 알려져 있다. 그리고 라틴 아메리카의 샤먼들은 의식 중에 아야와스카 Ayahuasca를 마셨다. 이런 다양한 물질들은 초기 치유 관행에 통합되었고, 문화적, 종교적 의식에서 변성 의식 상태를 유도하고, 조상과의 소통을 촉진하며, 존재의 다른 영역에 접근하는 데 사용되었다. 이런 관행들은 주변 세계에 대한 정보를 얻고, 의식을 더 넓게 확장해 일상의 사인에도 더 잘 조화되도록 돕는 것을 목적으로 한다.

현대 신경과학은 인간이 환각제를 섭취할 때 뇌에서 무슨 일이 일어나는지를 밝혀냈다. 현재의 우리는 이런 물질들이 뇌 기능을 조절하는 5-HT2A 수용체에 작용한다는 것을 알고 있다. 인간의 뇌는 다른 어떤 동물보다 5-HT2A 수용체 밀도가 높고, 특히 뇌에서 가장 최근에 진화한 부분인 신피질의 5-HT2A 수용체 밀도가 높다.[29] 이런 수용체들이 예를 들어, LSD와 같은 환각제에 의해 자극을 받으면, 정서적 반응, 경외감, 경이감이 커지고, 뇌 전반의 통합성(상호 연결성), 특히 시각적 연결성이 강화되어 복잡한 환각이 나타나게 된다.[30] 실로시빈 역시 뇌의 연결성을 높인다. 때때로 실로빈이 오래된 문제에 대한 새로운 해결책을 제공하는 것도 이 때문이다.[31]

삶에 대한 새로운 관점을 얻기 위해 이런 물질과 관련된 위험을 감수할 필요는 없다. 고대인들이 믿었던 것과 같이, 홀로트로픽 호흡법Holotropic Breathwork,✢ 의식 연결 호흡법, 마음챙김, 자연 속에서

✢ 호흡법 전문가 제이미 클레멘츠Jamie Clements는 변성 의식 상태에 도달하기 위한 호흡 기술을 전문으로 다룬다. 그는 호흡법이 변성 의식 상태를 통해 내적 변화를 향한 통로를 여는 강력한 치유 수단이라고 설명했다. 의식 연결 호흡법은 빠르고 지속적인 순환 호흡으로 저탄산증이산화(탄소 부족)과 저산소증(산소 부족) 상태를 만들어, 중~고용량의 실로시빈을 복용한 것과 비슷한 수준의 신비로운 경험을 유도하는 기법이다.[32] 홀로트로픽 호흡법은 서양에서 개발된 치료적 호흡법으로 1960년대 후반 LSD가 불법화된 후 변성 의식 상태를 유도할 비약물적 수단을 찾기 위해 스타니슬라프 그로프Stanislav Grof와 크리스티나 그로프Christina Grof에 의해 만들어졌다. 의식 연결 호흡법은 숙련된 전문가와 함께해야 하지만, 앱 '더 브레스 스페이스The Breath Space'에는 이용할 수 있는 다른 많은 자료가 있다. 크리야 요가Kriya Yoga, 크리야 호흡Kriya Breathing, 쿤달리니 요가Kundalini Yoga 등의 명상 기법도 변성 의식 상태를 유도할 수 있다. 여기에서 유도되는 상태는 인식, 사고, 감정의 변화를 특징으로 하며, 때로는 상호 연결성, 행복감, 일체감으로 이어지기도 한다.

의 시간, 창의적 활동, 소마틱 훈련과 같은 자연적인 수단을 통해서도 물질적 세계 너머의 영역에 마음을 열 수 있다. 모든 생명체가 연결되어 있다는 것이 사실이라면, 이들 기법들은 당신이 다른 세상으로부터의 사인을 인식하고 해석하도록 당신의 마음을 여는 데 도움이 될 수 있다.

나는 전부터 자연 속에서 시간을 보내면 기분이 좋아진다고 말하는 사람이었지만, 일상에 그런 시간을 통합시키고 그 효과를 경험한 것은 최근의 일이다. 과학자로서의 나는 내 인생의 여러 지점들에서 꽤 회의적인 입장을 취했고, 무언가를 시도하기 전에 증거를 찾으려 했다. 하지만 최근 몇 년 동안, 영성에 대한 관심이 커지면서, 직관에 더 기대고, 옳은 일로 느껴진다는 이유만으로 행동하려는 의지가 생겼다. 그것이 뇌에도 도움이 되기 때문이다. 이는 우리의 웰빙과 자기 신뢰에 매우 중요한 요소인 조화와 일치감을 불러온다. 물론 나무 주변에 있는 것이 면역체계와 정신 건강에 좋다는 것은 과학적으로 입증된 사실이지만, 나무를 만지거나 해변에서 맨발로 걷는 데 꼭 과학적 이유가 필요한 것은 아니다. 몸의 소리에 귀를 기울여서 몸이 좋아한다는 이야기를 듣게 되면, 그것은 당신에게 유익한 일일 것이다.

심리적 안전감은 창의적 활동의 부산물 중 하나로 자연과의 더 가까운 연결을 통해서도 그와 비슷한 심리적 안정감, 편안함, 자기 확신을 얻을 수 있다. 자연과 가까워지는 것이 우리가 살아야 할 방식이나 인간다움의 본질에 더 가깝기 때문이다. 자연과 깊이 연결될수록 세상과 더 조화되고, 이는 자신에 대한 더 강한 신뢰감으로 이어진다. 앞서 말했듯이, 우리의 조상들은 환경과 부족을 이해하기 위해 감각에 의존했다. 자연과 단절되는 것은 직관에 접근하기가 어려워진다는 뜻이다. 따라서 어떤 면에서는 현대적인 삶이 우리를 가로막고 있다고도 볼 수 있다. 자연과의 연결을 잃었으니 말이다.

고대 문화에서처럼 자연과의 연결을 되살릴 수 있다면, 마음을 열고 사인의 발현을 촉진할 수 있지 않을까?

자연은 우리의 웰빙에 필수적이며 사인에 더 효과적으로 접근할 수 있는 중요한 길이다. 하지만 많은 사람은 환경이 우리에게 미치는 영향을 깨닫지 못하고 있으며, 그렇게 우리는 수천 년 동안 본래의 서식지이자 주된 환경이었던 자연과 단절되었다. 다행히도 우리는 자연과 본질적인 상호 연결성을 가지고 있던 고대 문화와 조상들에게서 영감을 얻을 수 있다. 그들은 우리가 실제로 분리할 수 없는 자연의 일부임을 보여준다. 이런 분리감은 우리의 인지적 사고가 만들어낸 것일 뿐이다. 그들은 또한 우리를 위로하고 인도하는 사인에 접근하는 데 이런 상호 연결성을 활용할 수 있는 가능성을 보여준다.

따라서 자연과 다시 연결되는 일에는 우리의 건강과 웰빙을 향상시키고, 우리가 진정한 본질과 더 조화를 이루도록 돕고, 사인의 변혁적인 혜택을 삶에 끌어들이는 최상의 조건을 만드는 등의 실질적 변화가 따라온다. 이제 사인을 우리 삶으로 끌어들이기 위해 고려해야 할 삶의 마지막 영역만이 남았다. 그것은 주변 사람들과의 관계다.

8장

'서로' 간의
연결에서
강화되는 사인

런던으로 돌아와 두 달이 지난 후, 나는 알피를 만나러 갔다. 그는 로빈의 30년 지기 친구로 로빈이 세상을 떠난 뒤 내게 큰 힘이 되어 주었다. 나는 햄프셔의 집에서 차로 5분 거리에 살고 있는 그에게 교회에 심은 나무를 보러 가고 싶다고 말했다. 거기에는 로빈을 위해 심은 나무와 작은 명판이 있었다. 나는 단풍나무를 선택했다. 로빈이 어린 시절 나무에서 메이플시럽을 받아 마시던 기억을 떠올리며 즐거워하곤 했기 때문이다.

나무를 본 뒤 차로 돌아와 시동을 걸자 라디오에서 노래가 흘러나왔다. 알피가 고개를 휙 돌려 나를 보았다. 하지만 나는 무슨 뜻인지 이해하지 못했다. 그가 "저스틴 비버의 노래에요"라고 말할 때까지 말이다. 알피는 평소 과학으로 설명할 수 없는 현상에 큰 의미를 두는 사람이 아니었다. 하지만 그 순간 흘러나온 그 노래는 그에게 그리고 나에게 큰 의미가 있었다. 비버는 로빈의 성이었기 때문이다. 우리 두 사람은 로빈에 대한 생각에 잠겼다. 앞서 이야기했듯이 나는 고인이 보내는 사인을 보기 위해서는 강렬한 감정이 필요하다고 생각한다. 로빈과 행복하게 살았던 집 앞을 지날 때 들려온 노래 가사도 의미심장했다. 그런 상황에서 나를 지지해주는 사람과 경험을 공유한 일은 사인을 더 명확하게 보게 해주었고 내가 사인의 중요성을 왜곡하고 있는 것이 아니라는 확신을 가지게 해주었다.

나는 사회가 서로의 연결이 얼마나 중요한지를 과소평가해왔다고 생각한다. 지금 우리가 사는 방식은, 인류가 수천 년에 걸쳐 진화하며 살아온 방식과 거리가 멀다. 사람들이 서로 영향을 주고받는 것은 피할 수 없는 일이며, 실재하는 일이고, 측정할 수도 있다. 그런 영향을 최적화하고, 자신과 조화되는 공동체의 지지를 받는 것은 건강과 행복에 근본적인 도움을 준다. '의학윤리와 의학사 저널'에 실린 논문 하나는 영적 건강의 차원, 구성 요소, 지표를 설명하면서 거기에 타인과의 인간적 연결을 포함시켰다. 그들은 연구 참가자들이 타인과의 연결이 개인의 행동에 긍정적인 영향을 주고, 사회적 책임의 수용, 타인의 권리 존중, 정직, 연민, 이타심, 관대함, 낙관주의, 공감, 자비심, 무조건적인 도움, 겸손, 질투나 원한을 품지 않는 결과로 이어질 수 있다고 믿었다고 말한다.[1]

타인과의 강한 연결은 사인을 받아들이고 해석할 수 있는 조건을 만드는 데에도 크게 기여하는 요인이다. 받은 사인을 신뢰할 수 있고 필요하다면 그 해석에 대해 논의할 수 있는 심리적 안전감과 믿음을 제공하기 때문이다. 사인은 주로 서로 간의 영적 연결에서 비롯되는 것이기 때문에, 고립된 상태라면 사인에 접근할 수 있는 능력은 제한된다. 다시 말해, 타인과의 관계가 더 좋을수록 사인은 더 강하고 풍부해진다.

우리는 모두 서로가 필요하다

—

나는 누구에게나 다른 사람들과 긴밀한 관계를 맺고자 하는 강한 욕구가 있다고 생각한다. 대부분의 사람은 자신 안의 이런 충동을 어느 정도 인식하고 있다. 타인과의 연결에 대한 욕구 역시 인류의 초기 시대까지 거슬러 올라간다. 집단의 일원이 되는 것은, 인간의 가장 자연스러운 존재 방식이며 진화 심리학적으로도 근본이 되는 특징이다. 초기 인류가 동굴에서 살던 석기시대에는, 밤이면 따뜻함을 느끼고 포식자들을 피하기 위해 가까이 모여 있어야 했다.[2] 자원에 따라 몇십 명의 사람들이 모여 집단을 이루고 살았고,[3] 생존은 모든 사람의 생존과 밀접하게 연결되어 있었다. 그 때문에 모두에게 사냥, 채집, 동굴의 관리, 음식 준비, 번식과 같은 각자의 역할이 있었다. 그런 역할이 공동의 목적을 위한 개인의 희생을 의미할 때도 있었다. 또한 초기 인류는 부족을 하나로 뭉치게 하기 위해서는 부족 내에 정서적 따뜻함을 만들어야 한다는 것을 깨달았다. 이에 저녁이면 모닥불 주위에 앉아 북을 치거나 춤을 추거나 예술을 통해 이야기를 전하고, 서로를 꾸미고, 아기를 공동으로 양육하는 등 유대를 강화하는 활동이 나타났다.

이런 식으로 진화해왔기 때문에, 우리는 누군가와 의미 있는 관계를 맺고자 하는 강한 욕구를 지니고 있으며 이 욕구는 직계 가족보다 더 넓은 네트워크를 통해서 충족되어야 한다. 그러나 현재 많은 사람이 점점 더 고립되고 있고, 특히 이웃, 동네 소매점, 종교 단체와 같은 공동체와의 단절이 심화되고 있다. 그렇기 때문에 이런 연결을 의도적으로 찾아야 한다. 우리는 자기 자신, 직계 가족, 소수의 친구, 직장 동료들만 우선시하는 경향이 있다. 외로움이라는 감정이 너무나 널리 퍼져 있는 상황에서 이런 성향은 심각한 문제가 된다. 갤럽Gallup이 전 세계 142개국 사람들을 대상으로 실시한 설문조사에 따르면, 전체 성인의 4분의 1 가까이 되는 사람들이 '매우' 또는 '상당히' 외롭다고 느끼며, 특히 노년층보다 청년층이 외로움을 느끼는 정도가 더 높아 외로움이 증가세에 있음을 보여준다.[4] 여러 연구를 통해 외로움을 느끼는 것은 수명을 단축시키며 흡연만큼이나 건강에 나쁠 수 있는 것으로 드러났다.[5] 또한 사회적 고립은 우울증과 뇌 기억 중추의 수축(해마의 회백질 부피 감소)과도 관련이 있다. 공동체 의식, 소속감, 연결을 강화하는 방식으로 타인과 함께하는 일은 인지적 웰빙에 필수적이다.[6]

이제 생존을 위해 주변 사람들의 직접적인 도움이 필요한 상황은 사라졌지만, 누구도 혼자서는 살아갈 수 없다. 우리는 다른 사람들의 보살핌에서 혜택을 얻고, 우리가 무언가를 줄 수 있다는 데에서도 혜택을 얻는다. 다른 사람들에게 봉사하고자 하는 욕구는 우리의 존재에 내재되어 있다. 우리는 모두 자신을 넘어서는 목적이 필요하다.

안타깝게도, 개인주의로 정의되는 현대 사회에서는 원격 근무와 도시화, 종종 대면 상호작용보다 우선시되는 온라인과 소셜 미디어를 통한 교류, 사람들을 일회용품으로 취급하게 만드는 데이팅 앱으로 인해, 많은 사람이 타인과 맺는 깊이 있는 유대를 잃어버렸다. 개인이 집단보다 우선시되는 사회가 되면서, 우리가 집단의 일부일 때 가장 번성하는 사회적 동물이라는 사실은 점차 잊혀졌다. 하지만 사람과의 연결이 사라진다면 애정 어린 지지를 잃고, 집단을 위해 봉사하고 친절을 베푸는 일에서 얻는 혜택을 놓치는 것은 물론, 우리 자신에게 해를 끼치게 된다. 의지하는 사람이 없을 때는 마음이 최상의 상태에 있을 수 없고, 따라서 삶에 사인을 맞아들일 최적의 조건을 만들지 못하기 때문이다. 이것이 집단을 다시 우선순위에 둬야 하는 중요한 이유다.

서로에게 미치는 무의식적 영향

우리는 집단의 구성원으로 진화해왔기 때문에, 우리의 몸은 우리 주변 사람들에게 흥미로운 반응을 하도록 발달했다. 예를 들어, 우리는 몸짓 언어나 미세한 근육 변화를 비롯한 얼굴 표정과 같은 것들로부터 정보를 받아들인다. 이런 신호들 중 일부는 의식적으로 받아들이지만, 대부분은 우리가 깨닫지도 못하는 사이에 뇌와 몸에

8장 '서로' 간의 연결에서 강화되는 사인

영향을 미치는 무의식적 과정이다. 눈을 얼마나 마주치는지, 목소리나 어조가 어떤지와 같은 비언어적 단서들이 가장 강한 메시지를 전달하는 경우도 많다. 주변 사람들은 우리에게 심리적으로 강한 영향을 미칠 수 있으며, 이를 통해 우리는 자신에게 이롭지 않은 방식으로 행동하게 될 수도 있다. 사회적 전염Social Contagion의 영향으로, 이혼이나 운동선수들 사이의 약물 복용과 같은 경향이 집단 내에서 정상으로 받아들여지고 도미노처럼 다른 구성원들에게 퍼지는 것이 그 한 예다.

다른 사람들과의 깊은 연결이 주는 영향은 심리적인 데에 그치지 않는다. 우리는 다른 사람과 끊임없이 정보를 주고받지만(그중 일부는 화학적으로 이루어진다) 이 모든 과정을 항상 의식하는 것은 아니다. 예를 들어, 아직 연구를 통해 인과관계가 밝혀진 것은 아니지만, 많은 사람은 우리가 땀을 통해 새어 나오는 코르티솔과 같은 호르몬의 공기 전이를 통해 주변의 사람들로부터 영향을 받는다고 믿고 있다. 공기 중에 남아 있는 입자들이 우리에게 흡수되어서, 우리의 스트레스 수준에 영향을 미치는 방식으로 작동하는 것이다. 스트레스 요인에 노출되거나 무엇 때문에 비롯되었는지 모르더라도 스트레스를 받는 사람을 보는 것만으로 코르티솔 수치가 올라간다는 것은 과학적으로 입증된 사실이다.[7] 반대로 타인이 표현하는 사랑을 통해 호르몬에 영향을 받기도 한다. 예를 들어, 포옹, 키스, 성관계 그리고 커다란 눈을 가진 강아지 같은 귀여운 새끼 동물을 바라보면 옥시토신이 분비된다.

2부 사인에 마음을 열다

후각은 우리가 유대감을 형성하고 강한 정서적 연결을 구축하는 주요한 방법이다. 예를 들어, 부모님이나 조부모님의 집에 들어갈 때면 여러 가지 기억이 몰려든다. 이는 냄새들이 어린 시절의 여러 가지 기억들과 연결되어 있기 때문이다. 일부 연구는 후각이 적응 면역체계의 기반인, 주 조직 적합성 복합체Major Histocompatibility Complex를 통해 연인을 선택하는 과정에도 역할을 한다고 말하고 있다.[8] 이 이론에 따르면 미래의 자녀가 서로 다른 면역체계를 물려받는 것이 이롭기 때문에 자신의 면역체계와 가능한 다른 면역체계를 가진 사람에게 끌릴 수 있다. 다만 이것은 관계의 성공을 예측하는 지표라기보다는 자손 생성을 효과적으로 하기 위한 수단일 것이다.

연인 관계에서 상대와 유대감을 형성하는 방식에는 무의식적인 화학적 요소가 존재한다. 이에 대한 연구 중 일부는 들쥐를 대상으로 이루어졌다. 목초지 들쥐와 산 들쥐는 상대를 가리지 않는 일부다처성을 가진 반면 프레리 들쥐와 소나무 들쥐는 포유류 중에서 드물게도 일부일처성이기 때문이다. 프레리 들쥐와 소나무 들쥐는 둥지를 공유하고, 자신의 영역을 지키며, 새끼를 함께 기르고, 짝에게 접근하기 위해 노력하고, 짝이 스트레스를 받을 때 공감하고, 접촉을 통해 서로를 위로하며, 항상 낯선 쥐보다 자기 짝을 선호한다. 이는 먹이와 쉴 곳이 부족해, 수컷이 여러 암컷을 쫓아다니기보다는 하나의 암컷과 정착해 집을 지키는 것이 더 합리적이기 때문이다. 이런 식으로 암컷은 새끼를 키우는 데 도움을 받고 침입자로부터 보호를 받는다. 옥시토신과 바소프레신 호르몬은 이런 행동에서 결정적인 역할을 한다. 수컷의 일부일처성 행동을 촉진하기 때문이다. 연구자들은 프레리 들쥐와 소나무 들쥐의 뇌에는 이들 호르몬에 대한 수용체가 존재한다는 것을 발견했다. 목초지 들쥐와 산 들쥐에게는 없는 추가적인 수용체가 말이다. 뇌의 보상 경로인 중격의지핵과 복측 창백핵의 뉴런은 짝이 가까이 있을 때 활성화되며, 유대가 깊어질수록 뉴런의 수가 증가한다. 또한 옥시토신과 바소프레신 관련 유전자가 더 많이 활성화되면, 일부다처성 들쥐들은 성관계보다 껴안는 것을 선호하게 되면서, 일부다처성 행동에서 일부일처성 행동으로 전환한다. 성적 활동도 뇌신경 회로의 형성에 영향을 준다. 들쥐의 뇌는 기본적 사회 행동을 위한 준비가 되어 있지만, 반복적인 성적 활동은 학습과 기억을 위한 유전자(아마도 후각을 통해 매개되는)와 보상 회로의 유전자까지 활성화시켜, 쥐들이 같은 파트너와 유대를 유지하는 것을 원하게 만든다.[9] 이런 호르몬 과정은 인간에게도 발생한다. 예를 들어, 사랑하는 사람의 사진을 보거나 손을 잡는 것은 중격의지핵으로 가는 혈류를 증가시켜 기존의 유대를 깊어지게 한다.

　바소프레신 호르몬은 혈압 조절, 혈액 삼투압(전해질 균형)과 혈액량 유지에 관여하며, 사회적 행동과 유대감에 영향을 미치고 공격성(파트너 또는 영역을 지키는 행위)을 조절하기 때문에 남성이 관계를 형성하는 방식에도 큰 영향을 미친다. 성관계를 기다리는 일은 남성의 바소프레신 수치를 높인다. 이 호르몬은 성적 흥분 상태에서 증가하지만 관계 후에는 감소해 유대감 형성의 가능성을 낮추기 때문이다. 여성의 경우, 데이트를 즐기고 성적 관심을 느낄 때 도파민과 옥시토신이 증가한다. 남성의 경우, 도파민, 바소프레신, 테스토스테론의 증가가 짝을 지키고 보호하고 소유하려는 행동으로 이어져 장기적인 관계를 유지할 가능성이 높아진다.

이런 호르몬 반응은 잠재적인 짝의 행동에 의해 유발되지만, 우리는 상대의 행동이 우리의 의사결정에 얼마나 큰 영향을 주는지 깨닫지 못한다. 그러나 이런 과정이 일어나고 있다는 것을 인식하면, 이 지식을 파트너를 선택하는 데 사용할 수 있다.

예를 들어, 여성의 경우 연애 초기에 성관계를 미룸으로써 상대가 단순히 성관계를 기다리면서 축적된 바소프레신의 영향을 받는 것인지 아니면 정말 장기적인 관계에 관심이 있는지 판단하고, 다른 경고 신호도 알아차릴 시간을 가질 수 있다. 또한 오로지 바소프레신 때문에 유대감의 신호를 보이는 남성은 성적 욕구가 단기간에 충족되지 않으면 상대에 대한 흥미를 잃을 가능성이 높다.

이 분야의 연구는 주로 이성애 커플에 초점을 맞추는 경향이 있지만, 이성애 남성과 동성애 여성, 동성애 남성과 이성애자 여성 사이에 뇌 구조의 유사성이 있다는 것을 보여주는 연구들이 있었다. 이는 동성애 관계에서도 이성애 관계와 동일한 호르몬 반응이 작용할 수 있음을 암시한다.[10] 그러나 이에 대해서는 더 많은 연구가 필요하다. 이런 이유로 애정 관계에서의 의사결정을 이끄는 신체적 신호와 호르몬 상호작용을 아는 것은 우리에게 도움이 된다.

우리가 잘못된 선택을 하거나 헤어지게 되면, 그것은 인지 능력에 영향을 주고 자기 신뢰를 약하게 만들며, 사인을 알아차리는 능력까지 약화시킨다. 우리는 보고 싶은 것만 보느라 놓치곤 하지만, 돌이켜보면 관계가 끝나가고 있거나 처음부터 잘못된 방향으로 가고 있다는 신호들이 존재하는 것이 보통이다. 감정을 조절하고, 호르몬의 영향을 이해하며, 사인의 인도를 따른다면, 좋은 장기적인 결과를 얻고 자신에 대한 신뢰를 강화할 가능성이 훨씬 높아질 것이다.

내 편을 만들고 관리하다

—

개개인에게 지나치게 가치를 두는 사회 속에서 내가 속한 집단이 어떤 것인지조차 잊어버린 사람이 많다. 영국의 인류학자 로빈 던바Robin Dunbar는 개인의 사회적 네트워크가 평균 약 150명으로 제한된다고 주장한다. 안정적인 관계를 유지할 수 있는 사람의 수에 인지적 한계가 있기 때문이다.[11] 이 네트워크는 연인, 직계 가족, 친구, 직장 동료, 지인들로 이루어진다. 이들은 자주 상호작용을 갖기 때문에 우리에게 가장 크게 영향을 미칠 수 있는 사람들이다.

이 네트워크는 너무나 다양한 방식으로 우리에게 직간접적인 영향을 주기 때문에, 우리는 이 집단을 정말 신중하게 관리해야 한다.

인간관계를 냉정하게 끊어야 한다는 말이 아니다. 가치관이 맞지 않으면 관계는 자연스레 멀어지게 마련이고, 이를 거절이나 버림으로 볼 필요는 없다. 서로 다른 길을 가고 있더라도 상대의 행복을 빌 수 있다. 그러니 당신의 진을 빼는 사람이나 지지받는다는 느낌을 주지 않는 사람과, 당신을 차분하게 만들어주는 사람이나 필요할 때 에너지를 주는 사람을 구분해야 한다.

나는 새로운 사람들을 만나고, 그들에 대해 알아가면서, 가치관이 잘 맞을 때는 서로에게 유익한 관계를 가꿔 새로운 우정을 쌓는 것이 건전한 인간관계라고 생각한다. 뇌의 신경망에서 연결이 강화되거나 가지치기 되는 것과 마찬가지로, 사적인 공동체에 대해 그리고 그 안에서 자신이 어떤 기여를 하고 있는지 신중히 생각해야 에너지를 지지적 연결을 강화하는 곳으로 향하게 할 수 있다.

우리는 사적 네트워크 너머, 더 넓은 공동체의 영향도 받는다. 우리와 같은 장소에 사는 사람들, 우리가 공통의 관심사나 신념을 공유하는 집단들로 이루어진 공동체의 영향을 말이다. 이 사람들을 대하는 방식은 직계 가족이나 친구 집단을 대하는 방식 못지않게 우리와 우리의 웰빙에 중요하다. 누군가에게 미소를 짓는 데에는 한 푼도 필요치 않으며, 이는 개인적인 차원에서 그리고 더 나아가 공동체적 차원에서도 긍정적 변화를 일으킨다. 커피숍의 점원에게 미소를 짓는다고 해서 반드시 그 사람과 긴밀한 유대가 형성되는 것은 아니다. 하지만, 일부 연구자들은 사회의 구조가 붕괴될 때(예를 들어, 폭동 중에)는 옥시토신 수치가 평소보다 낮아지며, 이는 신

뇌 수준의 감소로 이어진다고 주장한다.[12] 작은 친절의 순간들은 조금이긴 하지만 옥시토신을 높이는 데 도움이 된다. 만약 이런 일이 공동체 전반에서 벌어진다면, 이는 사회적 결속에 미묘하지만 깊은 영향을 미칠 것이다.

사람들을 친절하게 대하고 낯선 사람들과 연결되는 일에 대해서 생각할 때면 나는 항상 영화 〈어바웃 타임〉(2013)의 마지막 장면을 떠올린다. 시간 여행을 할 수 있는 주인공은 꿈꾸는 삶을 얻기 위해 계속 과거로 돌아가 그 상황을 고친다. 그러나 결국 현재의 지금 이 순간을 살고 자신이 가진 것을 진정으로 음미하는 것이 더 큰 선물이라는 것을 깨닫는다. 그는 서둘러 커피를 받아 들고 기차에 뛰어오르는 대신, 잠시 멈춰 서서 서버와 눈을 맞추며 미소를 짓고 인사를 건넨다. 비록 알지 못하는 사람이고 다시 보지 못할 수 있는 사람이더라도 말이다. 이런 작은 친절의 순간들이 쌓여 우리는 삶에서 추구하는 전반적인 연결감과 그에 따른 행복감을 만들어낸다.

모든 사람과의 상호작용에 이렇게 조금만 더 신경을 쓴다면, 감사하는 마음을 가지고 아름다운 것을 감상할 때처럼 옥시토신 수치가 올라갈 것이고 그런 상태라면 사인을 받을 가능성도 높아질 것이다. 기쁨, 설렘, 사랑, 신뢰와 같은 감정들과 연관되어 있는 옥시토신이 경계심을 낮추고 더 개방적이 되도록 돕기 때문이다. 또한 개방적이고, 편안하며, 스트레스 없는 상태에서라면 상황을 보다 포괄적으로 관찰할 수 있어서 주변 사람들과 세상에 대해 알아차리는 능력도 향상된다.

사회 전체도 당신에게 큰 영향을 미칠 수 있다. 자신이 몸담은 사회의 구성원 대다수는 직접적으로 상호작용을 하는 사람이 아니더라도, 집단적 수준에서 사람들의 영향력을 피하는 것은 불가능하다. 대중문화와 시대정신, 정치, 나이 든 세대와 젊은 세대 등의 다양한 사회적 요인들이 세상 속에서 자신이 어떤 존재인지를 이해하는 데 영향을 준다. 그리고 이 더 큰 규모의 연대감과 연결감 역시 사인과 함께 살아가는 삶에 도움이 된다.

현대 문화와 연결되어 있다는 느낌은 연결감을 형성하는 좋은 방법이다. 사소한 일로 보이는가? 그럼, 친구들이 모두 최신 인기 TV 프로그램에 대해 이야기하고 있는데 당신은 아직 보지 못했다면 어떤 기분일지 생각해보라. 우리를 하나로 묶어주는 것들로부터 떨어져 있다는 느낌은 상당한 고립감을 줄 수 있다. 물론, 우리가 모두가 참여해야 하는 하나의 포괄적인 문화와 같은 것은 존재하지 않는다. 문화는 다양하고 각자에게 모두 다른 의미를 갖는다. 중요한 것은 당신이 진정으로 공감하는 문화의 일원이라고 느끼고 그것과 의미 있는 방식으로 상호작용을 갖는 것이다.

가치관은 공동체에서 우리를 하나로 묶는 것이므로, 우리는 자신이 가치를 두는 것이 무엇인지, 누구와 그것을 일치시키고 싶은지를 명확히 해두어야 한다. 본능적으로 끌리고 열정을 느끼는 것이 무엇인지 자문해보고 그것을 삶에 끌어들인다면 큰 만족감을 느낄 수 있다. 이를 실천하는 간단한 방법으로는 자신이 특히 싫어하는 성격 특성을 떠올리는 것이다. 그 반대 성향이 아마도 당신에게 핵심이 되는 가치관일 것이다. 이기적인 사람이 정말 싫다면 관대함이 당신의 핵심 가치관 중 하나다. 이런 가치관과의 일치를 생각한다면 적절한 사람들을 당신의 삶으로 끌어들이고 유지하며, 사인을 더 잘 알아차릴 수 있는 심리적 조화의 또 다른 단계를 만들 수 있다.

스스로 원하는 유형의 친구가 되기

사람들은 연인이나 배우자를 찾을 때, 상대방에게 무엇을 원하는지에만 집중하곤 한다. 새로운 친구를 사귈 때도 마찬가지다. 대신, 당신이 주변 사람들에게 어떤 점을 원하는지 목록을 만들고, 이후 자신에게 그것들이 있는지 자문해보라. 그렇지 않다면, 당신은 당신이 원하는 사람들을 끌어들일 가능성이 낮기 때문이다. 당신 스스로가 당신이 원하는 유형의 친구가 되어야 한다. 그렇게 하면 당신이 원하는 사람들이 당신의 삶에 들어올 가능성이 훨씬 더 높아진다. 이 역시 주변 사람들에게 반응하기만 하는 수동적인 태도가 아니라 적극적인 태도를, 세상에 긍정적인 에너지를 내보내는 태도를 의미한다.

당신이 속한 문화의 유산이 집단 내에서의 정체성 형성에 어떤 영향을 미치는지 아는 것도 가치 있는 일이다. 싱가포르에 출장을 갔을 때 아시아 문명 박물관Asian Civilisations Museum을 방문한 적이 있다. 세심하게 큐레이션된 박물관이었다. 그곳에 있는 동안, 나는 그들이 아시아 문화를 설명할 때 '우리'라는 단어를 사용한다는 것을 깨달았다. 반면 대영 박물관British Museum의 아시아 전시관에 방문하면 유물 옆의 설명서에 '그들'이라는 단어가 사용되는 깃을 볼 수 있다. 이전까지는 '그들'이라는 단어가 나에게 '타자'라고 느끼게 만든다는 생각을 한 적이 없었다. 아시아계 혈통인 나는 '우리'라는 단어만으로 이전에 어떤 박물관에서도 느껴보지 못했던 자부심과 정서적 연결감을 느꼈다. 과거에는 내 직접적인 경험과는 동떨어진 역사적 사실만을 읽고 있었고, 그 사실들은 내 논리적인 뇌에만 영향을 주었기 때문이다. 음식, 음악, 예술, 공동체를 통해서 문화적 유산과의 연결감을 되찾는 것은, '자신'에 대한 인식을 높이고 삶의 의미와 공동체 의식을 찾는 데 큰 도움이 될 수 있다. 억압을 받았거나 소외된 집단이라면 특히 더 그렇다.

고대 문화와 그들이 조상과의 연결을 유지하는 방식에서도 지침을 얻을 수 있다. 여러 세대에 걸쳐 전해진 전통은 사회적 수준에서 그 전통을 공유하는 사람들과, 더 중요하게는 당신보다 먼저 살았던 사람들과의 동족 의식을 만들어낸다. 아메리카 원주민, 나이지리아의 요루바Yoruba 부족을 비롯한 토착 문화들은 전통을 통해 오늘날의 우리는 거의 경험하지 못하는 방식으로 조상들과 강하게 연결되어 있으며, 조상들과 교감하고 그들에게 존경을 표하는 일은 일상의 본질적인 부분이다. 나는 이런 방식의 삶 속에서 성장했다. 예를 들어, 우리 어머니는 조상에게 음식을 올리곤 했다. 힌두교와 자이나교와 같은 고대 문화에서는 조상, 세상을 떠난 사랑하는 사람들, 신이나 천사와 같은 다른 자비로운 존재들이 날씨를 바꾸거

8장 '서로' 간의 연결에서 강화되는 사인

나 종종 자연과 관련된 사인을 우리에게 보내는 식으로 이 세상에 영향을 미칠 수 있다고 믿었다.

　혹 지금 당신의 삶에는 의미 있는 관계가 없는가? 의미 있는 관계를 찾는 것이 쉬운 일이 아니라는 점은 나도 잘 알고 있다. 하지만 그것은 우리의 존재에 필수적인 부분이므로, 지금 의미 있는 관계를 맺은 사람들이 없다면 그런 사람들을 찾을 방법을 적극적으로 모색할 수 있도록 힘을 실어주고 싶다. 공동체 의식, 우정, 성장을 격려하는 상호작용을 찾기 위해 당신이 할 수 있는 일들이 있다. 다음은 그런 방법들을 요약한 것이다.

- 작은 친절을 실천한다.
- 현대의 문화 흐름과 상호작용을 갖는다.
- 자신의 핵심 가치를 파악하고 비슷한 사람들과 뜻을 같이 한다.
- 문화적 유산과의 연결을 되찾는다.
- 조상과의 연결을 형성하고 사인을 요청한다.

과거의 멘토를 소환한다

당신보다 먼저 세상을 살다 간 사람들과의 연결감을 더 강하게 느끼기 위해 사용할 수 있는 수단이 있다. '시간을 초월한 멘토 Mentors Across Time' 활동이다. 내가 첫 TEDx 강연을 위해 브라질에 갔을 때, 나는 상당히 긴장한 상태였다. 완전히 새로운 주제를 이야기할 계획을 갖고 있었던 데다가, 청중 앞에서 연설하는 것이 실시간으로 녹화되고 있었기 때문이다. 주최자는 강연 전날 나를 마을 외곽의 불교 사원으로 데려가서, 나보다 먼저 살았던 모든 스승이 시간을 초월해 내 뒤에 서서 그들의 지식과 기술로 나를 뒷받침하고 있다고 상상해보라고 말했다. 그 간단한 시각화는 나에게 무척 큰 도움이 되었다.

1. 누구에게 지원을 받고 싶은지 생각한다. 조상이든, 당신이 몸담은 업계의 선배이든, 다른 어떤 집단에 속한 사람이든 상관 없다.
2. 눈을 감고 당신보다 먼저 세상에 온 모든 멘토를 마음속에 그린 후 그들이 모두 시간을 초월해 당신 뒤에 서 있다고 상상한다.
3. 그런 지지를 받는 것이 어떤 느낌인지에 주목한다.
4. 그들이 당신에게 무슨 말을 할지 자문해보고 그들의 표정과 몸짓 언어에 주의를 기울인다.
5. 그들의 애정 어린 지지와 격려로 에너지가 채워지는 것을 느낀다.
6. 눈을 뜬 후, 그 경험을 일기에 적는다.

집단 무의식에 접속한다

—

개인적 관계와 사회적 관계 등 여러 단계의 상호작용들은 우리가 본질적으로 사회적 존재며, 우리는 모두 정신적, 감정적, 영적으로

8장 '서로' 간의 연결에서 강화되는 사인

연결되어 있다는 사실을 말해준다. 이는 지금 살아있는 사람들과의 연결을 의미한다. 그렇다면 세상을 떠난 사람들 그리고 다른 자비로운 영혼이나 조상을 아우르는 우주적 힘이나 의식의 근원과 연결을 유지하는 것이 가능하다면 어떨까? 우리가 1장에서 보았듯이, 영혼의 불멸성은 그리스 철학자 아리스토텔레스, 플라톤, 소크라테스부터 남아시아의 오랜 베다 경전에 이르기까지 수천 년 전부터 논의되었으며, 현대 과학은 아직 의식이라는 문제에 답을 제시하지 못했기 때문에 지금 우리의 삶에 존재하는 사람들 너머로 지지와 지침의 네트워크가 확장될 가능성은 여전히 남아 있다.

칼 융의 집단 무의식Collective Unconscious 이론✦은 이런 영적 연결의 가능성에 대해 이해하는 한 가지 방법이다. 집단 무의식은 모든 사람 사이에 심리학적 공통점을 만들어내기 때문이다. 융은 모든 인류가 조상의 경험과 유전적 뇌 구조로 인해 보편적인 심리적 경험을 가지게 되고 여기에서 파생된 무의식적인 정신 개념을 공유한다고 믿었다. 여러 연구가 정신 건강의 문제가 유전될 수 있으며, 이것들이 뇌 구조나 기능의 차이와 연관될 수 있음을 보여주었지만, 그 근본이 되는 신경학적 메커니즘은 아직 명확하지 않으며 융의 보편적 정신 개념 또한 마찬가지다.[13]

✦ 자신의 경험에 의해 형성되는 '개인 무의식Personal Unconscious'와 및 융이 합의된 현실, 즉 그 시대의 지배적인 이데올로기와 동일시한 '집단 의식Collective Consciousness'과 구분된다.

그러나 융의 이론에 따르면, 역사 전체에 걸쳐 공유된 이들 경험, 즉, 탄생, 삶, 죽음 등 태초부터 모든 사람이 경험해왔고 경험하고 있는 것들이 무의식 속에 남아 있으며, 이것들은 우리의 개인적 경험만으로는 설명되지 않는다. 융은 이렇게 우리가 공유하는 근본적 개념, 경험, 본능을 이해하는 데 도움을 주기 위해 원형Archetypes이라는 용어를 만들었다. 현자Wise Old Man, 노파Crone, 전사Warrior, 반항아Rebel 같이 가치관과 특성을 공유하는 이들 원형은 다양한 문화와 문명에서 나타난다.

융의 이론에는 최소 해석Minimal Interpretation과 최대 해석Maximal Interpretation이 있다. 최소 해석은 뇌 구조의 측면에서 공통적인 유전적 요인이 있기 때문에 무의식이 작동하는 방식에 유사성이 나타난다는 생각에 기반을 둔다. 그리고 최대 해석은 이런 공유된 원형들의 근원이 되는 일종의 힘, 세계 정신World Mind, 또는 우주적 의식Universal Consciousness이 있다는 것이다. 내 경험과 (44쪽에서 만났던) 그레이슨 박사와 같은 사람들의 연구를 바탕으로 하면 최대 해석이 일리가 있어 보인다. 나의 경우, 우리가 필요로 하는 사인에 접근하게 해주는 '우주적 힘' 또는 일종의 공유된 의식, 신성Godhead, 우주, 천사(그 이름이 무엇이든)가 있다는 믿음이 점점 강해지고 있기 때문이다. 개인적으로, 나는 대부분의 사인과 메시지가 로빈에게서 온 것이며, 일부는 세상을 떠난 다른 사랑하는 사람들에게서 온 것이고, 어쩌면 그들이 천사가 되지 않았을까 생각한다. 그리고 나는 이것을 가능하게 하는 메커니즘이 모든 영혼의 의식으로 이루어진 우주적 힘이라고 믿는다.

사람이 죽으면 그들의 의식은 우주적 의식의 집합체로 들어가게 된다. 당신이 그것에 접근할 수 있다면, 당신은 그 우주적 힘에 속한 모든 지혜로부터 더 폭넓은 인도와 보호를 받을 수 있으며, 세상을 떠난 사랑하는 사람들의 직접적인 인도와 보호를 받을 수도 있다. 명상, 특정 유형의 호흡법, 자연 속에서의 시간, 창의적 활동 등 이전 장들에서 설명된 활동들은 이런 우주적 힘에 접근하기에 가장 좋은 상태가 되는 방법이다. 하지만 나는 이런 놀라운 지식과 지혜의 원천에 접근할 수 있는 주된 방법은 사인이며, 사인이야말로 우주적 의식을 들여다볼 수 있는 창이라고 믿는다.

친구들과 이런 주제로 대화를 나누는 것만으로도 이 높은 힘에 접근하는 데 도움이 될 수 있다. 사인에 대해 이야기함으로써 상대는 마음을 놓고 자신의 경험을 공유할 수 있게 되고, 내가 경험했듯이 비슷한 경험을 한 새로운 사람들을 삶으로 끌어들이게 된다. 책의 앞부분에서 이야기했듯이, 나는 사인이라는 개념을 전혀 받아들이지 않을 것 같이 보이는 사람에게 사인에 대해서 이야기하다가, 그들이 사실은 세상을 떠난 사랑하는 사람의 존재를 느끼거나, 그들과 연결되어 있다는 느낌을 받거나, 그들의 인도를 받은 경험을 겪었다는 것을 발견한 적이 많다. 이런 일들을 통해 나는 용기를 가지고 사인에 대한 대화를 더 편안하게 시작할 수 있게 되었다. 또한 여기에서 느끼는 심리적 안전감은 내가 유익한 사인을 받아들이는 데 마음을 더 열도록 해준다. 당신 역시 삶의 이런 측면을 탐구할

2부 사인에 마음을 열다

자격이 있다고 느낄 수 있기를 바란다. 약점을 공유한 사람들은 유대감이 강해진다. 따라서 사인에 대한 대화는 많은 친구들과의 우정을 깊어지게 하고 새로운 사람들을 삶에 끌어들이는 선순환을 만들어낸다.

사인에 대해 믿음을 갖도록 돕는, 마음이 맞는 사람들은 특히 내가 슬픔에 잠겨 있는 동안 나를 보호해주는 힘이었다. 로빈이 세상을 떠나고 6주 후 내 침대 옆에 나타났을 때, 이 사람들은 주저 없이 나를 믿어주었고, 그로써 내 경험을 유효한 것으로 인정해주었다. 그런 반응은 사인에 대한 접근 방식 전체를 변화시켰다. 처음에는 사람들에게 이야기하는 것이 약간 두려웠기 때문이다. 나는 사람들이 그 경험을 슬픔 속에서 간절히 원한 탓에 생긴 일로 치부할까 걱정했었다. 하지만 실상은 현대의 과학으로 설명할 수 없는 것들에 대해서도 마음을 열고 기꺼이 대화를 나누는 사람들이 주변에 많다는 사실이다. 이는 사인과 함께 삶을 살아가는 데 도움을 준다. 그리고 나는 이런 내 편이 없는 사람들이 결국 길을 잃고 고립감을 느끼게 될까 걱정이 된다.

핵심은 사인을 활용하기 위해서는 적합한 심리적 상태를 만들어야 한다는 것이다. 관대한 정신과 개방성을 목표로 삼아야 한다. 삶이 불공평하다고 느끼고 그 때문에 내향적이 되거나 시야가 좁아지고 있다면, 유익한 사인을 받을 가능성이 낮아진다. 믿음은 낙관주의, 희망, 긍정성이란 토대 위에 세워지며, 비관주의, 부정, 현실도피를 토대로 할 수는 없다. 몇 명이라도 좋은 사람들이 곁에 있다면 그런 심리적 상태를 갖출 가능성은 훨씬 높아진다.

나는 세상을 떠난 사랑하는 사람들이 여전히 우리 곁에 남아 있을 수 있으며, (우주, 우주적 힘, 신, 등 이름이 무엇이 되었든) 당신에게 의미 있는 존재가 항상 우리에게 사인을 보내고 있고, 모두에게 그런 사인을 받을 능력이 있다는 점을 점점 더 굳게 믿게 되었다. 그것을 알아차리느냐, 알아차리지 못하느냐는 우리에게 달려 있다. 우리가 그것들을 해석하는 방식과 그 해석을 기반으로 우리가 취하는 행동들은 우리가 삶을 영위하는 방식을 변화시키고, 헤아릴 수 없을 정도로 인생을 풍요롭게 만드는 능력을 지닌다.

이미 살펴보았듯이, 우리 사이의 연결은 쉽게 설명할 수 있는 것이 아니다. 이 장을 끝내기 전에, 서로가 얼마나 깊이 연결되어 있는지, 또 우리가 그것들을 얼마나 제대로 이해하지 못하는지를 보여주는 놀라운 이야기를 공유하고 싶다. 마크 오펜-라이얼Mark Orpen-Lyall은 회복력을 전문적으로 연구하는 조직 심리학 박사로 자산 관리 회사들과 일하고 있다. 다음은 그가 들려준 사인에 관한 이야기다.

나는 기억에 남을만한 소중한 순간들로 이루어진 행복한 삶을 살았다. 첫 사건은 내가 태어난 첫해에 어머니, 이모, 할머니가 목격한 것이다. 어머니는 미혼모였기 때문에 대신 할아버지가 나의 '멋진 아버지Grand Father' 역할을 해주셨다. 할아버지와 나 사이에는 누구도 부인할 수 없는 강한 유대가 있다.

　내가 갓난아기였을 때, 할아버지는 콰줄루-나탈에서 집으로 돌아오다가 사고를 당했다. 부주의한 운전자가 험한 고개에서 앞차를 앞지르려다가 할아버지의 차와 정면으로 충돌했다. 할아버지는 간신히 죽음을 면했고 응급실로 급히 실려 갔다. 한편, 천 킬로미터 이상 떨어진 곳에서는 할머니가 숨을 쉬지 않는 내 몸을 안고 있었다. 나의 피부는 푸른색으로 변한 상태였고 의식을 잃었다 깨어나기를 반복하고 있었다. 가족들이 나를 응급실로 데려가려는 순간 왜인지 모르게 회복되었다. 그날 늦게, 할머니는 남편이 끔찍한 교통사고로 병원에 있다는 전화를 받게 되었다. 일어난 사건들을 짜맞춰 보니 내가 죽어가던 순간, 할아버지는 병원으로 실려 가고 있었다. 다행히, 나와 할아버지는 완전히 회복했고, 할아버지와 함께하는 멋진 12년이 시작되었다.

　할아버지는 69세에 심장 수술을 받다가 돌아가셨다. 수술 당일, 집으로 들어서면서 나는 본능적으로 할아버지가 돌아가셨다는 것을 알았다. 누구도 만나지 않았는데도 알 수 있었다. 그날 오후, 울새가 날아와 창턱에 앉았다. 눈물이 흘러서 잘 보이지 않지만 새는 거기에 가만히 앉아 있었다. 새는 오랫동안 자리를 지키며 나와 슬픔을 함께했다. 그날 이후, 내가 중요한 문제로 힘들어하거나 외롭다고 느낄 때면 울새가 찾아와 함께하곤 했다. 설명하기는 힘들다. 울새는 그냥 나타나서 내가 혼자가 아니라는 것을, 할아버지께서 나를 지켜보고 있다는 것을 상기시켜 준다. 슬프면서도 한편으로는 달콤한 감정을 느낀다. 할아버지가 몹시 그립지만, 동시에 할아버지가 곁에 있다는 사실에 큰 위로를 받는다.

박사 학위를 가진 임상 심리학자인 나는 증거 기반 과학에 큰 가치를 둔다. 하지만 이제 나는 증명이 가능한 것뿐 아니라 설명할 수 없는 것의 가치도 알게 되었다. 어떤 경험들이 지금의 과학적 이해나 설명의 수준을 넘어선다는 것이 현실을 무시해도 된다는 의미는 아니다. 그런 경험은 얼마든지 존재할 수 있다. 다만 우리가 그런 일이 어떻게 존재하게 되는지 모를 뿐이다.

이전 장들에서 보았듯이, 스트레스를 받을 때면, 사인을 알아차리고 해석하는 뇌의 능력이 약해진다. 따라서 만약 주변에 에너지를 고갈시키는 사람들이 있다면, 당신의 정신적 자원은 줄어들고, 사인에 마음을 열고 받아들이는 가능성은 낮아진다. 더 나아가, 사인을 받은 경험에 대한 당신의 이야기를 듣고 사람들이 비웃거나, 이해하지 못하거나, 사실이 아니라고 생각한다면, 그것 역시 당신의 개방성에 영향을 미칠 것이다. 기꺼이 자신의 경험을 공유하고자 하는 마음을 약화시키는 동시에 삶에서 사인이 가지는 힘에 대한 당신의 믿음을 갉아먹는 식으로 말이다.

사인을 알아차릴 수 있으려면, 사인을 받아들이는 일에 대해 마음을 열어야 한다. 의식하지 못하는 사이라도 사람들로부터 부정적인 영향을 받고 있다면, 사인이 당신에게 유용할 수 있다는 가능성에 부정적 태도를 가지게 될 수 있다. 그리고 이것은 실제적인 위협이다. 이 장에서 보았듯이, 우리는 생각보다 다른 사람들의 영향을 훨씬 더 많이 받기 때문이다.

더 안정감을 느끼고 더 큰 지지를 받을수록, 삶에 사인을 끌어들일 수 있는 정신적 여유가 커진다. 그리고 어떤 식으로든 공유된 의식의 가능성에 열린 마음을 가지고 있다면, 다른 사람들과의 사이에서 느끼는 유대와 당신 편인 사람들의 지지를 통해 그 지혜에 접근하는 데 한 걸음 더 가까워질 것이다. 내 경험에 비추어보면, 바로 그때 사인은 당신의 삶 속에서 일상적인 부분이 된다.

결 론

2025년 밸런타인데이에는 친구와 점심을 먹고 산책을 한 뒤 동료 사이먼과 회의를 했다. 보람 있고 즐거운 하루였지만 그날 저녁 택시를 타고 집으로 가는 길에는 텅 빈 집으로 돌아가고 있다는 것이 갑자기 슬프게 느껴졌다. 나는 마음속으로 "여보, 밸런타인데이를 기념하는 사인을 보내줘요"라고 말했다. 곧 뒤에서 스포츠카가 다가오는 소리가 들렸다. 로빈은 차를 좋아해서, 매년 여름마다 떠나는 프랑스와 이탈리아에도 차를 가지고 갈 정도였다. 지나가는 차는 빨간색이었다. 나는 이렇게 생각했다. "그이는 빨간색 스포츠카를 좋아하지 않았는데. 하지만 밸런타인데이에는 빨간색이지."

갑자기, 나는 그 차의 번호판을 봐야겠다는 강한 충동을 느꼈다.

사인이 임박했다는 긴급한 느낌이었다. 번호판에 분명 'RB'가 있을 것이란 확신이 들었다. 아니나 다를까, 다음 신호등에서 차를 따라 잡았을 때, 번호판이 'C21 RBN'이라서 사진을 찍었다. 당시에는 C21가 무슨 뜻인지 알지 못했다. 나는 내 비서실장이자 친한 친구이기도 한 트레이시에게 "방금 일이 있었어요. 사진을 보낼게요"라고 말했다. 사진을 보내던 중에 갑자기 'C21'이 무슨 뜻인지 떠올랐다. 트레이시는 내가 말을 하기도 전에, "'RBN'은 발음상 '로빈'이니, 그냥 'RB'보다 훨씬 더 강력한 사인이에요. 로빈이 태어난 곳이 캐나다고 생일이 9월 21일 아니었어요?"라는 답을 보내왔다. 그러고 나서 그녀는 "지금까지 많은 사인을 받아왔지만, 이게 가장 강력한 사인이에요. 저라면 막 떨릴 것 같아요. 당신도 그렇죠?"라고 문자를 보냈다.

이 책을 마무리할 때쯤 일어난 이 일은 내가 지금껏 받은 (오해의 여지가 없는) 사인의 힘과 그것들이 내 삶과 일에 얼마나 중요한 의미를 갖는지를 다시금 일깨워주었다. 나는 지금까지 수많은 사인을 받아왔는데도, 그런 일을 겪을 때마다 숨이 멎을 만큼 크게 감동한다. 나는 인도를 받고 보호를 받고 있다는 이 특별한 느낌을 당신도 느낄 수 있다고 믿는다.

친구들과의 이야기를 나누면서, 나는 그들이 이미 사인을 받고 있었지만, 내 이야기를 듣기 전까지 그것이 무엇인지 인식하지 못하고 있었음을 깨달았다. 나와 그런 주제로 대화를 나누고 사인을 받을 가능성에 마음을 열기 시작하자 바로 사인이 찾아온 사람들도 있었다. 이런 사인을 목격한 어떤 사람이 내게 이렇게 말했다. "일단 사인을 인식하기 시작하면, 삶은 절대 전과 같을 수 없다."

  어떤 인터뷰에서 내가 하는 일을 설명하는 대신, 그 일이 나에게 어떤 의미인지 설명해달라는 요청을 받은 적이 있다. 당신도 의도적으로 이에 대해 생각해보았으면 한다. 사인은 나에게 어떤 의미가 될 수 있을까? 그것들이 내가 사는 방식을 어떻게 변화시킬 수 있을까? 그리고 이 책에서 끌렸던 요소들을 내 삶에 끌어들이려면 어떻게 해야 할까?

  나는 지금까지 내가 사인을 통해 받은 혜택을 개략적으로 이야기하고 사인에 접근하기 위해 당신도 사용할 수 있는 방식을 설명하기 위해 노력했다. 이제 그 지식을 가지고 무엇을 할지 결정하는 것은 당신의 몫이다. 명상, 일기 쓰기, 다른 사람들과의 대화를 비롯해 당신에게 적합한 어떤 형태의 성찰이든 가능하다. 이 성찰의 과정이 이 책을 읽고 자기 삶 속의 사인에 대해 생각하면서 이미 시작되었기를 바란다. 하지만, 계속 진행하면서 책으로 다시 돌아와 아직 시도해보지 않은 제안과 아이디어들을 고려해보는 것도 좋다. 나는 긴 깨달음의 여정을 걸어왔고 덕분에 영성은 그 어느 때보다 내게 중요해졌다. 책에서 살펴보았듯이, 이 여정은 자연 속에서 더 긴 시간 산책을 하고 주변에 있는 내 편들의 지원에 의존하는 데에서 시작되었다. 스스로에 대한 신뢰를 잃었던 나는 직관과의 연결도 되찾아야 했다, 시간이 지나면서, 나는 내 삶에 깃든 아름다움의 중요성을 깨닫고, 의도적으로 창의적 활동들을 내 일과에 도입했다. 이런 것들이 감각에 더 집중하려는 노력과 어우러져, 주변 세상을 더 잘 알아차리게 해주었다. 이런 과정을 통해 나는 내게 보내진 사인을 보고 그것들을 온전히 활용해 위안과 지침을 얻고 전반적인 삶의 경험을 풍요롭게 할 수 있게 되었다.

당신의 여정이 나의 여정과 정확히 일치해야 할 필요는 없다. 당신은 당신만의 길을 발견해야 한다. 직관을 더 효과적으로 활용하는 것만으로도 삶을 사는 방식을 개선하기에 충분하다고 느끼는 사람도 있을 수 있고, 자연이나 다른 사람들과의 강한 연결에서 사인을 따를 수 있는 자신감과 신뢰를 얻지만, 창의성과 아름다움은 그리 중요치 않은 사람도 있을 수 있다. 무엇이든 당신이 공감할 수 있는 것을 이 책에서 얻어갔으면 하는 것이 나의 바람이다. 나는 그것이 의식을 확장하고, 나 자신보다 더 크고 중요한 무언가, 활용할 수 있는 무언가에 마음을 열고, 사인의 언어를 사용해 자신의 본능을 신뢰하고, 목적을 찾고, 한계 없이 살아가도록 해줄 것이라고 믿기 때문이다.

주

* . + . *

서문

1. Love, S., 2 Apr. 2024. Why so many of us see our loved ones after they have died. Psyche. https://psyche.co/ideas/why-so-many-of-us-see-our-loved-ones-after-they-have-died.

2. Hamilton, D. R., 2 Apr. 2015. Can we see dead people? https://drdavidhamilton.com/can-we-see-dead-people/.

3. Mind, Jun. 2020. Mental health facts and statistics. https://www.mind.org.uk/information-support/types-of-mental-health-problems/mental-health-facts-and-statistics/.

4. NHS England, 22 Oct. 2020. Mental health of children and young people in England, 2020: Wave 1 follow up to the 2017 survey. https://digital.nhs.uk/ data-and-information/publications/statistical/mental-health-of-children-and-young-people-in-england/2020-wave-1-follow-up.

5. Abi- Jaoude, E., Naylor, K. T. and Pignatiello, A., 2020. Smartphones, social media use and youth mental health. *Canadian Medical Association Journal, 192*(6), pp.E136–41.

6. Perlis, R. H., Uslu, A., Schulman, J., Gunning, F. M., Santillana, M., Baum, M. A., Druckman, J. N., Ognyanova, K. and Lazer, D., 2025. Irritability and social media use in US adults. *JAMA Network Open, 8*(1), p.e2452807; Meshi, D., Cotten, S. R. and Bender, A. R., 2020. Problematic social media use and perceived social isolation in older adults: A cross-sectional study. Gerontology, 66(2), pp.160–8.

7. Jung, C., 1960. Synchronicity: An acausal connecting principle. In: *The Structure and Dynamics of the Psyche,* Collected Works 8. Princeton University Press.

1장

1. Ruini, C. and Mortara, C. C., 2022. Writing technique across psychotherapies–from traditional expressive writing to new positive psychology interventions: A narrative review. *Journal of Contemporary Psychotherapy, 52*(1), pp.23–34.

2. Long, J., 2014. Near-death experience. Evidence for their reality. *Missouri Medicine, 111*, pp.372–80.

3. Lim, C. Y., Park, J. Y., Kim, D. Y., Yoo, K. D., Kim, H. J., Kim, Y. and Shin, S. J., 2018. Terminal lucidity in the teaching hospital setting. *Death Studies, 44*(5), pp.285–91.

4. Batthyany, A., 2024. *Threshold: Terminal Lucidity and the Border between Life and Death.* Scribe Publications.

5. Tucker, J. B., 2021. *Before: Children's Memories of Past Lives.* St Martin's Essentials.

6. Alexander, E., 2012. *Proof of Heaven: A Neurosurgeon's Journey into the Afterlife.* Simon&Schuster.

7. Eagleman, D., 2011. *Incognito: The Secret Lives of the Brain.* Pantheon.

8. Eagleman, D., 2009. *Sum: Forty Tales from the Afterlives.* Canongate Books.

9. Hoffman, D. D., 2010. Sensory experiences as cryptic symbols of a multimodal user interface. *Activitas Nervosa Superior, 52*, pp.95–104.

2장

1. Zwicky, A., 7 Aug. 2005. Just between Dr Language and I. Language Log. http://itre.cis.upenn.edu/~myl/languagelog/archives/002386.html.

2. Kershner, K. and Henderson, A., 5 Sep. 2023. What's the Baader-Meinhof phenomenon? HowStuffWorks. https://science.howstuffworks.com/life/ inside-the-mind/human-brain/baader-meinhof-phenomenon.htm#pt4.

3. Purcell, A. and Zukerman, Z., 17 Aug. 2011. Brain's synaptic pruning continues into your 20s. New Scientist. https://www.newscientist.com/article/dn20803-brains-synaptic-pruning-continues-into-your-20s/.

4. Goncalves, J. T., Bloyd, C. W., Shtrahman, M., Johnston, S. T., Schafer, S. T., Parylak, S. L., Tran, T., Chang, T. and Gage, F. H., 2016. In vivo imaging of dendritic pruning in dentate granule cells. *Nature Neuroscience, 19*(6), pp.788–91.

5. Kahneman, D., 2011. Thinking, *Fast and Slow.* Allen Lane.

6. Mithen, S. J., 1990. *Thoughtful Foragers: A Study of Prehistoric Decision Making.* Cambridge University Press.

7. Horr, N. K., Braun, C. and Volz, K. G., 2014. Feeling before knowing why: The role of the orbitofrontal cortex in intuitive judgments–an MEG study. *Cognitive, Affective, & Behavioral Neuroscience, 14*, pp.1271–85.

8. Hebb, D. O., 1949. *The Organization of Behavior: A Neuropsychological Theory.* Wiley and Sons.

9. van der Kolk, B., 2014. *The Body Keeps the Score: Mind, Brain and Body in the Transformation of Trauma.* Allen Lane.

10. Dias, B. and Ressler, K., 2014. Parental olfactory experience influences behavior and neural structure in subsequent generations. *Nature Neuroscience, 17*, pp.89–96.

3장

1. Ryff, C. D., 1989. Happiness is everything, or is it? Explorations on the meaning of psychological well-being. *Journal of Personality and Social Psychology, 57*(6), pp.1069–81.

2. Netflix, 2023. *Live to 100: Secrets of the Blue Zones* [documentary].

3. Greyson, B., 2022. *After: A Doctor Explores What Near-Death Experiences Reveal about Life and Beyond.* Penguin.

4. Malůš, M., Kupka, M. and Dostal, D., 2016. Existential meaning in life, mindfulness and self-esteem in the context of restricted environmental stimulation. *Psychology and Its Contexts, 7*(2), pp.59–72.

5. Ustinova, Y., 2009. Cave experiences and ancient Greek oracles. *Time and Mind, 2*(3), pp.265–86.

6. Wheal, J., 2021. *Recapture the Rapture: Rethinking God, Sex, and Death in a World That's Lost Its Mind.* Harper.

7. Schacter D. L., 1976. The hypnagogic state: A critical review of the literature. *Psychological Bulletin, 83*(3), pp.452–81.

8. Laborde, S., Mosley, E. and Thayer, J. F., 2017. Heart rate variability and cardiac vagal tone in psychophysiological research–recommendations for experiment planning, data analysis, and data reporting. *Frontiers in Psychology, 8*, p.213.

9. Flynn, C., 1986. *After the Beyond.* Prentice Hall.

10. Ring, K., 1995. The impact of near-death experiences on persons who have not had them: A report of a preliminary study and two replications. *Journal of Near-Death Studies, 13*(4), pp.223–35.

11. Ring, K., 1992. The Omega Project. William Morrow; Ring, K., 1995. The impact of

near-death experiences on persons who have not had them: A report of a preliminary study and two replications. *Journal of Near-Death Studies, 13*(4), pp.223–35.

12. Tassell-Matamua, N., Lindsay, N., Bennett, S., Valentine, H. and Pahina, J., 2017. Does learning about near-death experiences promote psycho-spiritual benefits in those who have not had a near-death experience? *Journal of Spirituality in Mental Health,* 19(2), pp.95–115.

13. World Population Review, 2025. Religious people by country 2025. https://worldpopulationreview.com/country-rankings/religion-by-country.

4장

1. Adapted from Young, E., 2022. *Super Senses: The Science of Your 32 Senses and How to Use Them.* John Murray.

2. Kawamura, Y. and Kare, M. R., eds., 1987. *Umami: A Basic Taste.* Marcel Dekker Inc.

3. Kipnis, J., 1 Aug. 2018. The seventh sense. Scientific American. https://www.scientificamerican.com/article/the-seventh-sense/.

4. Kokocińska-Kusiak, A., Woszczyło, M., Zybala, M., Maciocha, J., Barłowska, K. and Dzięcioł, M., 2021. Canine olfaction: Physiology, behavior, and possibilities for practical applications. *Animals: An Open Access Journal from MDPI, 11*(8), p.2463.

5. Wiltschko, W., Munro, U., Ford, H. and Wiltschko, R., 2006. Bird navigation: What type of information does the magnetite-based receptor provide? *Proceedings of the Royal Society B: Biological Sciences, 273*(1603), pp.2815–20.

6. Stoyanov, G. S., Matev, B. K., Valchanov, P., Sapundzhiev, N. and Young, J. R., 2018. The human vomeronasal (Jacobson's) organ: A short review of current conceptions, with an English translation of Potiquet's original text. *Cureus, 10*(5), p.e2643.

7. Dzięcioł, M., Podgorski, P., Stańczyk, E., Szumny, A., Woszczyło, M., Pieczewska, B., Niżański, W., Nicpoń, J. and Wrzosek, M. A., 2020. MRI features of the vomeronasal organ in dogs (Canis familiaris). *Frontiers in Veterinary Science, 7*, p.159.

8. Parkinson's UK, 20 Dec. 2017. Meet the woman who can smell Parkinson's. https://www.parkinsons.org.uk/news/meet-woman-who-can-smell-parkinsons.

9. Parkinson's UK, 7 Sep. 2022. 'Smelling Parkinson's' research could make it quicker and easier to diagnose Parkinson's. https://www.parkinsons.org.uk/news/smelling-parkinsons-research-could-make-it-quicker-and-easier-diagnose-parkinsons.

10. Felder-Schmittbuhl, M. P., Buhr, E. D., Dkhissi-Benyahya, O., Hicks, D., Peirson, S. N., Ribelayga, C. P., Sandu, C., Spessert, R. and Tosini, G., 2018. Ocular clocks: Adapting

mechanisms for eye functions and health. *Investigative Ophthalmology&Visual Science, 59*(12), pp.4856–70.

11. UniSci, 27 Feb. 2001. Brain areas critical to human time sense identified. https://www.unisci.com/stories/20011/0227013.htm.

12. Chu, B., Marwaha, K., Sanvictores, T., Awosika, A. O. and Ayers, D., 2024. Physiology, stress reaction. In: *StatPearls [Internet]*.

13. Garner, M., Attwood, A., Baldwin, D. S., James, A. and Munafo, M. R., 2011. Inhalation of 7.5% carbon dioxide increases threat processing in humans. *Neuropsychopharmacology, 36*(8), pp.1557–62.

14. Gaeta, G. and Wilson, D. A., 2022. Reciprocal relationships between sleep and smell. *Frontiers in Neural Circuits, 16*, p.1076354.

15. Woo, C. C., Miranda, B., Sathishkumar, M., Dehkordi-Vakil, F., Yassa, M. A. and Leon, M., 2023. Overnight olfactory enrichment using an odorant diffuser improves memory and modifies the uncinate fasciculus in older adults. *Frontiers in Neuroscience, 17*, p.1200448.

16. Kakara, R., Bergen, G., Burns, E. and Stevens, M., 2023. Nonfatal and fatal falls among adults aged≥65 years–United States, 2020–2021. *Morbidity and Mortality Weekly Report, 72*, pp.938–43.

5장

1. Tozzi, P., 2014. Does fascia hold memories? *Journal of Bodywork and Movement Therapies, 18*, pp.259–65.

2. van der Kolk, B., *The Body Keeps the Score*.

3. Ibid.

4. Mate, G., 15 Oct. 2024. *This Past Weekend with Theo Von* [podcast]. https://podcasts.apple.com/gb/podcast/dr-gabor-mat%C3%A9/id1190981360?i=1000673124394.

5. Kozlowska, K., Scher, S. and Helgeland, H., 2020. Treatment interventions I: Working with the body. In: *Functional Somatic Symptoms in Children and Adolescents (Palgrave Texts in Counselling and Psychotherapy)*. Palgrave Macmillan.

6. Mayer, E. A., 2011. Gut feelings: The emerging biology of gut–brain communication. *Nature Reviews Neuroscience, 12*(8), pp.453–66.

7. Yatsunenko, T., Rey, F. E., Manary, M. J., Trehan, I., Dominguez-Bello, M. G., Contreras, M., Magris, M., Hidalgo, G., Baldassano, R. N., Anokhin, A. P. and Heath, A. C., 2012. Human gut microbiome viewed across age and geography. *Nature,*

486(7402), pp.222–7.

8. Bogaert, D., Van Beveren, G. J., de Koff, E. M., Parga, P. L., Lopez, C. E. B., Koppensteiner, L., Clerc, M., Hasrat, R., Arp, K., Chu, M. L. J. and de Groot, P. C., 2023. Mother-to-infant microbiota transmission and infant microbiota development across multiple body sites. *Cell Host&Microbe, 31*(3), pp.447–60.

9. Chong, H. Y., Tan, L. T. H., Law, J. W. F., Hong, K. W., Ratnasingam, V., Ab Mutalib, N. S., Lee, L. H. and Letchumanan, V., 2022. Exploring the potential of human milk and formula milk on infants' gut and health. *Nutrients, 14*(17), p.3554.

10. Appleton, J., 2018. The gut–brain axis: Influence of microbiota on mood and mental health. *Integrative Medicine (Encinitas, Calif.), 17*(4), pp.28–32.

11. Wiertsema, S. P., van Bergenhenegouwen, J., Garssen, J. and Knippels, L. M. J., 2021. The interplay between the gut microbiome and the immune system in the context of infectious diseases throughout life and the role of nutrition in optimizing treatment strategies. *Nutrients, 13*(3), p.886.

12. De Luca, F. and Shoenfeld, Y., 2019. The microbiome in autoimmune diseases. *Clinical and Experimental Immunology, 195*(1), pp.74–85.

13. Agirman, G., Yu, K. B. and Hsiao, E. Y., 2021. Signaling inflammation across the gut–brain axis. *Science, 374*(6571), pp.1087–92.

14. Oligschlaeger, Y., Yadati, T., Houben, T., Condello Olivan, C. M. and Shiri-Sverdlov, R., 2019. Inflammatory bowel disease: A stressed 'gut/feeling'. *Cells, 8*(7), p.659.

15. Matisz, C. E. and Gruber, A. J., 2022. Neuroinflammatory remodeling of the anterior cingulate cortex as a key driver of mood disorders in gastrointestinal disease and disorders. *Neuroscience and Biobehavioral Reviews, 133*, p.104497.

16. Luissint, A. C., Parkos, C. A. and Nusrat, A., 2016. Inflammation and the intestinal barrier: Leukocyte-epithelial cell interactions, cell junction remodeling, and mucosal repair. *Gastroenterology, 151*(4), pp.616–32.

17. Swart, T., 17 Sep. 2019. What you need to know about your brain and probiotics. Forbes. https://www.forbes.com/sites/taraswart/2019/09/17/what-you-need-to-know-about-your-brain-and-probiotics/.

18. Newman, T., 24 Apr. 2024. Does exercise change your gut microbiome? ZOE. https://zoe.com/learn/exercise-gut-microbiome.

19. National Sleep Foundation, 1 Oct. 2020. How much sleep do you really need? https://www.thensf.org/how-many-hours-of-sleep-do-you-really-need/.

20. Jacobs, J. P., Gupta, A., Bhatt, R. R., Brawer, J., Gao, K., Tillisch, K., Lagishetty, V., Firth, R., Gudleski, G. D., Ellingson, B. M. and Labus, J. S., 2021. Cognitive behavioral

therapy for irritable bowel syndrome induces bidirectional alterations in the brain-gut-microbiome axis associated with gastrointestinal symptom improvement. *Microbiome, 9,* p.236.

21. Cleveland Clinic, 2 Oct. 2022. Adaptogens. https://my.clevelandclinic.org/health/drugs/22361-adaptogens.

22. Bell, L., Whyte, A., Duysburgh, C., Marzorati, M., Van den Abbeele, P., Le Cozannet, R., Fanca-Berthon, P., Fromentin, E. and Williams, C., 2022. A randomized, placebo-controlled trial investigating the acute and chronic benefits of American Ginseng (Cereboost®) on mood and cognition in healthy young adults, including in vitro investigation of gut microbiota changes as a possible mechanism of action. *European Journal of Nutrition, 61*(1), pp.413–28.

23. Shi, M., Ma, J., Jin, S., Wang, T., Sui, Y. and Chen, L., 2024. Effects of saponins Rb1 and Re in *American ginseng* combined intervention on immune system of aging model. *Frontiers in Molecular Biosciences, 11,* p.1392868.

24. Arring, N. M., Millstine, D., Marks, L. A. and Nail, L. M., 2018. Ginseng as a treatment for fatigue: A systematic review. *Journal of Alternative and Complementary Medicine, 24*(7), pp.624–33.

25. Amsterdam, J. D. and Panossian, A. G., 2016. Rhodiola rosea L. as a putative botanical antidepressant. *Phytomedicine: International Journal of Phytotherapy and Phytopharmacology, 23*(7), pp.770–83.

26. Seweryn, E., Ziała, A. and Gamian, A., 2021. Health-promoting of polysaccharides extracted from Ganoderma lucidum. *Nutrients, 13*(8), p.2725.

27. Xiuhong, Z., Yue, Z., Shuyan, Y. and Zhonghua, Z., 2015. Effect of Inonotus Obliquus Polysaccharides on physical fatigue in mice. *Journal of Traditional Chinese Medicine, 35*(4), pp.468–72.

28. Panossian, A. G., Efferth, T., Shikov, A. N., Pozharitskaya, O. N., Kuchta, K., Mukherjee, P. K., Banerjee, S., Heinrich, M., Wu, W., Guo, D. A. and Wagner, H., 2021. Evolution of the adaptogenic concept from traditional use to medical systems: Pharmacology of stress-and aging-related diseases. *Medicinal Research Reviews, 41*(1), pp.630–703.

29. Salve, J., Pate, S., Debnath, K. and Langade, D., 2019. Adaptogenic and anxiolytic effects of ashwagandha root extract in healthy adults: A double-blind, randomized, placebo-controlled clinical study. *Cureus 11*(12), p.e6466.

30. Ramakrishnan, S., 2024. *The Neuroscience of Tarot: From Imagery to Intuition to Prediction.* Llewellyn Publications.

6장

1. Sarasso, P., Francesetti, G. and Schoeller, F., 2023. Possible applications of neuroaesthetics to normal and pathological behaviour. *Frontiers in Neuroscience, 17*, p.1225308.

2. Lewis, J., 2015. A cross-cultural perspective on the significance of music and dance to culture and society: Insight from BaYaka Pygmies. In: Arbib, M. A., ed. *Language, Music, and the Brain: A Mysterious Relationship*. MIT Press Scholarship Online.

3. Lewis-Williams, J. D., Bardill, P. N., Biesele, M., Yearwood, S., Clegg, J., Davis, W., Groenfeldt, D., Inskeep, R. R., Jones, T., Pretty, G. and Sauvet, G., 1982. The economic and social context of Southern San rock art [and comments and reply]. *Current Anthropology, 23*(4), pp.429–49.

4. Fuentes, A., 2017. *The Creative Spark: How Imagination Made Humans Exceptional*. Penguin.

5. Worrall, S., 23 Apr. 2017. How creativity drives human evolution. National Geographic. https://www.nationalgeographic.com/culture/article/creative-spark-augustin-fuentesevolution.

6. Kaimal, G., Ray, K. and Muniz, J., 2016. Reduction of cortisol levels and participants' responses following art making. *Art Therapy: Journal of the American Art Therapy Association, 33*(2), pp.74–80; Stuckey, H. L. and Nobel, J., 2010. The connection between art, healing, and public health: A review of current literature. *American Journal of Public Health, 100*(2), pp.254–63.

7. Orlandi, A. and Candidi, M., 2023. Towards a neuroaesthetics of interactions: A perspective review. https://osf.io/preprints/psyarxiv/fr6mt_v1.

8. Fancourt, D. and Steptoe, A., 2019. The art of life and death: 14 year follow-up analyses of associations between arts engagement and mortality in the English Longitudinal Study of Ageing. *BMJ, 367*, p.l6377.

9. Miller, K. D., 18 Jun. 2019. 14 benefits of practicing gratitude (incl. journaling). PositivePsychology.com. https://positivepsychology.com/benefits-of-gratitude/.

10. Chavda, V. P., Feehan, J. and Apostolopoulos, V., 2024. Inflammation: The cause of all diseases. *Cells, 13*(22), p.1906.

11. Magsamen, S. and Ross, I., 2023. *Your Brain on Art: How the Arts Transform Us*. Canongate, p.15.

12. Kim, S. C. and Choi, M. J., 2023. Does the sound of a singing bowl synchronize meditational brainwaves in the listeners? *International Journal of Environmental*

Research and Public Health, 20(12), p.6180; Abhang, P. A., Gawali, B. W. and Mehrotra, S. C., 2016. *Introduction to EEG-and Speech-Based Emotion Recognition.* Academic Press.

13. Trivedi, G., Sharma, K., Saboo, B., Kathirvel, S., Konat, A., Zapadia, V., Prajapati, P. J., Benani, U., Patel, K. and Shah, S., 2023. Humming (simple Bhramari Pranayama) as a stress buster: A holter-based study to analyze heart rate variability (HRV) parameters during Bhramari, physical activity, emotional stress, and sleep. *Cureus, 15*(4), p.e37527.

14. Marie, D., Muller, C. A., Altenmuller, E., Van De Ville, D., Junemann, K., Scholz, D. S., Kruger, T. H., Worschech, F., Kliegel, M., Sinke, C. and James, C. E., 2023. Music interventions in 132 healthy older adults enhance cerebellar grey matter and auditory working memory, despite general brain atrophy. *Neuroimage: Reports, 3*(2), p.100166.

15. Schlaug, G., Jancke, L., Huang, Y., Staiger, J. F. and Steinmetz, H., 1995. Increased corpus callosum size in musicians. *Neuropsychologia, 33*(8), pp.1047–55.

16. Noetel, M., Sanders, T., Gallardo-Gomez, D., Taylor, P., del Pozo Cruz, B., Van Den Hoek, D., Smith, J. J., Mahoney, J., Spathis, J., Moresi, M. and Pagano, R., 2024. Effect of exercise for depression: Systematic review and network meta-analysis of randomised controlled trials. *BMJ, 384*, p.e075847.

17. van der Kolk, B., *The Body Keeps the Score.*

18. Abbing, A., Ponstein, A., van Hooren, S., de Sonneville, L., Swaab, H. and Baars, E., 2018. The effectiveness of art therapy for anxiety in adults: A systematic review of randomised and non-randomised controlled trials. *PloS One, 13*(12), p.e0208716.

19. Coholic, D., Schinke, R., Oghene, O., Dano, K., Jago, M., McAlister, H. and Grynspan, P., 2019. Arts-based interventions for youth with mental health challenges. *Journal of Social Work, 20*(3), pp.269–86.

20. Berns, G. S., Blaine, K., Prietula, M. J. and Pye, B. E., 2013. Shortand long-term effects of a novel on connectivity in the brain. *Brain Connectivity, 3*(6), pp.590–600.

21. Djikic, M., Oatley, K. and Moldoveanu, M. C., 2013. Reading other minds: Effects of literature on empathy. *Scientific Study of Literature, 3*(1), pp.28–47.

22. Carney, J. and Robertson, C., 2022. Five studies evaluating the impact on mental health and mood of recalling, reading, and discussing fiction. *PloS One, 17*(4), p.e0266323.

7장

1. Magsamen, S. and Ross, I., *Your Brain on Art: How the Arts Transform Us*, p.15.

2. Diamond, M. C., Krech, D. and Rosenzweig, M. R., 1964. The effects of an enriched environment on the histology of the rat cerebral cortex. *Journal of Comparative Neurology, 123*(1), pp.111–20.

3. Magsamen, S. and Ross, I., *Your Brain on Art: How the Arts Transform Us*, p.15.

4. Evitts Dickinson, E., 2019. Beauty and the brain. Johns Hopkins Magazine. https://hub.jhu.edu/magazine/2019/fall/neuroaesthetics-suchi-reddy-ivy-ross-susan-magsamen/.

5. Ikei, H., Song, C. and Miyazaki, Y., 2017. Physiological effects of touching wood. *International Journal of Environmental Research and Public Health, 14*(7), p.801.

6. Vartanian, O., Navarrete, G., Chatterjee, A., Fich, L. B., Gonzalez-Mora, J. L., Leder, H., Modrono, C., Nadal, M., Rostrup, N. and Skov, M., 2015. Architectural design and the brain: Effects of ceiling height and perceived enclosure on beauty judgments and approach-avoidance decisions. *Journal of Environmental Psychology, 41*, pp.10–18.

7. Bar, M. and Neta, M., 2006. Humans prefer curved visual objects. *Psychological Science, 17*(8), pp.645–8.

8. Hunter, M. R., Gillespie, B. W. and Chen, S. Y. P., 2019. Urban nature experiences reduce stress in the context of daily life based on salivary biomarkers. *Frontiers in Psychology, 10*, p.413490.

9. Carrington, D., 4 Sep. 2024. 'Better than medication': Prescribing nature works, project shows. Guardian. https://www.theguardian.com/environment/article/2024/sep/04/better-than-medication-prescribing-nature-works-project-shows.

10. Bratman, G. N., Hamilton, J. P., Hahn, K. S., Daily, G. C. and Gross, J. J., 2015. Nature experience reduces rumination and subgenual prefrontal cortex activation. *Proceedings of the National Academy of Sciences of the United States of America, 112*(28), pp.8567–72.

11. Song, C., Ikei, H. and Miyazaki, Y., 2016. Physiological effects of nature therapy: A review of the research in Japan. *International Journal of Environmental Research and Public Health, 13*(8), p.781.

12. Igarashi, M., Aga, M., Ikei, H., Namekawa, T. and Miyazaki, T., 2015. Physiological and psychological effects on high school students of viewing real and artificial pansies. *International Journal of Environmental Research and Public Health, 12*(3), pp.2521–31.

13. Chevalier, G., Sinatra, S. T., Oschman, J. L., Sokal, K. and Sokal, P., 2012. Earthing: Health implications of reconnecting the human body to the Earth's surface electrons. Journal of Environmental and Public Health, 2012(1), p.291541.

14. Koniver, L., 2023. Practical applications of grounding to support health. *Biomedical Journal, 46*(1), pp.41–7.

15. Winterman, D., 8 May 2013. The surprising uses for birdsong. BBC News. https://www.bbc.co.uk/news/magazine-22298779.

16. Lynn, C., 2014. Hearth and campfire influences on arterial blood pressure: Defraying the costs of the social brain through fireside relaxation. *Evolutionary Psychology, 12*(5), pp.983–1003.

17. Walski, T., Dąbrowska, K., Drohomirecka, A., Jędruchniewicz, N., Trochanowska-Pauk, N., Witkiewicz, W. and Komorowska, M., 2019. The effect of red-to-near-infrared (R/NIR) irradiation on inflammatory processes. *International Journal of Radiation Biology, 95*(9), pp.1326–36.

18. Allansdottir, H., 17 Apr. 2024. Star-gazing: How astronomy can change your life. TheArticle. https://www.thearticle.com/star-gazing-how-astronomy-can-change-your-life.

19. Lowry, C. A., Hollis, J. H., De Vries, A., Pan, B., Brunet, L. R., Hunt, J. R., Paton, J. F., van Kampen, E., Knight, D. M., Evans, A. K. and Rook, G. A., 2007. Identification of an immune-responsive mesolimbocortical serotonergic system: Potential role in regulation of emotional behavior. *Neuroscience, 146*(2), pp.756–72.

20. Garden Health, 2025. Top 10 air purifying houseplants. https://www.gardenhealth.com/advice/houseplant-care/top-ten-air-purifying-houseplants.

21. Mostajeran, F., Krzikawski, J., Steinicke, F. and Kuhn, S., 2021. Effects of exposure to immersive videos and photo slideshows of forest and urban environments. *Scientific Reports, 11*(1), p.3994.

22. Holewinski, B., n.d. Underground networking: The amazing connections beneath your feet [blog]. National Forest Foundation. https://www.nationalforests.org/blog/underground-mycorrhizal-network.

23. Wai, Y. C. and Chao, E. C., 2023. Bioacoustics as forms of resistance: Growing mycelium instruments and mushroom communication in a high-tech city-state. *East Asian Science, Technology and Society: An International Journal, 17*(1), pp.105–10; Genc, C., Launne, E. and Hakkila, J., Oct. 2022. Interactive mycelium composites: Material exploration on combining mushroom with off-the-shelf electronic components. In: Nordic Human-Computer Interaction Conference (NordiCHI '22).

Association for Computing Machinery, 19, pp.1–12.

24. Mithofer, A. and Boland, W., 2012. Plant defense against herbivores: Chemical aspects. *Annual Review of Plant Biology, 63*(1), pp.431–50.

25. Tsao, T. M., Tsai, M. J., Hwang, J. S., Cheng, W. F., Wu, C. F., Chou, C. K. and Su, T. C., 2018. Health effects of a forest environment on natural killer cells in humans: An observational pilot study. *Oncotarget, 9*(23), pp.16501–11.

26. Li, Q., Kobayashi, M., Wakayama, Y., Inagaki, H., Katsumata, M., Hirata, Y., Hirata, K., Shimizu, T., Kawada, T., Park, B. J., Ohira, T., Kagawa, T. and Miyazaki, Y., 2009. Effect of phytoncide from trees on human natural killer cell function. *International Journal of Immunopathology and Pharmacology, 22*(4), pp.951–9.

27. Bhaumik, S., 20 Jan. 2005. Tsunami folklore 'saved islanders'. BBC News. http://news.bbc.co.uk/1/hi/world/south_asia/4181855.stm.

28. McKie, R., 30 Nov. 2024. Can goats predict earthquakes? Can dogs forecast volcanic eruptions? These scientists think so. Guardian. https://www.theguardian.com/science/2024/nov/30/can-goats-predict-earthquakes-can-dogs-forecast-volcanic-eruptions-these-scientists-think-so.

29. Luppi, A. I., Girn, M., Rosas, F. E., Timmermann, C., Roseman, L., Erritzoe, D., Nutt, D. J., Stamatakis, E. A., Spreng, R. N., Xing, L. and Huttner, W. B., 2024. A role for the serotonin 2A receptor in the expansion and functioning of human transmodal cortex. *Brain, 147*(1), pp.56–80.

30. Carhart-Harris, R. L., Muthukumaraswamy, S., Roseman, L., Kaelen, M., Droog, W., Murphy, K., Tagliazucchi, E., Schenberg, E. E., Nest, T., Orban, C. and Leech, R., 2016. Neural correlates of the LSD experience revealed by multimodal neuroimaging. *Proceedings of the National Academy of Sciences, 113*(17), pp.4853–8.

31. Petri, G., Expert, P., Turkheimer, F., Carhart-Harris, R., Nutt, D., Hellyer, P. J. and Vaccarino, F., 2014. Homological scaffolds of brain functional networks. *Journal of the Royal Society, Interface, 11*(101), p.20140873.

32. Bahi, C., Irrmischer, M., Franken, K., Fejer, G., Schlenker, A., Deijen, J. B. and Engelbregt, H., 2024. Effects of conscious connected breathing on cortical brain activity, mood and state of consciousness in healthy adults. *Current Psychology, 43*(12), pp.10578–89.

8장

1. Ghaderi, A., Tabatabaei, S. M., Nedjat, S., Javadi, M. and Larijani, B., 2018. Explanatory definition of the concept of spiritual health: A qualitative study in Iran. *Journal of Medical Ethics and History of Medicine, 11*, p.3.

2. Samson, D. R., 2021. The human sleep paradox: The unexpected sleeping habits of Homo sapiens. *Annual Review of Anthropology, 50*(1), pp.259–74.

3. Malinsky-Buller, A. and Hovers, E., 2019. One size does not fit all: Group size and the late middle Pleistocene prehistoric archive. *Journal of Human Evolution, 127*, pp.118–32.

4. Gallup, Inc., 2023. The global state of social connections. https://www.gallup.com/analytics/509675/state-of-social-connections.aspx.

5. Wang, F., Gao, Y., Han, Z., Yu, Y., Long, Z., Jiang, X., Wu, Y., Pei, B., Cao, Y., Ye, J. and Wang, M., 2023. A systematic review and meta-analysis of 90 cohort studies of social isolation, loneliness and mortality. *Nature Human Behaviour, 7*(8), pp.1307–19.

6. Offord, C., 13 Jul. 2020. How social isolation affects the brain. The University of Chicago. https://psychiatry.uchicago.edu/news/how-social-isolation-affects-brain.

7. Erkens, V. A., Nater, U. M., Hennig, J. and Hausser, J. A., 2019. Social identification and contagious stress reactions. *Psychoneuroendocrinology, 102*, pp.58–62.

8. Wedekind, C., Seebeck, T., Bettens, F. and Paepke, A. J., 1995. MHC-dependent mate preferences in humans. *Proceedings of the Royal Society of London. Series B: Biological Sciences, 260*(1359), pp.245–9.

9. Gobrogge, K. and Wang, Z., 2016. The ties that bond: Neurochemistry of attachment in voles. *Current Opinion in Neurobiology, 38*, pp.80–8.

10. Coghlan, A., 16 Jun. 2008. Gay brains structured like those of the opposite sex. New Scientist. https://www.newscientist.com/article/dn14146-gay-brains-structured-like-those-of-the-opposite-sex.

11. Dunbar, R., 2021. *Friends: Understanding the Power of Our Most Important Relationships.* Little, Brown.

12. Honigsbaum, M., 21 Aug. 2011. Oxytocin: Could the 'trust hormone' rebond our troubled world? Guardian. https://www.theguardian.com/science/2011/aug/21/oxytocin-zak-neuroscience-trust-hormone.

13. Liu, S., Smit, D. J., Abdellaoui, A., van Wingen, G. A. and Verweij, K. J., 2023. Brain structure and function show distinct relations with genetic predispositions to mental health and cognition. *Biological Psychiatry: Cognitive Neuroscience and Neuroimaging, 8*(3), pp.300–10.

감사의 말

제 모든 친구와 가족, 로빈이 병을 얻고 세상을 떠난 후에도 도움을 베푼 로빈의 친구들에게 감사의 인사를 전합니다. 일일이 언급하기에는 너무 많지만, 말하지 않아도 누구인지 알고 계실 겁니다. 고맙습니다. 그리고 사랑합니다.

제 이야기를 전할 수 있도록 도와준 폴 머피 Paul Murphy에게 감사드립니다. 조엘 리켓 Joel Rickett, 리아 펠텀 Leah Feltham, 줄리아 켈러웨이 Julia Kellaway와 펭귄 랜덤하우스 UK Penguin Random House UK 팀에게 감사드립니다. 스티븐 바틀렛 Steven Bartlett, 릭 우비 Rik Ubhi, 조지 홀트 Georgie Holt, 크리스티아나 브렌턴 Christiana Brenton과 플라이트 북스 Flight Books 팀에게 감사드립니다. 나를 믿어준 주디스

커Judith Curr와 니나 쉴드Nina Shield, 줄리아 켄트Julia Kent와 하퍼원 USA HarperOne USA 팀에게 감사드립니다.

프리츠 스와트Fritz Swart 박사, 니콜라 타일러Nicola Tyler, 에티엔 반 데르 발트Etienne van der Walt 박사, 사스키아 휠러Saskia Wheeler, 사이먼 솔터Simon Salter, 앨리스 로Alice Law, 제이미 클레멘츠, 사브리나 퍼시Sabrina Percy, 트레이시 브라이언트Tracie Bryant, 데오다타 세미오노바테Deodata Semionovate, 루피 아울라Rupy Aujla 박사, 에밀리 코크레인Emilie Cochrane, 로지 언더우드Rosie Underwood, 제나 마치오키Jenna Macciochi 박사, 그라지나 소더봄Grazyna Soderbom 박사, 매튜 볼Matthew Ball, 아얀 판자Ayan Panja 박사를 비롯해 구체적인 조언과 지원을 주신 분들에게 감사드립니다.

내가 이 책을 쓰는 것을 돕기 위해 음악을 만들어 준 이드리스 블락에게도 감사드립니다.

찾아보기

사인

1판 1쇄 인쇄 2026년 2월 2일
1판 1쇄 발행 2026년 2월 20일

지은이 타라 스와트
옮긴이 이영래

발행인 양원석 **편집장** 김건희 **책임편집** 이수민
디자인 최승원, 김미선 **영업마케팅** 조아라, 박소정, 김유진, 원하경

펴낸 곳 ㈜알에이치코리아
주소 서울시 금천구 가산디지털2로 53, 20층 (가산동, 한라시그마밸리)
편집문의 02-6443-8904 **도서문의** 02-6443-8800
홈페이지 http://rhk.co.kr
등록 2004년 1월 15일 제2-3726호

ISBN 978-89-255-6978-9 (03320)